Lehr- und Handbücher zur entscheidungsorientierten Betriebswirtschaft

Herausgegeben von
o. Universitätsprofessor Dr. Edwin O. Fischer

Bisher erschienene Werke:

Fischer, Finanzwirtschaft für Anfänger, 3. Auflage

Fischer, Finanzwirtschaft für Fortgeschrittene, 2. Auflage

Fischer · Keber · Maringer, Arbeitsbuch zur Finanzwirtschaft
für Anfänger

Fischer · Keber · Maringer, Arbeitsbuch zur Finanzwirtschaft
für Fortgeschrittene

Hollnsteiner · Kopel, Übungsbuch zur Betriebswirtschaftlichen
Optimierung, 2. Auflage

Stepan · Fischer, Betriebswirtschaftliche Optimierung,
7. Auflage

Finanzwirtschaft für Anfänger

Von
o. Universitätsprofessor
Dr. Edwin O. Fischer

Dritte, überarbeitete Auflage

R. Oldenbourg Verlag München Wien

Die Deutsche Bibliothek - CIP-Einheitsaufnahme

Fischer, Edwin O.:
Finanzwirtschaft für Anfänger / von Edwin O. Fischer. – 3., überarb. Aufl.. -
München ; Wien : Oldenbourg, 2002
  (Lehr- und Handbücher zur entscheidungsorientierten Betriebswirtschaft)
  ISBN 3-486-25938-5

© 2002 Oldenbourg Wissenschaftsverlag GmbH
Rosenheimer Straße 145, D-81671 München
Telefon: (089) 45051-0
www.oldenbourg-verlag.de

Gedruckt auf säure- und chlorfreiem Papier
Druck: R. Oldenbourg Graphische Betriebe Druckerei GmbH

ISBN 3-486-25938-5

Inhaltsverzeichnis

Liste der Variablen und Parameter

a	Rückzahlungsagio in %
A_0	Anschaffungsauszahlungen zu $t = 0$
AD_{dyn}	Dynamische Amortisationsdauer
AD_{stat}	Statische Amortisationsdauer
$AF_{T,k}$	Nachschüssiger Annuitätenfaktor bei einer Laufzeit von T Jahren und einer Verzinsung zum Kakulationszinsfuß von k
$AF_{T,k}^{\text{vor}}$	Vorschüssiger Annuitätenfaktor bei einer Laufzeit von T Jahren und einer Verzinsung zum Kakulationszinsfuß von k
AfA_t	Steuerliche Abschreibung im t-ten Jahr der Nutzung
Ann	Annuität (Finanzmathematischer durchschnittlicher Gewinn)
Ann_{proxy}	Durchschnittlicher Gewinn
B_0	Verfügbares Budget zu $t = 0$
BV^{nom}	Nominelles Bezugsverhältnis
BV^{stk}	Stückmäßiges Bezugsverhältnis
BW_T	Buchwert am Ende der Nutzung
$\bar{C}$	Konstanter jährlicher Cash Flow; Nachschüssige Rente
$\bar{C}^{\text{vor}}$	Vorschüssige Rente
c_0	Wert des Bezugsrechts
$CE(C_t)$	„Sicherheitsäquivalent"
$C_{f,t}$	Fixe Auszahlungen in t
C_t	Erwarteter zusätzlicher nomineller Cash Flow vor Zinsen und vor Steuern im t-ten Jahr der Nutzung
C_t^{nom}	Nomineller erwarteter zusätzlicher nomineller Cash Flow vor Zinsen und vor Steuern im t-ten Jahr der Nutzung
C_t^{real}	Realer erwarteter zusätzlicher nomineller Cash Flow vor Zinsen und vor Steuern im t-ten Jahr der Nutzung
$\bar{c}_v$	Durchschnittliche variable Auszahlungen je Stück
$c_{v,t}$	Variable Auszahlungen je Stück in t
d	Auszahlungsdisagio in %
Div	Dividendenzahlung je Altaktie
$E(C_t)$	Erwartungswert des Cash Flows zum Zeitpunkt t
FJ	Anzahl der Freijahre
i	Effektivverzinsung (vor Steuern) des Kredits; Nomineller Jahreszinssatz (keine Zinseszinsen berücksichtigt)
i^*	Konformer Jahreszinssatz (Zinseszinsen berücksichtigt)
i_m	Relativer Zinssatz
i_{nom}	Nomineller Zinssatz
i_{proxy}	Approximative Effektivverzinsung
k	Kalkulationszinsfuß
k_E	Kapitalkostensatz der Anteilseigner nach Steuern
k_E^{vorSt}	Kapitalkostensatz der Anteilseigner vor Steuern
k_G	Gewichteter durchschnittlicher Kapitalkostensatz nach Steuern
k_G^{vorSt}	Gewichteter durchschnittlicher Kapitalkostensatz vor Steuern
K_f	Durchschnittliche fixe Kosten
K_0	Kapitalwert zu $t = 0$; Rentenbarwert
$K_{0,\text{Diff}}$	Kapitalwert der Differenzinvestition zu $t = 0$
K_0^{vor}	Rentenbarwert für vorschüssige Renten
K_0^{∞}	Rentenbarwert für ewige Renten
KK_0	Kettenkapitalwert zu $t = 0$
KWR_j	Kapitalwertrate des j-ten Investitionsprojekts
λ	Knappheitsmaß für finanzielle Mittel

m	Anzahl der identischen Reinvestitionen; Zinsperioden pro Jahr
M	Anzahl der Zinsperioden
MLZ	Mittlere Laufzeit
n	Anzahl der jungen Aktien
N	Anzahl der Altaktien
NCF_t	Nomineller Net Cash Flow im t–ten Jahr der Nutzung
NCF_t^{real}	Realer Net Cash Flow im t–ten Jahr der Nutzung
Nom	Nominale eines Kredits
OCF_t	Nomineller Operating Cash Flow im t–ten Jahr der Nutzung
OCF_t^{real}	Realer Operating Cash Flow im t–ten Jahr der Nutzung
p	Interner Zinsfuß; Verkaufspreis
p_{Diff}	Interner Zinsfuß der Differenzinvestition
π	Jährliche Preissteigerungsrate
p^{nom}	Nomineller interner Zinsfuß
p^{real}	Realer interner Zinsfuß
p_{proxy}	Approximative Rendite
p_t	Verkaufspreis je Stück in t
r	Risikoloser Zinssatz
$RBF_{T,k}$	Nachschüssiger Rentenbarwertfaktor bei einer Laufzeit von T Jahren und einer Verzinsung zum Kakulationszinsfuß von k
$RBF_{T,k}^{vor}$	Vorschüssiger Rentenbarwertfaktor bei einer Laufzeit von T Jahren und einer Verzinsung zum Kakulationszinsfuß von k
$REF_{T,k}$	Nachschüssiger Rentenendwertfaktor bei einer Laufzeit von T Jahren und einer Verzinsung zum Kakulationszinsfuß von k
$REF_{T,k}^{vor}$	Vorschüssiger Rentenendwertfaktor bei einer Laufzeit von T Jahren und einer Verzinsung zum Kakulationszinsfuß von k
ROI	Return on Investment
RP	Risikoprämie
R_T	Restwert zu $t = T$
s	Bei Kapitalwert: Gewinnsteuersatz; bei Bezugsrecht: prozentuelle Dividendenberechtigung der jungen Aktien im Emissionsjahr
S_0^{cumB}	Kurs der Altaktie mit Bezugsrecht
S_0^{exB}	Kurs der Altaktie ohne Bezugsrecht
St_t	Nominelle Steuerzahlung im t–ten Jahr der Nutzung
St_t^{real}	Reale Steuerzahlung im t–ten Jahr der Nutzung
t	Zeitindex
T	Nutzungsdauer; Laufzeit eines Kredits
$\lfloor T \rfloor$	Ganzzahliger Periodenanteil
τ	Zeitindex
TJ	Anzahl der Tilgungsjahre
v_0	Verschuldungsgrad zu Marktwerten zum Zeitpunkt $t = 0$
X	Bezugskurs
x	Produktions– und Absatzmenge je Periode
x_{BE}	Break–Even Menge
x_{KL}	Kritische Leistungsmenge
x_t	Absatz– und Produktionsmenge in t
Y_0	Krediteinzahlungsbetrag zu $t = 0$
Y_t	Tilgungszahlungen zu t (für $t > 0$)
Z_t	Zinszahlungen zu t
Z_t'	Steuerlich absetzbare Kreditkosten (Zinsen + Anteil am Auszahlungsdisagio und Rückzahlungsagio)
$\square$	Ende eines Beweises

Vorbemerkungen

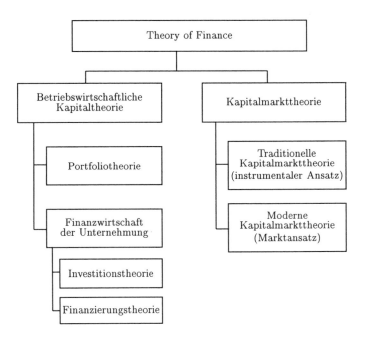

Abb. 1: Gliederung der Finanzwirtschaft

Die *Theory of Finance*[1] kann in die betriebswirtschaftliche Kapitaltheorie und in die Kapital-markttheorie untergliedert werden (siehe Abb. 1). Im Mittelpunkt der betriebswirtschaftlichen Kapitaltheorie stehen die Kapitalentscheidungen privater Investoren (Portfoliotheorie) und die Kapitalentscheidungen (Investitions– und Finanzierungsentscheidungen) der Unternehmungen (betriebliche Finanzwirtschaft, Finanzwirtschaft der Unternehmung, *Corporate Finance*). Ziel der betriebswirtschaftlichen Kapitaltheorie ist, auf der Grundlage der Hypothesen der mod-ernen Kapitalmarkttheorie Kriterien für die Kapitalentscheidungen der Kapitalanleger und Unternehmungen bereitzustellen. Die Kapitalmarkttheorie beschäftigt sich zum einen mit der Beschreibung der auf den Kapitalmärkten existierenden Finanzierungstiteln (Traditionelle Kapitalmarkttheorie: instrumentaler Ansatz). Die Schwäche dieses instrumentalen Ansatzes besteht darin, daß durch die bloße Auflistung, Gliederung und detaillierte Beschreibung von Finanzierungstiteln keinerlei quantitative Aussagen über das Kapitalvolumen, das durch die Verwendung der einzelnen Titel aufgebracht werden kann, sowie über die Bewertung der einzel-nen Finanzierungstitel gemacht werden können. Zum anderen dazu beschäftigt sich der aus dem

---

[1] Der im angloamerikanischen Raum gebräuchliche Begriff der Theory of Finance umfaßt ein wesentlich breit-eres Gebiet der Wirtschaftswissenschaft als der im deutschsprachigen Raum übliche Begriff Finanzierungs-theorie. Unter Theory of Finance versteht man neben der Finanzierungstheorie noch die Gebiete der Investitionstheorie (Capital Budgeting), der Portfoliotheorie (Investment) und der Kapitalmarkttheorie.

nordamerikanischen Raum stammende moderne Ansatz der Kapitalmarkttheorie (Marktansatz) mit der Entwicklung und empirischen Überprüfung von Bewertungsmodellen und Erklärungshypothesen über die auf den Kapitalmärkten herrschenden Bedingungen. Die im Mittelpunkt des Marktansatzes stehenden Gleichgewichtsmodelle haben zum Ziel, einerseits die Preisbildung auf Kapitalmärkten unter Berücksichtigung unsicherer Erwartungen zu analysieren und andererseits den „richtigen" Kalkulationszinsfuß[2] unter Unsicherheit zur Bewertung von Finanzierungstiteln und Realinvestitionen mit unsicheren Zahlungen herzuleiten.

Betriebliche Finanzwirtschaft	Band	Kapitel bzw. Abschnitt
Investition:		
Grundlagen	I	1
Kriterien	I	2
Relevante Cash Flows	I	4
Investitionsbegünstigungen	I	5.1 und 5.2
Zeitbezogene Entscheidungen	II	1
Relevante Kalkulationszinsfüße	II	3
Neuere Entwicklungen	II	5.1, 5.2 und 5.5
Finanzierung:		
Grundlagen	I	1
Finanzierungsformen	I	3
Finanzierungsförderungen	I	5.3
Finanzwirtschaft und Rechnungswesen	I	6
Finanzierungstitel	I	7.2
Finanzierungstheorie und Finanzierungsplanung	II	4
Neuere Entwicklungen	II	5.3 und 5.4

Abb. 2: Betriebliche Finanzwirtschaft

Im Mittelpunkt dieser zweibändigen Arbeit[3] stehen die betriebliche Finanzwirtschaft mit ihren Kerngebieten Investition und Finanzierung (siehe Abb. 2) sowie die Grundlagen der Portfoliotheorie und der Kapitalmarkttheorie (siehe Abb. 3). Ein detaillierter Überblick über den Aufbau der Arbeit befindet sich am Schluß der Abschnitte 1.3 und 1.4. Der Appendix beschäftigt sich mit den benötigten Grundlagen der Finanzmathematik.

Portfoliotheorie und Kapitalmarkttheorie	Band	Kapitel bzw. Abschnitt
Traditionelle Kapitalmarkttheorie	I	7
Portfoliotheorie	II	2.1 und 2.2
Moderne Kapitalmarkttheorie	II	2.3 und 5.3

Abb. 3: Portfoliotheorie und Kapitalmarkttheorie

Diese Arbeit ist aus meinen Lehr– und Forschungstätigkeiten als Assistent an der Karl–Franzens–Universität Graz, als Gastprofessor an der University of British Columbia und als Ordinarius an der Universität Bielefeld und an der Universität Wien hervorgegangen. Am Betriebswirtschaftszentrum der Universität Wien dient der wesentliche Teil des ersten Bandes für die Veranstaltungen aus *Grundzüge der Betriebswirtschaftslehre II* im Grundstudium und der zweite Band für die Veranstaltungen aus *Ausgewählte Teilgebiete der ABWL* im Hauptstudium. Vertiefende Arbeiten für die Speziellen Betriebswirtschaftslehren aus Finanzwirtschaft auf den Gebieten *Kapitalmarktforschung und Investmentanalyse*, *Optionen* und *Internationales Finanzmanagement* befinden sich derzeit in Arbeit.

---

[2] Der Begriff „Kalkulationszinsfuß" wird in Unterabschnitt 2.1.2 und eingehend in Kapitel 4 sowie in Fischer (1996) behandelt.
[3] Den zweiten Teil bildet Fischer (1996).

Mein spezieller Dank gilt meinem Lehrer an der Karl–Franzens–Universität Graz, Herrn Univ.-Prof. Dr. Peter Swoboda, der durch sein Vorbild mein Interesse für die Finanzwirtschaft geweckt hat. Mein weiterer Dank gilt Herrn Univ.-Prof. Dr. Adolf Stepan, der mich als Student während seiner Assistententätigkeit in Graz für das Gebiet des Operations Research gewinnen konnte, dessen Kenntnis für die Finanzwirtschaft ja äußerst relevant ist.

Für kritische Anmerkungen und Anregungen zu den Rohfassungen dieser Arbeit danke ich allen ehemaligen und derzeitigen MitarbeiterInnen, insbesondere Herrn Univ.-Ass. Dr. Christian Keber, Herrn Univ.-Ass. Mag. Dietmar Maringer und Herrn Stud.-Ass. Michael Genser. Zusätzlich möchte ich mich bei Frau Ulrike Keber-Höbaus bedanken, die mit viel Verständnis und mit enormer Geduld unermüdlich das File–Management perfekt übernommen, durchgeführt und abgeschlossen hat.

Da die vorliegende Arbeit bereits in Skriptenform zwei Jahre lang als Arbeitsunterlage gedient hat, bedanke ich mich auch für Rückmeldungen seitens interessierter Studierender der Universität Wien, des ÖVFA–Lehrgangs für Finanzanalysten und Portefeuillemanager in Wien und des Postgraduate Europastudiums in Krems.

Wien   Edwin O. Fischer
                                                                         Universität Wien

Vorbemerkungen zur 3. Auflage

Nach der freundlichen Aufnahme der ersten beiden Auflagen wird die Neuauflage dazu benutzt, allfällige Korrekturen vorzunehmen. Für Verbesserungsvorschläge danke ich meinen Mitarbeiterinnen und Mitarbeitern sowie Studierenden an der Universität Wien, Karl-Franzens-Universität Graz, Freien Universität Berlin, Donau-Universität Krems und bfi-Fachhochschule Wien.

Wien   Edwin O. Fischer

1 Grundlagen der betrieblichen Finanzwirtschaft

In diesem einführenden Kapitel werden die zentralen Begriffe der Investition und Finanzierung dargestellt, und es wird eine grundlegende Gliederung der Investitions- und Finanzierungsformen vorgenommen (Abschnitt 1.1). Abschnitt 1.2 behandelt die Aufgaben, Ziele und Planungen der betrieblichen Finanzwirtschaft, und es wird eine Darstellung und Abgrenzung des zentralen Planungsgegenstandes *Zahlungsströme* von anderen Begriffen der Unternehmensrechnung vorgenommen. In den Abschnitten 1.3 und 1.4 werden Ablauf, Ziele und Planungen des Finanz- bzw. Investitionsmanagements dargestellt, und es erfolgt auf beiden Gebieten ein Ausblick auf die weiteren Kapitel dieser zweibändigen Arbeit.

1.1 Gegenstand und Gliederung

1.1.1 Investition

Gegenstand von Investitionsentscheidungen:

Investitionsentscheidungen sind Entscheidungen über die Mittelverwendung und damit über Umfang und Struktur des Vermögens einer Unternehmung.

Gliederung der Investitionen:

- Anhand der Bilanz: Aktiva

  - Anlagevermögen (AV):
    * Sachanlagen:
      → *Sachinvestitionen* (*Realinvestitionen*)
    * Finanzanlagen:
      → *Finanzinvestitionen*
    * Immaterielle Vermögensgegenstände:
      → z.B. *Forschungs- und Entwicklungsinvestitionen*, ...
  - Umlaufvermögen (UV):
    * Wertpapiere des Umlaufvermögens
    * Kassa, Bankguthaben, Schecks und Wechsel
    * Lieferforderungen
    * Geleistete Anzahlungen
    * Lagerbestände

    → Investitionen in das Umlaufvermögen (Working Capital)

- Nach der Dauer der Investitionen:

  - Langfristige Investitionen
    = AV und langfristige Sicherheitsbestände des UV
  - Kurzfristige Investitionen
    = sonstiges UV (ausgenommen Lagerbestände → *Produktionswirtschaft*)

1.1.2 Finanzierung

Gegenstand von Finanzierungsentscheidungen:

Finanzierungsentscheidungen sind Entscheidungen über Mittelversorgung und damit über Umfang und Struktur des Kapitals der Unternehmung.

Gliederung der Finanzierung:

- Anhand der Bilanz: Passiva

  - Eigenkapital:
    Gezeichnetes Kapital, Rücklagen, Gewinnvortrag, Jahresüberschuß
    → *Eigenfinanzierung*
  - Fremdkapital:
    * Langfristig: Verbindlichkeiten mit Laufzeiten von mindestens 4 Jahren, Pensions– und Abfertigungsrückstellungen
    * Kurzfristig: Verbindlichkeiten mit Laufzeiten bis 4 Jahre, Lieferverbindlichkeiten, erhaltene Anzahlungen, kurzfristige Rückstellungen

    → *Fremdfinanzierung*

- Nach der Mittelherkunft:

  - *Innenfinanzierung*:
    Selbst erwirtschaftete Zahlungsüberschüsse werden einbehalten.
  - *Außenfinanzierung*:
    * Externe Eigenfinanzierung:
      Von neuen oder alten Eigentümern gehen neue Sach– oder Bareinlagen in das Vermögen der Unternehmung über.
    * Externe Fremdfinanzierung:
      Die Unternehmung erhält neue Mittel von neuen oder alten Gläubigern.

- Nach der Fristigkeit des Kapitals:

  - Langfristig:
    Eigenfinanzierung und langfristige Fremdfinanzierung
  - Kurzfristig:
    Kurzfristige Fremdfinanzierung

1.2 Aufgaben, Ziele und Planungen

1.2.1 Aufgaben

Die Aufgaben jeglicher Managementtätigkeit können chronologisch folgendermaßen unterteilt werden:

- Zielsetzung ($\rightarrow$ Unterabschnitt 1.2.2)
- Planungsphase ($\rightarrow$ Unterabschnitt 1.2.3)
- Durchführungsphase
- Kontrollphase:
  - Ist–Erhebung
  - Soll–Istvergleich
  - Abweichungsanalyse

In Ausnahmefällen:

- Improvisation:
  Bei Eintreten unerwarteter Zustände

1.2.2 Ziele

Langfristiges Ziel:

Langfristiges Ziel einer marktwirtschaftlich orientierten Unternehmung ist es, den Wert des Vermögens der Anteilseigner (= *Shareholder Value*) zu maximieren.

Hierzu stehen ihr drei Mittel zur Verfügung:

- Ausschüttungen
- Wachstum
- Risikobegrenzung

Operationale Unterziele:

- der langfristigen Investitions– und Finanzierungsplanung:
  Maximierung des Kapitalwertes[1] der Zahlungen für die Anteilseigner
- der kurzfristigen Investitions– und Finanzierungsplanung:
  Gewährleistung des Fortbestands der Unternehmung durch Erhaltung der Liquidität[2]

---

[1] Der Begriff „Kapitalwert" wird eingehend in Unterabschnitt 2.2.2.1 und in Kapitel 4 behandelt.
[2] Unter Liquidität versteht man die Fähigkeit einer Unternehmung, alle Zahlungsverpflichtungen termingerecht erfüllen zu können.

1.2.3 Planungen

Zur Erreichung von Zielen ist es zweckmäßig, das künftige Handeln geistig vorwegzunehmen, d.h. zu planen.

Drei Stufen der Planung:

- Langfristig: Strategische Investitions– und Finanzierungsplanung

  - ca. 10 Jahre Planungszeitraum
  - Im Rahmen der strategischen Gesamtplanung:
    * Produkt– und Marktstrategien
    * Standorte– und Technologiestrategien
    * Rahmenbedingungen:
      Rechtsform, Beteiligungen, Allianzen
    → Langfristige Kapitalbedarfs– und Kapitalverwendungsplanung

- Mittelfristig: Operative Investitions– und Finanzierungsplanung

  - ca. 5 Jahre Planungshorizont, unterteilt nach Jahren
  - Konkrete Einzelprojekte und deren Finanzierung
  - Abstimmung mit Produktions– und Absatzmengen und mit den Absatz– und Faktorpreisen
  - Planbilanzen, Plan–GuVs und Plankostenrechnung der nächsten 5 Jahre

- Kurzfristig: Taktische Investitions– und Finanzierungsplanung

  - 1 Jahr Planungshorizont:
    * Kapitalbedarfs– und Kapitaldeckungsplanung
    * Finanzplan:
      Der Finanzplan wird für ein Jahr nach Monaten erstellt.
    * Liquiditätsplan:
      Im Liquiditätsplan erfolgt die Aufschlüsselung der Zahlungsströme des nächsten Quartals oder Monats nach Tagen.
  - Konkrete Planung der Ein– und Auszahlungen (Cash Flows) auf Jahres–, Monats– bzw. Tagesbasis
  - Mit Anpassungen bei Umlaufvermögen und kurzfristigen Verbindlichkeiten (Net Working Capital)

Die strategische, operative und taktische Investitions– und Finanzierungsplanung stellen insgesamt eine **hierarchische[3] und rollierende[4] Planung** dar:

- Mittelfristig:

  - Investitionsplanung bei vorgegebenem, ungefährem Verschuldungsgrad

---

[3] Unter einer hierarchischen Planung versteht man hierbei, daß sich die Planung für einen kürzeren Zeitraum der zuvor erstellten Planung für einen längeren Zeitraum unterzuordnen hat (vgl. Abb. 1.1).

[4] Unter einer rollierenden Planung versteht man beispielsweise, daß der 5–Jahresplan jeweils nach Ablauf jeden Jahres um ein Jahr ergänzt wird, sodaß wieder ein 5–Jahresplan besteht.

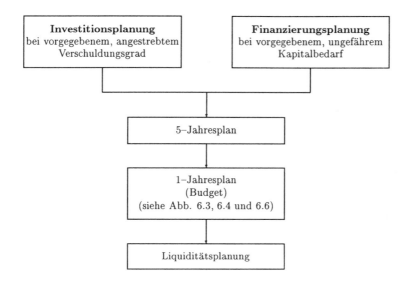

Abb. 1.1: Ablauf der hierarchischen Planung

und

– Finanzierungsplanung bei vorgegebenem, ungefährem Kapitalbedarf

führen zu einem

– 5–Jahresplan, unterteilt in einzelne Jahre.

- Kurzfristig:

  – Kapitalbedarfs– und Kapitaldeckungsplanung auf Jahresbasis
  – Finanzplan auf Monatsbasis → Budget
  – Liquiditätsplanung auf Tagesbasis

Im Mittelpunkt der finanzwirtschaftlichen Planungen der Unternehmung stehen die Ein– und Auszahlungen (vgl. Abb. 1.2). Eine Abgrenzung dieser beiden Begriffe von anderen Begriffspaaren der Unternehmensrechnung wird in Exkurs 1 vorgenommen.

Die drei Entscheidungsbereiche und korrespondierenden Fragestellungen der betrieblichen Finanzwirtschaft sind:

- die Investitionspolitik (Pfeile 2a und 2c bzw. 3b und 3d in Abb. 1.2):
  Welche Investitionsprojekte sollen realisiert werden und welche bereits realisierten Projekte sollen jetzt beendet werden?

- die Kapitalstrukturpolitik (Pfeil 1 in Abb. 1.2):
  Welche Finanzierungstitel sollen ausgegeben werden bzw. bei welcher Kombination von Eigen– und Fremdkapital liegt der optimale Verschuldungsgrad?

Ein– und Auszahlungen (Cash Inflows und Cash Outflows) der Unternehmung:

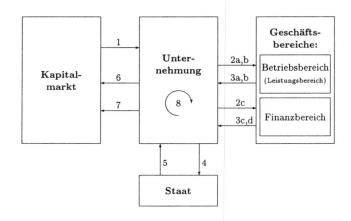

Abb. 1.2: Zahlungsströme und Kapitalentscheidungen der Unternehmung

Zahlungsströme:

1	Eigen- und Fremdkapitalaufnahme vom Kapitalmarkt
2a	Auszahlungen für Sachinvestitionen
2b	Auszahlungen für Roh-, Hilfs- und Betriebsstoffe, Personal, Miete, ...
2c	Auszahlungen für Finanzinvestitionen
3a	Einzahlungen aus Umsätzen
3b	Einzahlungen aus Desinvestitionen von Sachanlagevermögen
3c	Einzahlungen aus Zinsen, Dividenden und Beteiligungen
3d	Einzahlungen aus Desinvestitionen von Finanzanlagevermögen
4	Steuern und Abgaben
5	Subventionen
6	Kreditzinsen und -tilgungen
7	Ausschüttungen
8	Innenfinanzierung

- die Dividenden– bzw. Ausschüttungspolitik (Pfeil 7 in Abb. 1.2):
  Wieviel soll an die Anteilseigner ausgeschüttet werden bzw. bei welchem Verhältnis zwischen ausgeschüttetem und einbehaltenem Gewinn liegt die optimale Ausschüttungsquote?

Die Kapitel 2 und 4 beschäftigen sich mit der Beurteilung von eventuell zu realisierenden Sachinvestitionen. In Kapitel 3 werden die unterschiedlichen Finanzierungsformen dargestellt und in Kapitel 7 erfolgt die Beschreibung der wichtigsten Wertpapiere. Kapitel 6 beschreibt die Instrumentarien der Unternehmensrechnung. Vertiefende Darstellungen zur Investitionspolitik sowie der Diskussionen zur optimalen Kapitalstruktur– und Ausschüttungspolitik erfolgen in Fischer (1996).

Exkurs 1: Abgrenzung von Ein- und Auszahlungen zu anderen Begriffen im Rechnungswesen

Begriffe in der Unternehmensrechnung

Output:	Input:	Differenz:	Bereich der Anwendung:
Einzahlungen	Auszahlungen	Einzahlungs– überschuß (Cash Flow)	Finanz–, Liquiditäts– und Investitions– rechnung
Einnahmen	Ausgaben	Finanzüberschuß	Bei Gewinnermitt– lungsvorschriften im Steuerrecht
Ertrag	Aufwand	(Pagatorischer) Gewinn, Gesamterfolg	Externes Rechnungswesen (Buchhaltung) Jahresüberschuß, Gewinnsteuern
Erlös (Betriebsertrag, Leistung)	Kosten	Betriebsergebnis, Kalkulatorischer Erfolg (Gewinn)	Internes Rechnungswesen (Kostenrechnung)

Auszahlungen – Ausgaben – Aufwand – Kosten:

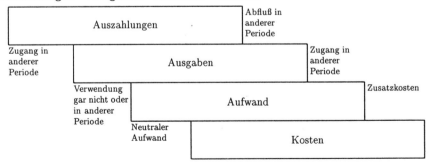

Abb. 1.3: Begriffsabgrenzung von verwandten Begriffen der Inputseite

Unter Auszahlungen versteht man den Abgang an liquiden Mitteln (Bargeld, Sichtguthaben bei Kreditinstituten) in einer Periode:

Zahlungen an Lieferanten,
Tilgung einer Verbindlichkeit,
private Barentnahme,
geleistete Vorauszahlungen,
Überweisungen von Löhnen und Gehältern, etc.

Ausgaben sind Verringerungen des Geldvermögens, das sich aus der Summe von Zahlungsmitteln und Forderungen abzüglich der Verbindlichkeiten zusammensetzt, bzw. der Wert aller in einer Periode zugegangenen Güter und Dienstleistungen.

Auszahlungen (in einer Periode) können nun auch gleichzeitig Ausgaben (derselben Periode) sein, z.B. bei Bareinkäufen von Waren. Unterschiede zwischen beiden Begriffen sind jedoch gegeben, wenn der Abgang an liquiden Mitteln in einer anderen Periode erfolgt als der Zugang an Waren und Dienstleistungen bzw. als die Verringerung an Geldvermögen:

> *Auszahlungen jetzt und Ausgabe in der Vergangenheit:*
> Erfolgt in einer Periode die Zahlung einer Lieferverbindlichkeit, so stellt dies in der betrachteten Periode zwar eine Auszahlung, aber keine Ausgabe dar, da die Verminderung an liquiden Mitteln durch die Verminderung an Verbindlichkeiten kompensiert wird und dadurch das Geldvermögen unverändert bleibt. Die entsprechende Ausgabe ist bereits in der Vergangenheit entstanden, als die Unternehmung die Lieferungen auf Ziel erhalten hat.

> *Auszahlungen jetzt und Ausgabe in der Zukunft:*
> Leistet die Unternehmung in einer Periode Anzahlungen an einen Lieferanten, so stellt dies eine Auszahlung der Periode dar, die erst in der Zukunft bei Erhalt der angezahlten Leistungen zu einer Ausgabe wird, da bis dahin der Verringerung an liquiden Mitteln eine entsprechende Forderung gegenübersteht und dadurch das Geldvermögen unverändert bleibt.

> *Ausgabe jetzt und Auszahlung in der Vergangenheit:*
> Erhält eine Unternehmung in einer Periode eine im voraus bezahlte Leistung, so stellt dies in der betrachteten Periode eine Ausgabe, aber keine Auszahlung dar. Das Geldvermögen verringert sich in der Periode um die Forderungen aus geleisteten Anzahlungen, die liquiden Mittel bleiben jedoch unverändert.

> *Ausgabe jetzt und Auszahlungen in der Zukunft:*
> Erhält eine Unternehmung in einer Periode Leistungen auf Ziel, so stellt dies in der betrachteten Periode eine Verringerung des Geldvermögens dar (Ausgabe aufgrund der gestiegenen Verbindlichkeiten), die erst später bei Begleichung der Verbindlichkeiten zu einer Auszahlung werden.

Aufwand ist die Verringerung des Sachvermögens (Reinvermögens, Eigenkapital) in einer Periode, exklusive Entnahmen, bzw. der Wert aller in einer Periode verbrauchten Güter und Dienstleistungen.

Erfolgt der Zugang an Gütern und Dienstleistungen in derselben Periode wie deren Verbrauch, so gibt es keinen Unterschied zwischen Ausgaben und Aufwendungen. Unterscheidungen zwischen beiden Begriffen sind jedoch bei sachlicher und zeitlicher Diskrepanz zu treffen:

Sachliche Diskrepanz: Ausgabe jetzt und nie Aufwand (z.B. bei Kauf eines Grundstücks (nicht abnutzbares Wirtschaftsgut))

Zeitliche Diskrepanz:

> *Ausgabe jetzt und Aufwand in der Vergangenheit:*
> z.B. Leistung von Schadenersatz in einer Periode, für den in der Vergangenheit eine Rückstellung gebildet worden ist.

Gesamter Aufwand		
	Zweckaufwand	
neutraler Aufwand	als Kosten direkt verrechenbar	nicht direkt als Kosten verrechenbar
	Grundkosten	Anderskosten · Zusatzkosten
		kalkulatorische Kosten
	Gesamte Kosten	

Abb. 1.4: Zusammenhänge zwischen Aufwand und Kosten

Ausgabe jetzt und Aufwand in der Zukunft:
z.B. Einkauf von Rohstoffen, die erst im Produktionsprozeß verwendet werden, oder Kauf einer mehrjährig nutzbaren Maschine (Aufwand über AfA).
Aufwand jetzt und Ausgabe in der Vergangenheit:
z.B. AfA für Maschinen, die bereits früher dem Betrieb zugegangen sind, oder Verbrauch von Rohstoffen, die bereits in Vorperioden auf Lager gegangen sind.
Aufwand jetzt und Ausgabe in der Zukunft:
z.B. Bildung von Rückstellungen.

Unter Kosten *versteht man den Wert aller in einer Periode für die Erstellung der eigentlichen, typischen betrieblichen Tätigkeiten verbrauchten Güter und Dienstleistungen.*
Die Zusammenhänge zwischen Aufwand und Kosten sind in Abb. 1.4 dargestellt.
Jener Teil der gesamten Aufwendungen, dem keine entsprechenden Kosten in derselben Periode gegenübersteht, bezeichnet man als neutralen Aufwand. *Dieser besteht aus*

betriebsfremdem Aufwand
(Aufwendungen, die nichts mit der betrieblichen Leistungserstellung zu tun haben, z.B. Spenden für wohltätige Zwecke),

betrieblichem außerordentlichen Aufwand
(Aufwendungen, die zwar mit der betrieblichen Leistungserstellung im Zusammenhang stehen, aber wegen ihres schwankenden Anfalls, wegen ihres unvorhersehbaren Eintritts oder wegen ihrer außerordentlichen Höhe bei ihrer Erfassung in der tatsächlichen Höhe die Aussagefähigkeit der Kostenrechnung beeinträchtigen würden, z.B. Aufwendungen zur Beseitigung von Feuerschäden oder Großreparaturen.),

periodenfremdem Aufwand
(betrieblicher Aufwand, der in früheren Perioden verursacht worden ist, aber damals nicht erfaßt worden ist, z.B. unerwartete Steuernachzahlungen können in der Periode des Bekanntwerdens als Aufwand verrechnet werden, zur Berücksichtigung als Kosten ist es jedoch schon zu spät).

Beim Zweckaufwand *unterscheidet man jenen Teil der Aufwendungen, der in gleicher Höhe als Kosten verrechenbar ist (*Grundkosten*, z.B. Aufwand für Akkordlöhne) und*

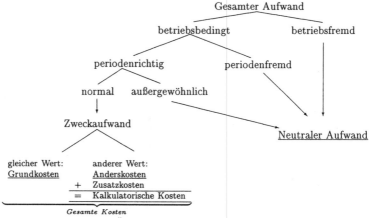

Abb. 1.5: Überleitung von Aufwand in Kosten

jenen Teil der Aufwendungen, der erst nach einer Umwertung als Kosten verrechenbar ist (Anderskosten, z.B. bilanzielle Abschreibungen als Aufwand und kalkulatorische Abschreibungen als Kosten).

Zusatzkosten sind Kosten, denen kein Aufwand gegenübersteht, z.B. kalkulatorische Zinsen für das Eigenkapital, kalkulatorischer Unternehmerlohn bei der Einzelunternehmung und bei Personengesellschaften, kalkulatorische Mieten für Gebäude im Eigentum der Unternehmung und kalkulatorische Wagnisse.

Anders– und Zusatzkosten bilden die kalkulatorischen Kosten, die wiederum zusammen mit den Grundkosten die gesamten Kosten ergeben.

Die Überleitung von Aufwand in Kosten ist in Abb. 1.5 dargestellt.

Einzahlungen – Einnahmen – Ertrag – Erlös (Leistung):

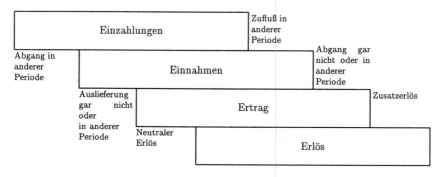

Abb. 1.6: Begriffsabgrenzung von verwandten Begriffen der Outputseite

Unter Einzahlungen versteht man den Zugang an liquiden Mitteln in einer Periode:

Zahlungen von Lieferanten,
Tilgung einer Forderung,

Gesamter Ertrag				
	Zweckertrag			
neutraler Ertrag	als Erlös direkt verrechenbar	nicht direkt als Erlös verrechenbar		
	Grunderlös	Anderserlös	Zusatzerlös	
		kalkulatorischer Erlös		
	Gesamter Erlös			

Abb. 1.7: Zusammenhänge zwischen Ertrag und Erlös

private Bareinlagen,
erhaltene Vorauszahlungen, etc.

Einnahmen *sind Erhöhungen des Geldvermögens bzw. der Wert aller in einer Periode ausgelieferten Güter und Dienstleistungen.*

Einzahlungen (in einer Periode) können nun auch gleichzeitig Einnahmen (derselben Periode) sein, z.B. bei Barverkäufen von Waren. Unterschiede zwischen beiden Begriffen sind jedoch bei zeitlicher Diskrepanz gegeben (vgl. bei Auszahlungen und Ausgaben).

Ertrag *ist die Erhöhung des Sachvermögens in einer Periode, exklusive Einlagen, bzw. der Wert aller in einer Periode erbrachten Güter und Dienstleistungen.*

Erfolgt der Abgang an Gütern und Dienstleistungen in derselben Periode wie der Erstellung, so gibt es keinen Unterschied zwischen Einnahmen und Erträgen. Unterscheidung zwischen beiden Begriffen sind jedoch bei sachlicher und bei zeitlicher Diskrepanz zu treffen:

Sachliche Diskrepanz: Einnahme jetzt und nie Ertrag
z.B. erhaltene Tilgung eines in einer Vorperiode gewährten Darlehens.

Zeitliche Diskrepanz: (vgl. bei Ausgaben und Aufwand).

Unter Erlös (Leistung) *versteht man den Wert aller in einer Periode im Rahmen der eigentlichen, typischen betrieblichen Tätigkeit erbrachten Güter und Dienstleistungen.*

Die Zusammenhänge zwischen Ertrag und Erlös sind in Abb. 1.7 dargestellt.

Dem neutralen Ertrag *stehen keine Erlöse in derselben Periode gegenüber, und er besteht aus*

betriebsfremdem Ertrag
(z.B. Erträge aus der Vermietung von Werkswohnungen),

betrieblichem außerordentlichen Ertrag
(z.B. durch Veräußerung von Anlagen über dem Buchwert),

periodenfremdem Ertrag
(z.B. unerwartete Steuerrückvergütung).

Beim Zweckertrag *unterscheidet man jenen Teil der Erträge, der in gleicher Höhe als Erlös verrechenbar ist (*Grunderlös*, z.B. Veräußerung von in einer Periode erzeugten Produkten), und jenen Teil der Erträge, der erst nach einer Umwertung als Erlös* *verrechenbar ist (<u>Anderserlös</u>, z.B. unterschiedliche Bewertungen von selbsterstellten Anlagen).*

<u>Zusatzerlöse</u> sind Erlöse, denen keine Erträge gegenüberstehen, z.B. Verschenken von in einer Periode erzeugten Produkten.

1.3   Finanzmanagement

Organisation:

Die typische Organisation des Aufbaus finanzwirtschaftlicher und sonstiger kaufmännischer Funktionen in größeren Industrie– und Handelsunternehmungen ist in Abb. 1.8 dargestellt.

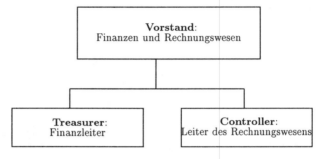

Abb. 1.8: Hierarchische Organisation

Aufgabenverteilung und Ablauf:

- Vorstand:

  - *Planungsphase*:
    Finanzielle Rahmenplanung für Sach– und Finanzinvestitionen
  - *Durchführungsphase*:
    Verhandlung mit potentiellen Kapitalgebern über Finanzierungsarten, –volumina, –fristen und –konditionen
  - *Kontrollphase*:
    Diskussionen über Abweichungsanalysen
    Kontrolle der Reservebestände (Kassa und Bankguthaben)

  Sonderbefugnisse bei Liquiditätsengpässen:
  Vetorechte, Verfügungssperren und Sonderinformationsrechte für das Krisenmanagement

- Treasurer (vgl. Abb. 1.9):

  - *Planungsphase*:
    Planung der laufenden Ein- und Auszahlungen
    Planung der Kassahaltung
    Planung der kurzfristigen Veranlagungen und Verbindlichkeiten
    und jeweils Abstimmung mit Plänen aus den Abteilungen Einkauf, Produktion und Absatz

- *Durchführungsphase*:
  Anweisung der Investitionsbeträge
  Inkasso- und Mahnwesen

- *Kontrollphase*:
  Kontrolle der Finanzplanung durch

  * Erhebung der Istzahlungen
  * Soll–Istvergleich bezüglich der Zahlungen
  * Abweichungsanalyse

- Controller:

  - *Planungsphase*:
    Planung der zukünftigen Kosten und Erlöse (Plankostenrechnung)
    Planung der zukünftigen Aufwendungen und Erträge (Plan–GuV, Planbilanz)

  - *Kontrollphase*:
    Erhebung von Istkosten und –erlösen
    Erhebung von Istaufwendungen und –erträgen
    Soll–Istvergleich
    Abweichungsanalyse

Ziele und Planungen:

Im Rahmen des Finanzmanagements sind einerseits die langfristige Finanzierungsplanung und andererseits die kurzfristige Finanzplanung zu unterscheiden. Die strategische Finanzierungsplanung wird vom Vorstand für Finanzen und Rechnungswesen durchgeführt und hat im wesentlichen darüber zu entscheiden, durch welche Form und durch welches Volumen an Eigenkapital und langfristigem Fremdkapital eine Unternehmung finanziert sein soll. Diese Planung hat vor allem unter der Zielsetzung zu erfolgen, daß durch die Wahl des Verschuldungsgrades der Wert des Eigenkapitals der Unternehmung maximiert werden soll. Die zur Auswahl stehenden Formen der langfristigen Finanzierung einer Unternehmung werden in Kapitel 3, Abschnitt 5.3 und Abschnitt 7.2 behandelt. Mit der Theorie und Praxis der optimalen Verschuldung beschäftigt sich Fischer (1996) in Kapitel 4 und Abschnitt 5.4. Die operative und taktische Finanzplanung wird vom Treasurer durchgeführt, der hierfür im wesentlichen die Bestände an Umlaufvermögen und an kurzfristigen Verbindlichkeiten festzulegen hat (Net Working Capital Management, Cash Management). Als wesentlicher Gesichtspunkt ist hierbei die Erhaltung der Liquidität der Unternehmung zu beachten. Die zur Auswahl stehenden Formen der kurzfristigen Fremdfinanzierungen sind in Unterabschnitt 3.2.2.3 dargestellt. Kapitel 6 beschäftigt sich eingehend mit der Finanzanalyse und der Finanzplanung.

1.4 Investitionsmanagement

Ablauf:

Vorphase: Ständige Erhebung von Investitionsvorschlägen von

- der Vorstandsebene

- der Abteilung „Strategische Unternehmensplanung"

- der Abteilung „Forschung und Entwicklung"

- allen sonstigen Abteilungen (Einkauf, Produktion, Absatz, ...)

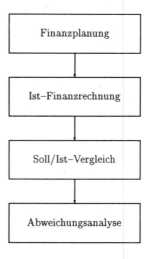

Abb. 1.9: Finanzcontrolling

- Marktbefragungen
- allen einzelnen Mitarbeitern (Ideenwettbewerb)

1. Phase: <u>Grobe Durchsicht und Gliederung</u>:
Arten von Investitionsvorschlägen:

- Kapazitätsbezogene Einteilung:
  * Ersatzinvestition
  Bei einer Ersatzinvestition werden bereits vorhandene Produktionskapazitäten durch neue mit gleichen Stückkosten ersetzt.
  * Rationalisierungsinvestition
  Bei einer Rationalisierungsinvestition werden bereits vorhandene Produktionskapazitäten durch neue mit geringeren Stückkosten ersetzt.
  * Erweiterungsinvestition
  Bei einer Erweiterungsinvestition kommt es zur Schaffung zusätzlicher Produktionskapazitäten
    · in bereits bestehenden Bereichen,
    · in neuen Bereichen.
- Sonstige Einteilungen:
  * Muß– oder Kanninvestition
  * Alternative Investitionen
  Alternative Investitionen schließen sich gegenseitig aus. Somit kann sinnvollerweise höchstens eines dieser Projekte realisiert werden.
  * Abhängige oder unabhängige Investitionen
  Eine von einem anderen Projekt abhängige Investition kann höchstens dann sinnvollerweise realisiert werden, wenn das Projekt, von dem es abhängt, durchgeführt wird (z.B. die Anschaffung eines Videorecorders hängt i.d.R. von der Anschaffung eines Fernsehgerätes ab). Bei unabhängigen Investitionen

braucht auf die Realisation eines anderen Projekts keine Rücksicht genommen werden.

Abschätzung der Auswirkungen auf die Vorgaben der strategischen Planung, auf den langfristigen Kapitalbedarf, auf die Personalplanung, ...

→ Erste Vorauswahl (*Investitionsprojekte*)

2. Phase: Investitionsplanung (Beurteilung und Auswahl der Investitionsprojekte):

- Erhebung der relevanten Informationen (→ Abschnitt 2.1)
- Investitionsrechnung (→Kapitel 2, 4 und 5)
- Investitionsentscheidung (Vorstand, Abteilungsleiter)

3. Phase: Durchführung (Realisation):

Mit Zurverfügungstellung finanzieller Mittel durch den Treasurer.

4. Phase: Laufende Kontrolle der Durchführung und der Ein- und Auszahlungen:

- Erhebung der Istanschaffungsauszahlungen
- Eventueller Abbruch der Realisation

5. Phase: Investitionsnachrechnung nach Beendigung des Projekts:

Beurteilung und Begründung des Erfolgs oder Mißerfolgs des Investitionsprojekts

Empirische Untersuchung[5]

Durchschnittlich verwendete Zeit der Unternehmungen von *Fortune 1000*:

Phase		%
1 {	Grobe Durchsicht und Vorauswahl	24,4
	Auswirkung auf langfristige Unternehmensziele	20,3
2	Beurteilung der Investitionsprojekte	19,3
3 und 4	Durchführung und laufende Kontrolle	22,4
5	Investitionsnachrechnung	13,6

Ziele und Planungen:

Im Rahmen des Investitionsmanagements ist die Planung des optimalen Investitionsprogramms durchzuführen. Die Zielsetzung dabei ist, jenes Investitionsprogramm festzulegen, das den Wert des Vermögens der Anteilseigner maximiert. Dabei müssen eventuell Restriktionen, wie beispielsweise Vorgaben aus der strategischen Unternehmensplanung über einen für notwendig erachteten Brancheneintritt oder –verbleib (Mußinvestition), Kapitalknappheit und gesetzliche Vorgaben beachtet werden. Selbstverständlich muß auch in der Investitionsplanung die Erhaltung der Liquidität der Unternehmung berücksichtigt werden.

In der Investitionsplanung muß somit einerseits festgelegt werden, wann welche Investitionsprojekte mit welcher Nutzungsdauer durchgeführt werden sollen und wann welche Investitionsprojekte, die bereits in der Vergangenheit realisiert worden sind, zu beenden bzw. zu ersetzen sind.

[5] vgl. Gitman, L.J. und C.E. Maxwell, „Financial activities of major U.S. firms: survey and analysis of Fortune's 1000", *Financial Management*, Vol. 14, No. 4, 1985, 57–65.

Zur Beurteilung und Auswahl von Investitionsprojekten stehen aus der Literatur und Praxis unterschiedliche Kriterien zur Auswahl, die in Kapitel 2 dargestellt werden und einer kritischen Beurteilung hinsichtlich der oben angeführten Zielsetzung der Investitionsplanung unterzogen werden. Ebenfalls in Kapitel 2 werden die zur Beurteilung und Auswahl von Investitionsprojekten benötigten Informationen diskutiert. Kapitel 4 beschäftigt sich ausführlich mit den relevanten Cash Flows, die für Investitionsentscheidungen erhoben werden müssen, und in Kapitel 5 wird auf die Berücksichtigung von Verlustvorträgen, steuerlichen Investitionsbegünstigungen und Finanzierungsförderungen bei der Beurteilung von Investitionsprojekten eingegangen. In Fischer (1996), Kapitel 1 wird die Ermittlung des optimalen Investitionstermins, der optimalen Nutzungsdauer und des optimalen Ersatztermins behandelt. Im Mittelpunkt von Fischer (1996), Kapitel 3 stehen Überlegungen zur Festlegung des zur Beurteilung von Investitionsprojekten benötigten Kalkulationszinsfußes. Die hierfür benötigten Grundlagen der Portfolio- und Kapitalmarkttheorie sind in Kapitel 7 und in Fischer (1996), Kapitel 3 dargestellt. Neuere Entwicklungen zur Bewertung von Investitionsprojekten beinhaltet Fischer (1996) in den Abschnitten 5.1, 5.2 und 5.5.

2 Kriterien in der Investitionsplanung

Im Mittelpunkt dieses einführenden Kapitels über die Investitionsplanung steht die Darstellung der verschiedenen in der Literatur und in der Praxis vorgeschlagenen Kriterien zur Beurteilung und Auswahl von Investitionsprojekten (Abschnitt 2.2). In Abschnitt 2.1 werden die dazu benötigten Informationen dargestellt. In Abschnitt 2.3 wird in Form eines kritischen Vergleichs untersucht, welche der dargestellten Kriterien die zugrundegelegte Zielsetzung der Investitionsplanung tatsächlich erfüllen. Abschnitt 2.4 beschäftigt sich mit drei Spezialfällen bei der Auswahl von alternativen Investitionsprojekten, und Abschnitt 2.5 behandelt die Investitionsplanung bei Kapitalrationierung.

Im folgenden wird von einer *Einzelentscheidung* dann gesprochen, wenn nur ein einziges Investitionsprojekt zur Auswahl steht und entschieden werden soll, ob dieses Projekt durchgeführt werden soll oder nicht. Im Gegensatz dazu spricht man von einer *Alternativentscheidung* (*Auswahlentscheidung*) dann, wenn für die Realisation eines Investitionszwecks mehrere alternative Projekte zur Auswahl stehen und davon sinnvollerweise nur höchstens eines durchgeführt werden soll.

2.1 Relevante Informationen

- Relevante Zahlungen
- Relevanter Kalkulationszinsfuß
- Eventuelle Nachfolgeinvestitionen
- Potentielle Investitionstermine
- Geplante bzw. maximale Nutzungsdauer

2.1.1 Relevante Zahlungen

Grundsatz zur Ermittlung der relevanten Zahlungen:
Einem Investitionsprojekt sind alle jene Zahlungen zuzuordnen, die ohne seine Realisation nicht entstünden.

Relevant sind daher die zusätzlichen Zahlungen für die gesamte Unternehmung:

	Zahlungen der Unternehmung bei Durchführung des Investitionsprojekts
−	Zahlungen der Unternehmung ohne Durchführung des Investitionsprojekts
=	Zusätzliche Zahlungen

- Zusätzliche Einzahlungen:
  Durch das Investitionsprojekt verursachte Einzahlungen abzüglich der durch das Investitionsprojekt entgehenden Einzahlungen (z.B. durch Verkaufsrückgänge in anderen Bereichen).

- Zusätzliche Auszahlungen:
  Durch das Investitionsprojekt verursachte Auszahlungen abzüglich der durch das Investitionsprojekt vermiedenen Auszahlungen (z.B. bei Rationalisierungsinvestitionen: Einsparung bei Löhnen durch Übergang von manueller auf maschinelle Fertigung).

Durch das Investitionsprojekt verursachte Zahlungen:

- Einmalige Zahlungen:

  – Anschaffungsauszahlungen:
  Nettoeinkaufspreis, Nebenzahlungen für Transport, Versicherung, Installation
  – Auszahlungen für Anlaufphase
  – Zahlungen für zusätzlich gebundenes Umlaufvermögen
  z.b. Kapitalbindung für (zusätzliche) Sicherheitsbestände an Rohstofflägern
  – Restwert am Ende der Nutzung:

	Veräußerungserlös für das Aggregat
–	Abbruchkosten
+	Zahlungen aufgrund von Kapitalfreisetzung im Umlaufvermögen
=	Restwert

- Laufende Zahlungen:

  – Laufende Einzahlungen aus dem Verkauf der Produkte
  – Laufende Auszahlungen für Roh–, Hilfs– und Betriebsstoffe, Löhne, Instandhaltung und Ersatzteile
  – Zahlungen von bzw. an Kreditgeber ($\rightarrow$ Abschnitt 4.2)
  – Zusätzliche Steuerzahlungen ($\rightarrow$ Abschnitt 4.3)

Anmerkungen:

- Bereits in der Vergangenheit erfolgte, irreversible Zahlungen sind für Investitionsentscheidungen nicht zu berücksichtigen (*sunk costs*).

- Alle Zahlungen sind entweder nominell, d.h. mit Berücksichtigung von erwarteten Preisänderungen, oder real, d.h. ohne Berücksichtigung von erwarteten Preisänderungen ($\rightarrow$ Abschnitt 4.4), zu planen.

Lösung von Aufgabe 1 (a):

	t	0	1	2	3
	Umsatzerlöse		140.000,–	140.000,–	140.000,–
–	entgehende Einzahlungsüberschüsse aufgrund von Umsatzeinbußen[1]		–20.000,–	–20.000,–	–20.000,–
=	Zusätzliche laufende Einzahlungen		120.000,–	120.000,–	120.000,–
	Variable laufende Auszahlungen		60.000,–	60.000,–	60.000,–
	Fixe laufende Auszahlungen		10.000,–	22.000,–	33.000,–
=	Zusätzliche laufende Auszahlungen		70.000,–	82.000,–	93.000,–
	Zusätzliche laufende Cash Flows		50.000,–	38.000,–	27.000,–
	Einmalige Zahlungen	–100.000,–			20.000,–

[1] Die entgehenden Einzahlungsüberschüsse ergeben sich aus:

	Entgehende Einzahlungen aufgrund von Umsatzeinbußen
–	Ersparte Auszahlungen

Sie können entweder von den Umsatzerlösen abgezogen werden oder den Auszahlungen als Opportunitätskosten hinzugefügt werden.

2.1.2   Relevanter Kalkulationszinsfuß

Der Kalkulationszinsfuß ergibt sich in Abhängigkeit von der Finanzierung des Investitionsprojekts

- bei reiner Eigenfinanzierung als
  Alternativrendite des Eigenkapitals
  Diese Alternativrendite für das Eigenkapital gibt an, welche Rendite das investierte Eigenkapital bei einer anderen Verwendung für eine Investition, z.b. am Aktienmarkt, mit gleichem relevanten Risiko[2] wie das zu beurteilende Projekt voraussichtlich erzielen wird.

- bei reiner Fremdfinanzierung als
  Effektivverzinsung des Fremdkapitals[3].

Die Ermittlung des Kalkulationszinsfußes bei teilweiser Fremdfinanzierung erfolgt in Abschnitt 4.2. Auf die weiteren Einflußfaktoren auf die Höhe des Kalkulationszinsfußes

  Risiko,
  Steuern
und
  Inflation
wird ebenfalls in Kapitel 4 eingegangen.

2.1.3   Eventuelle Nachfolgeinvestitionen

Um eine Erweiterungs–, Rationalisierungs– oder Ersatzinvestition richtig beurteilen zu können, muß bereits vor ihrer Durchführung darüber befunden werden, ob nach ihrer Beendigung geplant ist, weitere Investitionen zu tätigen oder nicht. Werden bereits jetzt künftige Nachfolgeinvestitionen beabsichtigt, so ist nämlich die gesamte Investitionskette (→ Exkurs 7) und nicht nur das erste Projekt dieser Kette zu beurteilen.

Auf die Festlegung eventueller Nachfolgeinvestitionen wird in Fischer (1996), Kapitel 1 eingegangen. Bei der einführenden Darstellung der Beurteilungskriterien im Abschnitt 2.2 wird davon ausgegangen, daß jedes Investitionsprojekt nur höchstens einmal durchgeführt werden soll. Die Beurteilung bereits festgelegter aufeinanderfolgender Investitionen erfolgt in Exkurs 7.

2.1.4   Potentielle Investitionstermine

Stehen mehrere Zeitpunkte für die Durchführung eines Investitionsprojekts zur Auswahl, dann ist der optimale Investitionstermin festzulegen (→ Fischer (1996), Abschnitt 1.1). In der einführenden Darstellung der Kriterien in Abschnitt 2.2 wird vereinfachend unterstellt, daß jedes Projekt nur zu einem vorgegebenen Zeitpunkt realisiert werden kann. In Abschnitt 2.2 wird bei Auswahlentscheidungen zusätzlich angenommen, daß dieser Termin für alle alternativen Projekte gleich ist. Mit der Auswahlentscheidung von Projekten mit vorgegebenen unterschiedlichen Investitionsterminen beschäftigt sich Unterabschnitt 2.4.3.

---

[2] Die Diskussion des Begriffs *relevantes Risiko eines Investitionsprojekts* erfolgt in Fischer (1996), Kapitel 3.
[3] Die Berechnung der Effektivverzinsung wird in den Unterabschnitten 2.2.2.3 und 3.2.2.1 behandelt.

2.1.5 Geplante bzw. maximale Nutzungsdauer

Aufgrund des zeitlichen oder nutzungsbedingten Verschleißes sind zahlreiche Investitionsprojekte nur eine endliche Zeit nutzbar, und es erhebt sich die Frage nach der optimalen Nutzungsdauer eines Projekts. Deren Festlegung hängt wiederum von der Planung eventueller Nachfolgeaggregate ab und wird in Fischer (1996), Abschnitt 1.2 behandelt. In dieser einführenden Darstellung über Investitionsentscheidungen wird vereinfachend unterstellt, daß die Nutzungsdauer für jedes Projekt bereits vorgegeben ist.

2.2 Kriterien zur Beurteilung und Auswahl von Investitionsprojekten

- **Statische (einperiodige, kalkulatorische) Kriterien:**

    - Durchschnittlicher Gewinn ($\rightarrow$ Unterabschnitt 2.2.1.1)
    - Durchschnittliche Verzinsung ($\rightarrow$ Unterabschnitt 2.2.1.2)
    - Statische Amortisationsdauer ($\rightarrow$ Unterabschnitt 2.2.1.3)

- **Dynamische (mehrperiodige, finanzmathematische) Kriterien:**

    - Kapitalwert ($\rightarrow$ Unterabschnitt 2.2.2.1)
    - Annuität ($\rightarrow$ Unterabschnitt 2.2.2.2)
    - Interner Zinsfuß ($\rightarrow$ Unterabschnitt 2.2.2.3)
    - Dynamische Amortisationsdauer ($\rightarrow$ Unterabschnitt 2.2.2.4)

- **Risikoanalyseverfahren:**

    - Sensitivitätsanalyse ($\rightarrow$ Abschnitt 4.5)
    - Entscheidungsbaumverfahren[4]
    - Simulationsverfahren[4]

In diesem Kapitel werden zur Vereinfachung

- Sicherheit bezüglich der künftigen Zahlungen,

- reine Eigenfinanzierung,

- keine Steuern

und

- keine Preisänderungen (Inflation)

unterstellt. Die Berücksichtigung von Unsicherheit, teilweiser Fremdfinanzierung, Steuern und Inflation erfolgt in Kapitel 4.

Es werden folgende Symbole verwendet:

---

[4] Diese Verfahren werden etwa in Blohm/Lüder (1995) dargestellt.

t ... Zeitindex
$t = 0$ ... Potentieller Investitionszeitpunkt („heute")
T ... Geplante Nutzungsdauer
A_0 ... Anschaffungsauszahlungen zum Zeitpunkt $t = 0$
C_t ... Laufender Cash Flow zu $t = 1, \ldots, T$
R_T ... Restwert zu $t = T$
k ... Kalkulationzinsfuß

Sind die künftigen Zahlungen mit ihren <u>nominellen</u> Beträgen geplant, so ergibt sich als Mindesterfordernis für eine eventuelle Realisation des Projekts bei einer Kanninvestition

$$\sum_{t=1}^{T} C_t + R_T > A_0.$$

Ist dieses Kriterium nicht erfüllt, kann von einer weiteren Behandlung des Projekts in Form von Verfahren der Investitionsrechnung Abstand genommen werden, da keines der Kriterien zu einer Durchführung der Investition raten wird.

2.2.1 Statische Kriterien

Vorteil: Schnelle Berechnung
Nachteil: Fehlentscheidungen sind wegen der Ungenauigkeit möglich. Die Ursache für diese Ungenauigkeit liegt in der bei allen statischen Verfahren fehlenden Diskontierung künftiger Zahlungen.

Wie unten zu erkennen sein wird, haben sowohl die Zeitpunkte als auch die Reihenfolge der künftigen Zahlungen keinerlei Einfluß auf die Berechnung des durchschnittlichen Gewinns und der durchschnittlichen Verzinsung. Obwohl im Zeitalter der Finanztaschenrechner und Personal Computer auch die dynamischen Verfahren schnell ermittelt werden können, werden in der Praxis noch immer gerne die statischen Verfahren eingesetzt. Deshalb soll in der Folge deren Berechnung und Interpretation trotzdem dargestellt werden.

2.2.1.1 Durchschnittlicher Gewinn

Der durchschnittliche Gewinn (approximative Annuität) i. S. der Kostenrechnung errechnet sich aus

	Durchschnittliche zusätzliche Erlöse
−	Durchschnittliche zusätzliche Kosten
=	Durchschnittlicher zusätzlicher Gewinn

- **Durchschnittliche zusätzliche Erlöse:**

	$\dfrac{\text{Gesamte zusätzliche Umsatzerlöse während der Nutzung}}{\text{geplante Nutzungsdauer}}$
−	Durchschnittliche Umsatzeinbußen
=	Durchschnittliche zusätzliche Erlöse

- **Durchschnittliche zusätzliche Kosten**

	Durchschnittliche kalkulatorische Abschreibungen
+	Durchschnittliche kalkulatorische Zinsen
+	Durchschnittliche sonstige Kosten
−	Durchschnittliche Kostenersparnisse
=	Durchschnittliche zusätzliche Kosten

– Durchschnittliche kalkulatorische Abschreibung:
  Es wird eine lineare kalkulatorische Abschreibung unterstellt:

$$\begin{array}{l}\text{Durchschnittliche}\\ \text{kalkulatorische}\\ \text{Abschreibung}\end{array} = \dfrac{\text{Gesamte Wertminderung während der Nutzung}}{\text{Geplante Nutzungsdauer}}$$

$$= \dfrac{A_0 - R_T}{T}$$

Ø kalkulatorische Abschreibung > 0 falls abnutzbares Wirtschaftsgut
Ø kalkulatorische Abschreibung $= 0$ falls nicht abnutzbares Wirtschaftsgut

– <u>Durchschnittliche kalkulatorische Zinsen</u>:

Durchschnittliche kalkulatorische Zinsen =

$$\text{Kalkulationszinsfuß } k \cdot \begin{pmatrix}\text{Durchschnittlicher}\quad\text{Kapital-}\\ \text{einsatz während der Nutzung}\end{pmatrix}$$

<u>Durchschnittlicher Kapitaleinsatz (durchschnittlich gebundenes Kapital)
während der Nutzung</u>:

* Nicht abnutzbares Wirtschaftsgut: A_0
* Abnutzbares Wirtschaftsgut:

$$\begin{array}{l}\text{Durchschnittlich}\\ \text{gebundenes Kapital}\end{array} = \dfrac{\displaystyle\sum_{t=1}^{T}\text{Kapitaleinsätze zu Beginn der Periode } t}{\text{Nutzungsdauer}}$$

Bei linearer kalkulatorischer Abschreibung erhält man

$$\begin{array}{l}\text{Durchschnittlich}\\ \text{gebundenes Kapital}\end{array} = \dfrac{\begin{array}{l}\text{Kapitaleinsatz zu Beginn der ersten Periode}\\ +\quad\text{Kapitaleinsatz zu Beginn der letzten Periode}\end{array}}{2}$$

$$= \dfrac{A_0 + \left(R_T + \frac{A_0 - R_T}{T}\right)}{2}$$

Bei sehr großem T:

$$\begin{array}{l}\text{Durchschnittlich}\\ \text{gebundenes Kapital}\end{array} = \dfrac{A_0 + R_T}{2}.$$

Bei der Berechnung des durchschnittlichen Kapitaleinsatzes wird unterstellt,
daß die Unternehmung bezüglich dieses Investitionsprojekts jedes Jahr über die
Umsatzerlöse die kalkulatorische Abschreibung „verdient" und sich der Kapitaleinsatz dadurch jährlich um die kalkulatorische Abschreibung verringert (vgl.
Abb. 2.1).

Beispiel 2.1:

*Für ein Investitionsprojekt mit einer geplanten Nutzungsdauer von vier Jahren
betragen die Anschaffungsauszahlungen 5 Mio. und der Restwert am Ende der
Nutzung 1 Mio.*
Bestimmen Sie

(a) die durchschnittliche kalkulatorische Abschreibung,

(b) den durchschnittlichen Kapitaleinsatz.

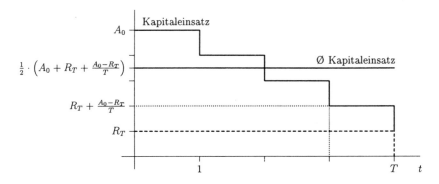

Abb. 2.1: Kapitaleinsatz während der Nutzung

Lösung:

(a)

$$\text{Durchschnittliche kalkulatorische Abschreibung} = \frac{5\ Mio. - 1\ Mio.}{4\ Jahre}$$
$$= 1\ Mio.$$

(b)

Periode	Kapitaleinsatz zu Periodenbeginn
1	5 Mio.
2	4 Mio.
3	3 Mio.
4	2 Mio.
$\sum$	14 Mio.

$$\begin{array}{rl}
\text{Durchschnittlicher Kapitaleinsatz} &= \dfrac{14\ Mio.}{4\ Jahre} \\[2ex]
&= \dfrac{5\ Mio. + 1\ Mio. + \frac{5\ Mio. - 1\ Mio.}{4}}{2} \\[2ex]
&= 3,5\ Mio.
\end{array}$$

– Durchschnittliche sonstige Kosten:

	Durchschnittliche sonstige variable Kosten (= variable Auszahlungen)
+	Durchschnittliche sonstige fixe Kosten (= fixe Auszahlungen)
=	Durchschnittliche sonstige Kosten (= Auszahlungen)

Den durchschnittlichen kalkulatorischen Gewinn erhält man, indem man sämtliche Kostenbestandteile zusammenfaßt und diese, wie in der Formel zu Beginn dieses Unterabschnitts dargestellt worden ist, von den durchschnittlichen zusätzlichen Erlösen abzieht.

Bei einer andere Methode zur Ermittlung der approximativen Annuität faßt man zuerst alle zahlungswirksamen Erlös– und Kostenbestandteile zusammen, um so den zusätzlichen Cash Flow zu berechnen

	Durchschnittliche Erlöse (Einzahlungen)
–	Durchschnittliche sonstige Kosten (Auszahlungen)
–	Durchschnittliche entgehende Einzahlungsüberschüsse
=	Durchschnittliche zusätzliche laufende Cash Flows $\frac{1}{T}\sum_{t=1}^{T} C_t$

und um dann davon die kalkulatorischen Kosten abzuziehen.

Mit den obigen Formeln für die einzelnen kalkulatorischen Kosten ergibt sich die approximative Annuität Ann_{proxy} mit:

$$Ann_{proxy} = \frac{1}{T} \sum_{t=1}^{T} C_t - \frac{A_0 - R_T}{T} - k \cdot \frac{A_0 + R_T + \frac{A_0 - R_T}{T}}{2}.$$

Kriterien für Investitionsentscheidungen:

- Einzelentscheidung:
  Ein Investitionsprojekt soll genau dann durchgeführt werden, wenn die approximative Annuität positiv ist:

$$Ann_{proxy} > 0.$$

Lösung von Aufgabe 1 (b):

Ø zusätzliche Erlöse		120.000,–
Ø kalkulatorische Abschreibung	$\frac{100.000 - 20.000}{3}$ =	26.667,–
Ø kalkulatorische Zinsen	$10\% \cdot \frac{100.000 + 20.000 + 26.667}{2}$ =	7.333,–
Ø sonstige Kosten	$\frac{70.000 + 82.000 + 93.000}{3}$ =	81.667,–
— Ø zusätzliche Kosten		–115.667,–
= Ø zusätzlicher Gewinn		4.333,–

bzw.

$$
\begin{aligned}
\text{Durchschnittlicher zusätzlicher Gewinn} \quad &= \quad \frac{50.000 + 38.000 + 27.000}{3} - 26.667 - 7.333 \\
&= \quad \underbrace{38.333}_{\substack{\text{Durchschnittlicher} \\ \text{laufender Cash Flow}}} \quad - \quad \underbrace{34.000}_{\substack{\text{Durchschnittliche} \\ \text{kalkulatorische Kosten}}} \\
&= \quad 4.333, - .
\end{aligned}
$$

- Alternativentscheidung (Auswahlentscheidung):
  Jenes Investitionsprojekt wird ausgewählt, das den größten positiven durchschnittlichen Gewinn aufweist.

Lösung von Aufgabe 2 (b):

Die Umsatzerlöse sind für beide Investitionsprojekte gleich:

Umsatzerlöse	140.000,–
– entgehende Einzahlungsüberschüsse aufgrund von Umsatzeinbußen	–20.000,–
= zusätzliche Einzahlungen	120.000,–

IP_A: Durchschnittliche zusätzliche Kosten = 115.666,67

$$
\begin{aligned}
\text{Durchschnittlicher zusätzlicher Gewinn} \quad &= \quad 120.000 - 115.666,67 \\
&= \quad 4.333, -
\end{aligned}
$$

IP_B:

t	0	1	2	3
Variable Auszahlungen		40.000,–	40.000,–	40.000,–
Fixe Auszahlungen		12.000,–	24.000,–	36.000,–
= Zusätzliche Auszahlungen		52.000,–	64.000,–	76.000,–
Zusätzliche laufende Cash Flows		68.000,–	56.000,–	44.000,–
Einmalige Zahlungen	–120.000,–			20.000,–

Ø zusätzliche Erlöse			120.000,–
Ø kalkulatorische Abschreibung	$\frac{120.000-20.000}{3}$	=	33.333,33
Ø kalkulatorische Zinsen	$10\% \cdot \frac{120.000+20.000+33.333,33}{2}$	=	8.666,67
Ø sonstige Kosten	$\frac{52.000+64.000+76.000}{3}$	=	64.000,–
– Ø zusätzliche Kosten			–106.000,–
= Ø zusätzlicher Gewinn			14.000,–

bzw.

$$
\begin{aligned}
\text{Durchschnittlicher} \atop \text{zusätzlicher Gewinn} \quad &= \quad \frac{68.000 + 56.000 + 44.000}{3} - 33.333,33 - 8.666,67 \\
&= \quad \underbrace{56.000}_{\substack{\text{Durchschnittlicher} \\ \text{laufender Cash Flow}}} - \underbrace{42.000}_{\substack{\text{Durchschnittliche} \\ \text{kalkulatorische Kosten}}} \\
&= \quad 14.000,-.
\end{aligned}
$$

IP_B weist den höheren durchschnittlichen Gewinn auf.

Exkurs 2: Break–Even–Menge und kritische Leistungsmenge

Die Break–Even–Menge (Gewinnschwelle) ist jene jährliche Absatz– und Produktionsmenge x_{BE}, ab der der durchschnittliche Gewinn positiv ist.

Bezeichnet man mit

$x_t = x$ ... konstante jährliche Absatz– und Produktionsmenge
p_t ... Verkaufspreis je Stück in t
$c_{v,t}$ ... variable Auszahlungen je Stück in t
$C_{f,t}$ ... fixe zusätzliche Auszahlungen in t,

so läßt sich der durchschnittliche zusätzliche laufende Cash Flow darstellen als:

$$
\begin{aligned}
\frac{1}{T}\sum_{t=1}^{T} C_t \quad &= \quad \frac{1}{T}\sum_{t=1}^{T}\left[(p_t - c_{v,t})\cdot x - C_{f,t}\right] \\
&= \quad x \cdot \underbrace{\frac{\sum_{t=1}^{T}(p_t - c_{v,t})}{T}}_{\substack{\text{Durchschnittlicher} \\ \text{variabler Einzahlungs-} \\ \text{überschuß je Stück}}} - \underbrace{\frac{1}{T}\sum_{t=1}^{T} C_{f,t}.}_{\substack{\text{Durchschnittliche} \\ \text{zusätzliche} \\ \text{fixe Auszahlungen}}}
\end{aligned}
$$

Die Break–Even–Menge x_{BE} erhält man daher aus der Bedingung[5] (vgl. Abb. 2.2)

$$
Ann_{proxy}(x_{BE}) = 0
$$

---

[5] Hierbei wird unterstellt, daß der Restwert von der kumulierten Produktionsmenge unabhängig ist.

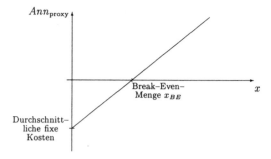

Abb. 2.2: Break–Even–Menge

$$x_{BE} \cdot \frac{\sum_{t=1}^{T}(p_t - c_{v,t})}{T} - \frac{1}{T}\sum_{t=1}^{T} C_{f,t} - \frac{A_0 - R_T}{T} - k \cdot \frac{A_0 + R_T + \frac{A_0 - R_T}{T}}{2} = 0.$$

Somit ist die Break–Even–Menge

$$x_{BE} = \frac{\frac{1}{T}\sum_{t=1}^{T} C_{f,t} + \frac{A_0 - R_T}{T} + k \cdot \frac{A_0 + R_T + \frac{A_0 - R_T}{T}}{2}}{\frac{1}{T}\sum_{t=1}^{T}(p_t - c_{v,t})},$$

und sie kann interpretiert werden als[6]

$$x_{BE} = \frac{\text{Durchschnittliche fixe Kosten}}{\text{Durchschnittlicher variabler Einzahlungsüberschuß je Stück}}.$$

Lösung von Aufgabe 2 (c):

Unterstellt man, daß die entgehenden Einzahlungsüberschüsse aufgrund von Umsatzeinbußen in der Höhe von jährlich 20.000,– unabhängig von der Absatzmenge sind, so erhält man für Projekt A

$$\begin{aligned}
x_{BE} &= \frac{\frac{10.000+22.000+33.000}{3} + 20.000 + 26.667 + 7.333}{14 - 6} \\
&= \frac{75.667}{8} \\
&= 9.458,33 \; Stück,
\end{aligned}$$

und somit ist der durchschnittliche Gewinn ab einer jährlichen Produktions- und Absatzmenge von 9.459 Stück positiv.

Für Projekt B beträgt die Break–Even–Menge

$$\begin{aligned}
x_{BE} &= \frac{\frac{12.000+24.000+36.000}{3} + 20.000 + 33.333,33 + 8.666,67}{14 - 4} \\
&= \frac{86.000}{10} \\
&= 8.600 \; Stück.
\end{aligned}$$

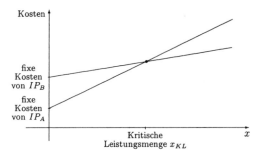

Abb. 2.3: Kritische Leistungsmenge

Die kritische Leistungsmenge gibt jene jährliche Produktionsmenge x_{KL} an, bei der die durchschnittlichen Kosten zweier alternativer Investitionsprojekte gleich groß sind (vgl. Abb. 2.3).

Die durchschnittlichen Kosten eines Projekts sind

$$x \cdot \underbrace{\frac{1}{T}\sum_{t=1}^{T}c_{v,t}}_{\substack{\text{durchschnittliche}\\ \text{variable Kosten}\\ (=\text{Auszahlungen})\\ \text{je Stück } \bar{c}_v}} + \underbrace{\frac{1}{T}\sum_{t=1}^{T}C_{f,t} + \frac{A_0 - R_T}{T} + k \cdot \frac{A_0 + R_T + \frac{A_0 - R_T}{T}}{2}}_{\substack{\text{durchschnittliche}\\ \text{fixe Kosten}^7 \; K_f}}.$$

Beim Kostenvergleich der Projekte A und B erhält man die kritische Leistungsmenge daher aus

$$\bar{c}_v^A \cdot x_{KL} + K_f^A = \bar{c}_v^B \cdot x_{KL} + K_f^B.$$

Somit ist

$$x_{KL} = \frac{K_f^B - K_f^A}{\bar{c}_v^A - \bar{c}_v^B}.$$

Weist das Projekt B gegenüber dem Projekt A höhere durchschnittliche Fixkosten und geringere variable Stückkosten auf, so kann die kritische Leistungsmenge als

$$x_{KL} = \frac{\text{zusätzliche Fixkosten}}{\text{Ersparnis an variablen Stückkosten}}$$

interpretiert werden.

---

[6] Der durchschnittliche variable Einzahlungsüberschuß je Stück entspricht in der Regel dem durchschnittlichen Deckungsbeitrag je Stück.

[7] Es handelt sich hier deshalb um Kosten, da die kalkulatorischen Elemente wie Abschreibung und Zinsen in den laufenden Perioden der Nutzung nicht auszahlungswirksam sind.

Lösung von Aufgabe 2 (c):

	Projekt A	Projekt B
Durchschnittliche fixe Auszahlungen	21.666,67	24.000,-
Durchschnittliche entgehende Einzahlungsüberschüsse	20.000,-	20.000,-
Kalkulatorische Abschreibungen	26.666,67	33.333,33
Kalkulatorische Zinsen	7.333,33	8.666,67
Durchschnittliche fixe Kosten	75.666,67	86.000,-
Durchschnittliche variable Auszahlungen je Stück	6,-	4,-

$$
\begin{aligned}
x_{KL} &= \frac{86.000 - 75.666,67}{6 - 4} \\
       &= \frac{10.333,33}{2} \\
       &= 5.166,67.
\end{aligned}
$$

Beträgt die durchschnittliche jährliche Produktionsmenge höchstens 5.166 Stück, so ist das Projekt A kostengünstiger. Ansonsten verursacht das Projekt B die geringeren durchschnittlichen Kosten.

Mit Hilfe der kritischen Leistungsmenge kann bei einer Mußinvestition für die geplante jährliche Produktionsmenge das kostengünstigste zu realisierende Projekt herausgefunden werden. Bei einer Kanninvestition ist jedoch zusätzlich die Break–Even–Menge zu bestimmen, um feststellen zu können, ob das kostengünstigste Verfahren überhaupt realisiert werden soll.

2.2.1.2 Durchschnittliche Verzinsung

Die durchschnittliche Verzinsung (approximative Rendite, approximativer interner Zinsfuß, Rentabilität) erhält man aus

$$
\text{Approximative Rendite} = \frac{\text{Ø zusätzlicher Einzahlungsüberschuß} - \text{Ø kalkulatorische Abschreibung}}{\text{Ø zusätzlicher Kapitaleinsatz}}
$$

$$
p_{\text{proxy}} = \frac{\frac{1}{T} \sum_{t=1}^{T} C_t - \frac{A_0 - R_T}{T}}{\frac{1}{2}\left(A_0 + R_T + \frac{A_0 - R_T}{T}\right)}
$$

Da der Zähler auch als durchschnittlicher kalkulatorischer Gewinn vor Abzug der kalkulatorischen Zinsen interpretiert werden kann, erhält man als alternative Berechnungsmöglichkeit[8]:

$$
\begin{aligned}
p_{\text{proxy}} &= \frac{Ann_{\text{proxy}} + k \cdot \frac{A_0 + R_T + \frac{A_0 - R_T}{T}}{2}}{\frac{1}{2}\left(A_0 + R_T + \frac{A_0 - R_T}{T}\right)} \\
&= k + \frac{Ann_{\text{proxy}}}{\frac{1}{2}\left(A_0 + R_T + \frac{A_0 - R_T}{T}\right)}.
\end{aligned}
$$

---

[8] vgl. Maßzahl in der Bilanzanalyse: Return on Investment (ROI):

$$
\text{ROI} = \frac{\text{Jahresüberschuß vor Abzug der Fremdkapitalzinsen}}{\text{Bilanzsumme}}.
$$

Kriterien für Investitionsentscheidungen:

- Einzelentscheidung:
  Ein Investitionsprojekt soll genau dann durchgeführt werden, wenn die approximative Rendite über dem Kalkulationszinsfuß liegt:

$$p_{\text{proxy}} > k.$$

Lösung von Aufgabe 1 (b):

	Durchschnittliche zusätzliche Einzahlungen	120.000,-
−	*Durchschnittliche zusätzliche Auszahlungen*	−81.667,-
=	*Durchschnittliche zusätzliche Einzahlungsüberschuß*	38.333,-

$$Durchschnittlicher\ Kapitaleinsatz\ =\ \frac{100.000 + 20.000 + \frac{100.000 - 20.000}{3}}{2}$$
$$=\ 73.333,-$$

$$Durchschnittliche\ Rendite\ =\ \frac{38.333 - 26.667}{73.333}$$
$$=\ 15,9\ \%\ \ p.a. > 10\ \%\ \ p.a.$$

- Alternativentscheidung:
  Jenes Investitionsprojekt wird ausgewählt, das die größte approximative Rendite aufweist, sofern diese über dem Kalkulationszinsfuß liegt.

Lösung von Aufgabe 2 (b):

IP_A:

$$p^A_{\text{proxy}} = 15,91\ \%\ \ p.a.$$

IP_B:

$$p^B_{\text{proxy}}\ =\ \frac{120.000 - 64.000 - 33.333,33}{86.666,67}$$
$$=\ 26,15\ \%\ \ p.a.$$

$$p^B_{\text{proxy}} > p^A_{\text{proxy}}$$

und

$$p^B_{\text{proxy}} > k.$$

2.2.1.3 Statische Amortisationsdauer

Die statische Amortisationsdauer (Rückflußzeit, Pay–Off–Period) AD_{stat} ist jener Zeitraum, in dem die kumulierten Einzahlungsüberschüsse die Anschaffungsauszahlungen übersteigen (ohne Berücksichtigung von kalkulatorischen Zinsen).

Für $AD_{stat} < T$:

$$AD_{stat} = \min \left\{ \tau : \sum_{t=1}^{\tau} C_t > A_0 \right\}$$

Hierbei unterstellt man, daß die nach dem Zeitpunkt AD_{stat} erfolgenden Einzahlungs-überschüsse nicht derart negativ sind, daß der gesamte Rückfluß negativ werden könnte.

Für $AD_{stat} = T$:

$$\sum_{t=1}^{T} C_t < A_0 \quad \wedge \quad \sum_{t=1}^{T} C_t + R_T > A_0$$

Ist keine dieser Bedingungen erfüllt, so amortisiert sich das Investitionsprojekt nie ($\not\exists\ AD_{stat}$).

Kriterien für Investitionsentscheidungen:

- Einzelentscheidung:
  Ein Investitionsprojekt soll genau dann durchgeführt werden, wenn die statische Amortisationsdauer unter einem subjektiv vom Entscheidungsträger vorgegebenen kritischen Wert[9] liegt:

$$AD_{stat} \leq \text{kritischer Wert für } AD_{stat}.$$

Lösung von Aufgabe 1 (b):

	Zu amortisierender Betrag zu $t = 0$	$-$	$100.000,-$
$+$	C_1	$+$	$50.000,-$
	Zu amortisierender Betrag zu $t = 1^+$	$-$	$50.000,-$
$+$	C_2	$+$	$38.000,-$
	Zu amortisierender Betrag zu $t = 2^+$	$-$	$12.000,-$
$+$	$C_3 + R_3$	$+$	$47.000,-$
			> 0

Unterstellt man Gleichverteilung der laufenden Zahlungen[10] im 3. Jahr:

$$
\begin{aligned}
27.000 \cdot (AD_{stat} - 2) &= 12.000 \\
(AD_{stat} - 2) &= \frac{12.000}{27.000} \\
&= 0,44 \\
\Rightarrow \quad AD_{stat} &= 2,44 \text{ Jahre.}
\end{aligned}
$$

Das Projekt ist nach 2,44 Jahren amortisiert.

- Alternativentscheidung:
  Jenes Investitionsprojekt wird ausgewählt, das die kürzeste statische Amortisationsdauer aufweist, sofern diese unter dem kritischen Wert liegt.

Lösung von Aufgabe 2 (b):

IP_A: $AD_{stat}^A = 2,44$ Jahre.

IP_B:

	Zu amortisierender Betrag zu $t = 0$	$-$	$120.000,-$
$+$	C_1	$+$	$68.000,-$
	Zu amortisierender Betrag zu $t = 1^+$	$-$	$52.000,-$
$+$	C_2	$+$	$56.000,-$
			> 0

---

[9] Bei der Festlegung des kritischen Werts für die Amortisationsdauer wird sich der Entscheidungsträger an der erzielbaren erwarteten Amortisationsdauer für alternative Veranlagungsmöglichkeiten orientieren.

[10] Es wird hierbei nur der laufende Cash Flow berücksichtigt, da der Restwert exakt zu $t = 3$ anfällt.

Unterstellt man Gleichverteilung des laufenden Einzahlungsüberschusses im 2. Jahr:
$$\frac{52.000}{56.000} = 0,93$$

$$\Rightarrow \quad AD^B_{stat} \; = \; 1,93 \; Jahre$$

$$AD^B_{stat} < AD^A_{stat}.$$

Die statische Armortisationsdauer ist ein schlechtes Kriterium für die Investitionsentscheidung, da sämtliche Einzahlungsüberschüsse nach dem Amortisationszeitpunkt ignoriert werden (vgl. Beispiel. 2.2). Sie sollte daher nur als Zusatzkriterium bei Projekten mit unsicheren Zahlungen sowie bei alternativen Projekten, die bei anderen Kriterien ungefähr gleich große Werte ergeben, herangezogen werden.

Beispiel 2.2:

Einem Investor stehen zwei alternative Investitionsprojekte mit unendlichen Nutzungsdauern und gleichen Anschaffungsauszahlungen in der Höhe von 999.999,– zur Auswahl. Die laufenden Einzahlungsüberschüsse fallen jeweils am Jahresende an und betragen

Projekt A:

Jahr	$t = 1$	ab $t = 2$
Cash Flow	1 Mio	1,–

Projekt B:

Jahr	$t = 1$	ab $t = 2$
Cash Flow	1,–	1 Mio

(a) Berechnen Sie die statische Amortisationsdauer für jedes Projekt.

(b) Treffen Sie eine Investitionsentscheidung nach dem Kriterium der statischen Amortisationsdauer und nehmen Sie kritisch dazu Stellung.

Lösung:

(a) $AD^A \; = \; 1$
$AD^B \; = \; 2$

Nach dem Kriterium der statischen Amortisationsdauer müßte man Projekt A realisieren, falls die kritische Amortisationsdauer mehr als 1 Jahr beträgt.

(b) Wie unschwer zu erkennen ist, ist Projekt B aber bei weitem vorteilhafter. Somit wäre die Entscheidung von (a) eine Fehlentscheidung. Deshalb sollte das Kriterium der statischen Amortisationsdauer auch nur als Zusatzkriterium neben besseren Kriterien, wie dem Kapitalwert, verwenden werden.

2.2.2 Dynamische Kriterien

2.2.2.1 Kapitalwert

Der Kapitalwert K_t ist die Summe der auf einen einheitlichen Zeitpunkt $t \geq 0$ ab– bzw. aufgezinsten Aus– und Einzahlungen eines Investitionsprojekts.

Für eine mögliche Realisation des Projekts zu $t = 0$ erhält man folgende Darstellung:

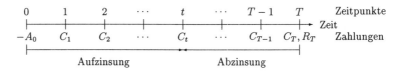

Falls der Kalkulationszinssatz k in allen Perioden gleich groß ist, dann berechnet man den Kapitalwert eines Investitionsprojekts zum Zeitpunkt t mit:

$$K_t = \underbrace{-A_0(1+k)^t + C_1(1+k)^{t-1} + \ldots}_{\text{aufzinsen}} + C_t + \underbrace{C_{t+1}(1+k)^{-1} + \ldots + (C_T + R_T)(1+k)^{t-T}}_{\text{abzinsen}}$$

Spezielle Referenzzeitpunkte:

$t = 0$ (**Barwert**[11]):

$$K_0 = -A_0 + \frac{C_1}{(1+k)^1} + \frac{C_2}{(1+k)^2} + \ldots + \frac{C_T + R_T}{(1+k)^T}$$

$$= \underbrace{\underbrace{-A_0}_{\text{„–Preis“}} + \underbrace{\sum_{t=1}^{T} \frac{C_t}{(1+k)^t} + \frac{R_T}{(1+k)^T}}_{+\text{„Bruttokapitalwert“, „Wert“}}}_{\text{„Nettokapitalwert“, „Kapitalwert“}}$$

$t = T$ (**Endwert**):

$$K_T = -A_0(1+k)^T \underbrace{+C_1(1+k)^{T-1} + C_2(1+k)^{T-2} + \ldots + C_T + R_T}_{\text{„Bruttoendwert“}}$$

$$\underbrace{\phantom{K_T = -A_0(1+k)^T +C_1(1+k)^{T-1} + C_2(1+k)^{T-2} + \ldots + C_T + R_T}}_{\text{„Nettoendwert“}}$$

Zusammenhang zwischen End– und Barwert:

$$K_T = K_0(1+k)^T$$

Kriterien für Investitionsentscheidungen:

- Einzelentscheidung:
  Ein Investitionsprojekt soll genau dann durchgeführt werden, wenn der Kapitalwert positiv ist:

$$K_t > 0.$$

---

[11] Zur Lösung aller Aufgaben in Tabellenform wird der Barwert umgeformt zu

$$K_0 = -A_0 + \sum_{t=1}^{T-1} \frac{C_t}{(1+k)^t} + \frac{C_T + R_T}{(1+k)^T}.$$

Lösung von Aufgabe 1 (b):

$$K_0 = -100.000 + \frac{50.000}{1,1} + \frac{38.000}{1,1^2} + \frac{27.000 + 20.000}{1,1^3}$$
$$= \underbrace{-100.000}_{\substack{\text{Anschaffungs-}\\\text{auszahlungen}}} + \underbrace{112.171,3}_{\substack{\text{Barwert der mit } k \text{ \% } p.a.\\\text{diskontierten Cash Flows}}}$$
$$= 12.171,3$$

- Alternativentscheidung:
  Jenes Investitionsprojekt wird ausgewählt, das den größten positiven Kapitalwert aufweist.
  Können die zur Auswahl stehenden Projekte zu verschiedenen Zeitpunkten durchgeführt werden, so ist darauf zu achten, daß bei allen Projekten ein einheitlicher Referenzzeitpunkt für den Kapitalwertvergleich herangezogen wird.[12]

Lösung von Aufgabe 2 (b):

IP_A: $K_0^A = 12.171,30$

IP_B:

$$K_0^B = -120.000 + \frac{68.000}{1,1} + \frac{56.000}{1,1^2} + \frac{44.000 + 20.000}{1,1^3}$$
$$= 36.183,32$$

$$K_0^B > K_0^A$$

Exkurs 3: Die Wiederveranlagungsprämisse bei der Kapitalwertmethode

Bei der Kapitalwertmethode wird unterstellt, daß während der geplanten Nutzungsdauer sämtliche positiven Einzahlungsüberschüsse zum Kalkulationszinsfuß von k % p.a. bis zum geplanten Ende der Nutzung veranlagt bzw. sämtliche negativen Einzahlungsüberschüsse zum Kalkulationszinsfuß von k % p.a. bis zum geplanten Ende der Nutzung vom Kapitalmarkt ausgeborgt werden können.

Der Bruttoendwert läßt sich daher als jener Betrag interpretieren, den man zu t = T bei Durchführung der Investition erzielt, wenn sämtliche laufenden Cash Flows und der Restwert zu k % p.a. bis zum geplanten Ende der Nutzung veranlagt werden.

Die aufgezinsten Anschaffungszahlungen sind jener Betrag, den man zu t = T erhalten würde, wenn man die Anschaffungsauszahlungen statt in das Investitionsprojekt in die beste Alternativveranlagung mit k % p.a. bis zum geplanten Ende der Nutzung investieren würde.

Der (Netto-) Endwert gibt nun jenen Betrag zu t = T wieder, den man zu diesem Zeitpunkt mehr besitzt, wenn man die Anschaffungsauszahlungen in das Investitionsprojekt statt in die beste Alternativveranlagung investiert.

Der Barwert (Kapitalwert zu t = 0) stellt somit den heutigen Wert dieses Vermögensvorteils zu t = T dar. Er läßt sich daher auch als Zuwachs des Werts des Vermögens der Anteilseigner zu t = 0 (Shareholder Value) bei Durchführung der Investition interpretieren.

---

[12] Siehe Unterabschnitt 2.4.3.

Lösung von Aufgabe 1 (b):

$$K_3 = \underbrace{-100.000 \cdot 1,1^3}_{\substack{\text{Endwert der zu } k \text{ \% p.a.} \\ \text{alternativ veranlagten} \\ \text{Anschaffungsauszahlungen} \\ \text{(Opportunitätskosten)}}} + \underbrace{50.000 \cdot 1,1^2 + 38.000 \cdot 1,1 + (27.000 + 20.000)}_{\substack{\text{Endwert der zu } k \text{ \% p.a.} \\ \text{veranlagten Cash Flows aus} \\ \text{dem Investitionsprojekt}}}$$

$$= -133.100 + 149.300$$

$$= 16.200$$

$$K_0 = K_3 \cdot 1,1^{-3}$$

$$= 16.200 \cdot 1,1^{-3} = 12.171,30.$$

Exkurs 4: Vereinfachungen bei der Kapitalwertberechnung

- **Konstante laufende Cash Flows bei endlicher Nutzungsdauer:**
  $C_t = \bar{C}$ für $t = 1, \ldots, T$

$$K_0 = -A_0 + \sum_{t=1}^{T} \frac{\bar{C}}{(1+k)^t} + \frac{R_T}{(1+k)^T}$$

$$= -A_0 + \bar{C} \cdot \sum_{t=1}^{T} \frac{1}{(1+k)^t} + \frac{R_T}{(1+k)^T}$$

$$= -A_0 + \bar{C} \cdot \underbrace{\frac{(1+k)^T - 1}{k \cdot (1+k)^T}}_{\substack{\text{Nachschüssiger} \\ \text{Rentenbarwertfaktor} \\ RBF_{T,k}}} + \frac{R_T}{(1+k)^T}$$

- **Konstante laufende Cash Flows bei unendlicher Nutzungsdauer:**

$$K_0 = -A_0 + \bar{C} \cdot \sum_{t=1}^{\infty} \frac{1}{(1+k)^t}$$

$$= -A_0 + \frac{\bar{C}}{k}$$

- **Laufende Cash Flows mit konstanter Wachstumsrate bei endlicher Nutzungsdauer:**

$$\pi = \frac{C_{t+1}}{C_t} - 1$$

$$C_{t+1} = C_t(1 + \pi)$$

$$C_t = C_1(1 + \pi)^{t-1}$$

$$K_0 = -A_0 + \sum_{t=1}^{T} \frac{C_1 \cdot (1+\pi)^{t-1}}{(1+k)^t} + \frac{R_T}{(1+k)^T}$$

$$= -A_0 + \frac{C_1}{(1+\pi)^1} \sum_{t=1}^{T} \left(\frac{1+\pi}{1+k}\right)^t + \frac{R_T}{(1+k)^T}$$

Für $k \neq \pi$ erhält man

$$
\begin{aligned}
K_0 &= -A_0 + \frac{C_1}{1+\pi} \cdot \frac{1+\pi}{1+k} \cdot \frac{1 - \left(\frac{1+\pi}{1+k}\right)^T}{1 - \frac{1+\pi}{1+k}} + \frac{R_T}{(1+k)^T} \\
&= -A_0 + \frac{C_1}{1+\pi} \cdot \frac{1+\pi}{1+k} \cdot \frac{1 - \left(\frac{1+\pi}{1+k}\right)^T}{\frac{k-\pi}{1+k}} + \frac{R_T}{(1+k)^T} \\
&= -A_0 + \frac{C_1}{k-\pi} \cdot \left[1 - \left(\frac{1+\pi}{1+k}\right)^T \right] + \frac{R_T}{(1+k)^T} \\
&= -A_0 + \frac{C_1}{k-\pi} \cdot \frac{\left[1 - \left(\frac{1+\pi}{1+k}\right)^T \right] \cdot \left(\frac{1+k}{1+\pi}\right)^T}{\left(\frac{1+k}{1+\pi}\right)^T} + \frac{R_T}{(1+k)^T} \\
&= -A_0 + \frac{C_1}{k-\pi} \cdot \frac{\left(\frac{1+k}{1+\pi}\right)^T - 1}{\left(\frac{1+k}{1+\pi}\right)^T} + \frac{R_T}{(1+k)^T}.
\end{aligned}
$$

Für $k = \pi$ erhält man

$$
K_0 = -A_0 + T \cdot \frac{C_1}{1+k} + \frac{R_T}{(1+k)^T}.
$$

- **Laufende Cash Flows mit konstanter Wachstumsrate bei unendlicher Nutzungsdauer:**
  Der Grenzwert der obigen geometrischen Reihe beträgt für $k \neq \pi$

$$
\begin{aligned}
\lim_{T \to \infty} \sum_{t=1}^{T} \left(\frac{1+\pi}{1+k}\right)^t &= \lim_{T \to \infty} \frac{\left(\frac{1+k}{1+\pi}\right)^T - 1}{\left(\frac{1+k}{1+\pi}\right)^T} \\
&= \lim_{T \to \infty} \left[1 - \frac{1}{\left(\frac{1+k}{1+\pi}\right)^T} \right] \\
&= \begin{cases} 1 & \text{für } k > \pi \\ \infty & \text{für } k < \pi \end{cases}
\end{aligned}
$$

und für $k = \pi$

$$
\lim_{T \to \infty} \sum_{t=1}^{T} \left(\frac{1+\pi}{1+k}\right)^t = \lim_{T \to \infty} \sum_{t=1}^{T} 1 = \infty.
$$

Somit beträgt der Kapitalwert

$$
K_0 = \begin{cases} -A_0 + \frac{C_1}{k-\pi} & \text{für } k > \pi \\ \infty & \text{für } k \leq \pi. \end{cases}
$$

2.2.2.2 Annuität

Die Gewinnannuität *Ann* ist der zum Kapitalwert äquivalente finanzmathematische Gewinn. Sie ist jener über einen gegebenen Planungshorizont in gleichen Zeitabständen[13] auftretende, konstante nachschüssige Gewinnbetrag, für den gilt, daß der Barwert dieser Gewinnbeträge gleich dem Kapitalwert des Investitionsprojekts ist:

$$K_0 = \frac{Ann}{(1+k)} + \frac{Ann}{(1+k)^2} + \ldots + \frac{Ann}{(1+k)^T}$$

$$= Ann \cdot \underbrace{\sum_{t=1}^{T} \frac{1}{(1+k)^t}}_{\substack{\text{Nachschüssiger} \\ \text{Rentenbarwertfaktor} \\ RBF_{T,k}}}$$

$$K_0 = Ann \cdot RBF_{T,k}$$
$$Ann = K_0 \cdot \underbrace{\frac{1}{RBF_{T,k}}}_{\substack{\text{Nachschüssiger} \\ \text{Annuitätenfaktor} \\ AF_{T,k}}}$$

$$Ann = K_0 \cdot AF_{T,k}$$

mit:

$$AF_{T,k} = \frac{k \cdot (1+k)^T}{(1+k)^T - 1}$$

Für einen Kalkulationszinsfuß von $k = 0$ gilt:

$$AF_{T,k} = \frac{1}{T}$$

bzw.

$$RBF_{T,k} = T.$$

Kriterien für Investitionsentscheidungen:

- Einzelentscheidung:
  Ein Investitionsprojekt soll genau dann durchgeführt werden, wenn die Annuität positiv ist:

$$Ann > 0.$$

---

[13] Üblicherweise beträgt der Zeitraum zwischen zwei Betrachtungszeitpunkten ein Jahr. Daher resultiert auch der lateinische Ursprung des Begriffs *Annuität*. Aber auch für kürzere Zeiträume, wie ein Monat oder eine Woche, können Annuitäten ermittelt werden, obwohl der Begriff *Annuität* dann terminologisch eigentlich nicht mehr richtig ist.

Lösung von Aufgabe 1 (b):

$$
\begin{aligned}
Ann &= K_0 \cdot \frac{k(1+k)^T}{(1+k)^T - 1} \\
&= 12.171,3 \cdot \frac{0,1 \cdot 1,1^3}{1,1^3 - 1} \\
&= 4.894,27
\end{aligned}
$$

- Alternativentscheidung:
  Jenes Investitionsprojekt wird ausgewählt, das die größte positive Annuität aufweist.[14]

Lösung von Aufgabe 2 (b):

IP_A:

$$
Ann^A = 4.894,27
$$

IP_B:

$$
\begin{aligned}
Ann^B &= K_0^B \cdot \frac{k(1+k)^T}{(1+k)^T - 1} \\
&= 36.183,32 \cdot \frac{0,1 \cdot 1,1^3}{1,1^3 - 1} \\
&= 14.549,85
\end{aligned}
$$

$$
Ann^B > Ann^A
$$

und

$$
Ann^B > 0.
$$

Exkurs 5: Aufteilung der Annuität

Die exakte Annuität stellt einen finanzmathematischen durchschnittlichen kalkulatorischen Gewinn dar und soll hier in die drei Bestandteile

- *Cash Flow,*
- *kalkulatorische Zinsen*

und

- *kalkulatorische Abschreibung*

unterteilt werden:

$$
\begin{aligned}
Ann &= K_0 \cdot AF_{T,k} \\
Ann &= \left[-A_0 + \sum_{t=1}^{T} \frac{C_t}{(1+k)^t} + \frac{R_T}{(1+k)^T} \right] \cdot AF_{T,k}
\end{aligned}
$$

---

[14] Für Investitionsprojekte mit unterschiedlichen geplanten Nutzungsdauern müssen hierbei die *modifizierten Annuitäten* verglichen werden (vgl. 2.3.1).

$$= \underbrace{AF_{T,k} \cdot \sum_{t=1}^{T} \frac{C_t}{(1+k)^t}}_{\substack{\textit{Finanzmathematischer} \\ \textit{durchschnittlicher} \\ \textit{laufender Cash Flow}}} \underbrace{- AF_{T,k} \cdot \left[A_0 - \frac{R_T}{(1+k)^T} \right]}_{\substack{\textit{Finanzmathematische} \\ \textit{durchschnittliche} \\ \textit{kalkulatorische} \\ \textit{Abschreibung und} \\ \textit{kalkulatorische Zinsen} \\ \textit{(„Kapitaldienst")}}} \cdot$$

Die Bestandteile des Kapitaldienstes erhält man durch

$$\frac{\textit{Kalkulatorische Zinsen}}{\textit{in Periode t}} = k \cdot \frac{\textit{Kalkulatorischer Wert}}{\textit{zu Beginn der Periode t}}$$

$$\frac{\textit{Kalkulatorische Abschreibung}}{\textit{in Periode t}} = \textit{Kapitaldienst} - \frac{\textit{Kalkulatorische Zinsen}}{\textit{in Periode t}}$$

mit:

$$\frac{\textit{Kalkulatorischer Wert}}{\textit{zu Beginn der Periode t}} = \textit{Anschaffungsauszahlungen} - \sum_{\tau=1}^{t-1} \frac{\textit{Kalkulatorische Abschreibung}}{\textit{in Periode } \tau}$$

$$= \textit{Kalkulatorischer Wert zu Beginn der Vorperiode}$$
$$- \textit{Kalkulatorische Abschreibung in der Vorperiode}$$

Lösung von Aufgabe 1 (b):

$$
\begin{aligned}
Ann &= \left[-100.000 + \frac{50.000}{1,1} + \frac{38.000}{1,1^2} + \frac{27.000 + 20.000}{1,1^3} \right] AF_{3,10\%} \\
&= AF_{3,10\%} \cdot \left[\frac{50.000}{1,1} + \frac{38.000}{1,1^2} + \frac{27.000}{1,1^3} \right] - AF_{3,10\%} \cdot \left[100.000 - \frac{20.000}{1,1^3} \right] \\
&= 39.063,44 - 34.169,18 \\
&= 4.894,27.
\end{aligned}
$$

Die exakte Annuität[15] von 4.894,27 setzt sich somit aus 39.036,44 finanzmathematischem durchschnittlichen laufenden Cash Flow abzüglich 34.169,18 kalkulatorischen Kosten zusammen.

Aufteilung des Kapitaldienstes (34.169,184) in

- *Kalkulatorische Zinsen*
- *Kalkulatorische Abschreibung*

Periode	Kalkulatorischer Wert zu Periodenbeginn	Kapitaldienst	Kalkulatorische Zinsen	Kalkulatorische Abschreibung[16]
1	100.000,–	34.169,184	10.000,–	24.169,184
2	75.830,816	34.169,184	7.583,0816	26.586,104
3	49.244,714	34.169,184	4.924,4714	29.244,714
4	20.000,–	–	–	–
$\sum$				80.000,–[17]

	Approximativer laufender Cash Flow	38.333,–
–	Approximativer Kapitaldienst	–34.000,–
=	Approximative Annuität	4.333,–

Für $k = 0$ ist der Annuitätenfaktor $AF_{T,0} = \frac{1}{T}$, und die approximative Annuität stimmt mit der exakten Annuität überein.

[16] Die kalkulatorischen Abschreibungen steigen jährlich um den Faktor $(1 + k)$. Somit sind die Barwerte der drei jährlichen kalkulatorischen Abschreibungen gleich groß.

[17] Die Summe der kalkulatorischen Abschreibungen entspricht der Wertminderung von $100.000, -$ auf $20.000, -$.

2.2.2.3 Interner Zinsfuß

Der interne Zinsfuß (Rendite, bei Krediten: Effektivverzinsung) p ist jener Kalkulationszinsfuß, bei dem der Kapitalwert gleich null ist:

$$-A_0 + \sum_{t=1}^{T} \frac{C_t}{(1+p)^t} + \frac{R_T}{(1+p)^T} = 0.$$

Kriterien für Investitionsentscheidungen:

- Einzelentscheidung:
  Eine Investitionsprojekt soll genau dann durchgeführt werden, wenn der interne Zinsfuß über dem Kalkulationszinsfuß liegt:

$$p > k.$$

Lösung von Aufgabe 1 (b):

$$-100.000 + \frac{50.000}{(1+p)} + \frac{38.000}{(1+p)^2} + \frac{47.000}{(1+p)^3} = 0$$

$$\Rightarrow p = 16,9 \ \% \ \text{p.a.}$$

- Alternativentscheidung:
  Jenes Investitionsprojekt wird ausgewählt, das den größten internen Zinsfuß aufweist, sofern dieser über dem Kalkulationszinsfuß liegt.

Lösung von Aufgabe 2 (b):

IP_A:

$$p^A = 16,9 \ \% \ \text{p.a.}$$

IP_B:

$$-120.000 + \frac{68.000}{(1+p^B)} + \frac{56.000}{(1+p^B)^2} + \frac{(44.000 + 20.000)}{(1+p^B)^3} = 0$$

$$\Rightarrow p^B = 26,71 \ \% \ \text{p.a.}$$

$$p^B > p^A$$

und

$$p^B > k.$$

Exkurs 6: Die Wiederveranlagungsprämisse bei der Methode mit dem internen Zinsfuß

Ausgangspunkt unserer folgenden Überlegungen bildet die Wiederveranlagungsprämisse bei der Kapitalwertmethode (vgl. Exkurs 4).

Da der interne Zinsfuß über den Kapitalwert festgestellt wird, kann er als jene Rendite interpretiert werden, zu der sowohl

- die laufenden Cash Flows aus dem Investitionsprojekt

als auch alternativ

- die Anschaffungsauszahlungen

bis zum geplanten Ende der Nutzung veranlagt werden können müßten, damit man zwischen einer Investition in das Projekt und in die Alternativveranlagungen indifferent ist.

Bruttoendwert durch Realisation des Investitionsprojekts:

$$\sum_{t=1}^{T} C_t \cdot (1 + p)^{T-t} + R_T$$

Bruttoendwert durch Alternativveranlagung:

$$A_0 \cdot (1 + p)^T$$

Nettoendwert:

$$K_T = -A_0 \cdot (1 + p)^T + \sum_{t=1}^{T} C_t \cdot (1 + p)^{T-t} + R_T$$

Nettobarwert:

$$K_0 = -A_0 + \sum_{t=1}^{T} \frac{C_t}{(1 + p)^t} + \frac{R_T}{(1 + p)^T} = 0$$

$\rightarrow$ Indifferenz zwischen Investitionsprojekt und Alternativveranlagung.

Liegt nun der interne Zinsfuß aus dem Investitionsprojekt über der als Kalkulationszinsfuß zu verwendenden Alternativrendite, so ist es sinnvoll, das Investitionsprojekt durchzuführen. Im anderen Fall $(p < k)$ ist das Projekt zu unterlassen und eine Veranlagung der Anschaffungsauszahlungen zur Alternativrendite durchzuführen.

2.2.2.4   Dynamische Amortisationsdauer

Die dynamische Amortisationsdauer AD_{dyn} ist jener Zeitraum, in dem die kumulierten Einzahlungsüberschüsse die Anschaffungsauszahlungen übersteigen (unter Berücksichtigung von kalkulatorischen Zinsen).

- Für $AD_{dyn} < T$:

$$AD_{dyn} = \min \left\{ \tau : \sum_{t=1}^{\tau} \frac{C_t}{(1 + k)^t} > A_0 \right\}$$

- Für $AD_{dyn} = T$:

$$\sum_{t=1}^{T} \frac{C_t}{(1+k)^t} < A_0 \quad \wedge \quad \sum_{t=1}^{T} \frac{C_t}{(1+k)^t} + \frac{R_T}{(1+k)^T} > A_0.$$

Ist keine dieser beiden Möglichkeiten erfüllt, so amortisiert sich das Investitionsprojekt nie.

Ein äquivalentes Resultat erhält man durch Multiplikation der Kriterien mit $(1+k)^{\tau}$:

- Für $AD_{dyn} < T$:

$$AD_{dyn} = \min \left\{ \tau : \sum_{t=1}^{\tau} C_t (1+k)^{\tau-t} > A_0 \cdot (1+k)^{\tau} \right\}$$

$$= \min \left\{ \tau : C_{\tau} > A_0 \cdot (1+k)^{\tau} - \sum_{t=1}^{\tau-1} C_t (1+k)^{\tau-t} \right\}$$

- Für $AD_{dyn} = T$:

$$A_0 \cdot (1+k)^T - \sum_{t=1}^{T} C_t (1+k)^{T-t} > 0 \quad \wedge \quad C_T + R_T > A_0 \cdot (1+k)^T - \sum_{t=1}^{T-1} C_t \cdot (1+k)^{T-t}.$$

Bei diesen alternativen Verfahren wird τ von 1 beginnend solange schrittweise erhöht, bis das Kriterium erfüllt und damit die dynamische Amortisationsdauer festgestellt ist.

Kriterien für Investitionsentscheidungen:

- Einzelentscheidung:
  Ein Investitionsprojekt soll genau dann durchgeführt werden, wenn die dynamische Amortisationsdauer unter einem subjektiv vom Entscheidungsträger vorgegebenen kritischen Wert[18] liegt:

$$AD_{dyn} < \text{kritischer Wert für } AD_{dyn}.$$

Lösung von Aufgabe 1 (b):

Zu amortisierender Betrag zu $t = 0$	$-100.000,-$
$+$ Barwert von C_1 $\left(\frac{50.000}{1,1}\right)$	$45.454,54$
Barwert des zu $t = 1^+$ zu amortisierenden Betrags	$-54.545.46$
$+$ Barwert von C_2 $\left(\frac{38.000}{1,1^2}\right)$	$31.404,96$
Barwert des zu $t = 2^+$ zu amortisierenden Betrags	$-23.140,50$
$+$ Barwert von $C_3 + R_3$ $\left(\frac{27.000+20.000}{1,1^3}\right)$	$35.311,80$
	> 0

$$AD_{dyn} = 3 \text{ Jahre.}$$

Das alternative Verfahren zur Bestimmung der dynamischen Amortisationsdauer ergibt

---

[18] Siehe auch Fußnote 9 auf S. 30.

Zu amortisierender Betrag zu $t = 0$	$-$ 100.000,–
$-$ Kalkulatorische Zinsen der ersten Periode	$-$ 10.000,–
Zu amortisierender Betrag zu $t = 1^-$	$-$ 110.000,–
$+$ C_1	$+$ 50.000,–
Zu amortisierender Betrag zu $t = 1^+$	$-$ 60.000,–
$-$ Kalkulatorische Zinsen der zweiten Periode	$-$ 6.000,–
Zu amortisierender Betrag zu $t = 2^-$	$-$ 66.000,–
$+$ C_2	$+$ 38.000,–
Zu amortisierender Betrag zu $t = 2^+$	$-$ 28.000,–
$-$ Kalkulatorische Zinsen der dritten Periode	$-$ 2.800,–
Zu amortisierender Betrag zu $t = 3^-$	$-$ 30.800,–
$+$ $C_3 + R_3$	$+$ 47.000,–
	> 0

$$AD_{dyn} \;=\; 3 \text{ Jahre}$$

Da der laufende Cash Flow im dritten Jahr nicht ausreicht, um den zu $t = 3^-$ ausstehenden Betrag zu amortisieren

$$27.000 < 30.800,$$

ist diesbezüglich noch die Zahlung des Restwerts am Ende des dritten Jahres erforderlich. Die dynamische Amortisationsdauer beträgt daher exakt drei Jahre.

- Alternativentscheidung:
  Jenes Investitionsprojekt wird ausgewählt, das die kürzeste dynamische Amortisationsdauer aufweist, sofern diese unter dem kritischen Wert liegt.

Lösung von Aufgabe 2 (b):

IP_A: $AD_{dyn}^A \;=\; 3$ Jahre

IP_B:

Zu amortisierender Betrag zu $t = 0$	$-$ 120.000,–
$-$ Kalkulatorische Zinsen der ersten Periode	$-$ 12.000,–
Zu amortisierender Betrag zu $t = 1^-$	$-$ 132.000,–
$+$ C_1	$+$ 68.000,–
Zu amortisierender Betrag zu $t = 1^+$	$-$ 64.000,–
$-$ Kalkulatorische Zinsen der zweiten Periode	$-$ 6.400,–
Zu amortisierender Betrag zu $t = 2^-$	$-$ 70.400,–
$+$ C_2	$+$ 56.000,–
Zu amortisierender Betrag zu $t = 2^+$	$-$ 14.400,–
$-$ Kalkulatorische Zinsen der dritten Periode	$-$ 1.440,–
Zu amortisierender Betrag zu $t = 3^-$	$-$ 15.840,–
$+$ C_3	$+$ 44.000,–
	> 0

Unterstellt man Gleichverteilung der laufenden Einzahlungsüberschüsse im 3. Jahr, so erhält man den Bruchteil x des dritten Jahres aus

$$\underbrace{14.400 \cdot (1 + k \cdot x)}_{\substack{\text{zu amortisierender} \\ \text{Betrag zu } t = (2 + x)}} \;=\; \underbrace{44.000 \cdot x}_{\substack{\text{laufender Einzahlungs-} \\ \text{überschuß in } \langle 2, 2 + x]}}$$

und somit

$$\text{Bruchteil des dritten Jahres} \;=\; \frac{14.400}{44.000 - 0,1 \cdot 14.400}$$
$$=\; 0,34$$

$$AD_{dyn}^B = 2,34 \; Jahre$$

und

$$AD_{dyn}^B < AD_{dyn}^A.$$

Exkurs 7: Investitionsketten und der Kettenkapitalwert

Wird bereits vor der Realisierung eines Investitionsprojekts geplant, daß es bei Durchführung nach dem Ende der geplanten Nutzungsdauer durch ein oder durch mehrere aufeinanderfolgende Nachfolgeprojekte ersetzt werden soll, so ist zur Beurteilung der Vorteilhaftigkeit der gesamten Kette von Investitionsprojekten die Berechnung des Kettenkapitalwerts notwendig.

Die Darstellung des Kettenkapitalwerts erfolgt zunächst anhand zweier beliebiger aufeinanderfolgender Investitionsprojekte. Daran anschließend werden drei Sonderfälle betrachtet.

- *Kette von zwei aufeinanderfolgenden Investitionsprojekten:*

T_A ... *Geplante Nutzungsdauer von Aggregat A*
T_B ... *Geplante Nutzungsdauer von Aggregat B*

$$
\begin{aligned}
KK_0 \; = \; & -A_0 + \sum_{t=1}^{T_A} \frac{C_t}{(1+k)^t} + \frac{R_{T_A}}{(1+k)^{T_A}} \\
& - \frac{A_{T_A}}{(1+k)^{T_A}} + \sum_{t=1}^{T_B} \frac{C_{T_A+t}}{(1+k)^{T_A+t}} + \frac{R_{T_A+T_B}}{(1+k)^{T_A+T_B}} \\
= \; & \underbrace{-A_0 + \sum_{t=1}^{T_A} \frac{C_t}{(1+k)^t} + \frac{R_{T_A}}{(1+k)^{T_A}}}_{K_{0,A}} \\
& + \frac{1}{(1+k)^{T_A}} \cdot \underbrace{\left[-A_{T_A} + \sum_{t=1}^{T_B} \frac{C_{T_A+t}}{(1+k)^t} + \frac{R_{T_A+T_B}}{(1+k)^{T_B}} \right]}_{K_{T_A,B}} \\
= \; & K_{0,A} + \frac{K_{T_A,B}}{(1+k)^{T_A}}
\end{aligned}
$$

Somit setzt sich der Kapitalwert eines Projekts mit einem Nachfolgeaggregat (Kettenkapital einer zweigliedrigen Investitionskette) aus dem Kapitalwert des ersten Investitionsprojekts und dem diskontierten Kapitalwert des Nachfolgeprojekts zusammen.

- *Sonderfälle*:
  Oft ist es schwierig die künftigen Anschaffungsauszahlungen, die laufenden Cash Flows und die Restwerte von Nachfolgeaggregaten zu prognostizieren. In diesen Fällen wird vielfach unterstellt, daß diese Zahlungen der Nachfolgeaggregate jenen des ersten Aggregats entsprechen. Man bezeichnet diese Annahme dann als *identische Reinvestition* eines Investitionsprojekts:
  identische Nutzungsdauern
  identische Anschaffungsauszahlungen
  identische Restwerte
  identische laufende Cash Flows in den entsprechenden Jahren der Nutzung.

  – *Bei einmaliger identischer Reinvestition*:

$$\begin{aligned}
T_B &= T_A \\
A_{T_A} &= A_0 \\
R_{T_A+T_B} &= R_{T_A} \\
C_{T_A+t} &= C_t
\end{aligned}$$

Unter diesen Annahmen sind die Kapitalwerte der beiden Aggregate zum Zeitpunkt der entsprechenden Investition gleich groß

$$K_{T_A,B} = K_{0,A},$$

und der Kettenkapitalwert beträgt

$$\begin{aligned}
KK_0 &= K_0 + \frac{K_0}{(1+k)^T} \\
&= K_0 \cdot \left[1 + \frac{1}{(1+k)^T}\right].
\end{aligned}$$

  – *Bei m-maliger identischer Reinvestition*:
  m ... Anzahl der Nachfolgeaggregate
  $m+1$ ... Gesamtanzahl der aufeinanderfolgenden Aggregate

$$\begin{aligned}
KK_0 &= K_0 + \frac{K_0}{(1+k)^T} + \frac{K_0}{(1+k)^{2T}} + \ldots + \frac{K_0}{(1+k)^{mT}} \\
&= K_0 \underbrace{\sum_{j=0}^{m} \left[\frac{1}{(1+k)^T}\right]^j}_{\substack{\text{Endliche} \\ \text{geometrische Reihe}}} \\
&= K_0 \underbrace{\frac{(1+k)^{(m+1)T} - 1}{(1+k)^{mT}[(1+k)^T - 1]}}_{\substack{\text{Kettenfaktor bei } m\text{--maliger} \\ \text{identischer Reinvestition}}}
\end{aligned}$$

  – *Bei unendlicher identischer Reinvestition*:
  Der Grenzübergang des Kettenfaktors ergibt

$$\begin{aligned}
\lim_{m\to\infty} \frac{(1+k)^{(m+1)T} - 1}{(1+k)^{mT}[(1+k)^T - 1]} &= \frac{1}{(1+k)^T - 1} \lim_{m\to\infty} \frac{(1+k)^{mT} \cdot (1+k)^T - 1}{(1+k)^{mT}} \\
&= \frac{1}{(1+k)^T - 1} \lim_{m\to\infty} \left[(1+k)^T - \frac{1}{(1+k)^{mT}}\right] \\
&= \frac{(1+k)^T}{(1+k)^T - 1}.
\end{aligned}$$

Somit erhält man den Kettenkapitalwert als

$$KK_0 \;=\; K_0 \cdot \underbrace{\frac{(1+k)^T}{(1+k)^T - 1}}_{\substack{\text{Kettenfaktor bei unendlicher} \\ \text{identischer Reinvestition}}} \cdot$$

2.3 Kritischer Vergleich der Beurteilungskriterien

Die in den Unterabschnitten 2.2.1 und 2.2.2 dargestellten Beurteilungskriterien sind nach ihren Äquivalenten in Tab. 2.1 dargestellt.

Statisch	Dynamisch
—	Kapitalwert
Durchschnittlicher Gewinn	Annuität
Durchschnittliche Verzinsung	Interner Zinsfuß
Statische Amortisationsdauer	Dynamische Amortisationsdauer

Tab. 2.1: Äquivalente statische und dynamische Beurteilungskriterien

Das statische Äquivalent zum Kapitalwert ist einfach der gesamte Einzahlungsüberschuß aus einem Investitionsprojekt

$$-A_0 + \sum_{t=1}^{T} C_t + R_T.$$

Die Verwendung dieses statischen Äquivalents ist verständlicherweise in der Literatur nicht anzutreffen und wird auch in der Praxis nur höchstens bei der Auswahlentscheidung von Krediten (vgl. Aufgabe 20) oder bei Leasing– versus Kreditkaufentscheidung fälschlicherweise verwendet.

Die Kriterien der statischen und dynamischen Amortisationsdauer sollten als alleinige Kriterien nicht herangezogen werden (vgl. Beispiel 2.2 auf Seite 31). Ebensowenig werden im folgenden die sonstigen statischen Kriterien aufgrund ihrer möglicherweise geringen Genauigkeit betrachtet.

Im folgenden werden daher nur die drei dynamischen Verfahren

          Kapitalwert,
          Annuität

und

          interner Zinsfuß

kritisch gegenübergestellt. Hierbei wird insbesondere zu untersuchen sein, ob mit diesen Kriterien bei Einzelentscheidungen und bei Alternativentscheidungen stets die gleiche Investitionsentscheidung getroffen wird, da es dann egal wäre, mit welchem Kriterium die Investitionsbeurteilung gefällt wird. Kämen wir aber zur Erkenntnis, daß die getroffene Investitionsentscheidung vom Kriterium abhängt, so haben wir zu entscheiden, welches Kriterium gegenüber den anderen Kriterien der Vorzug zu geben ist.

2.3.1   Kapitalwert und Annuität

- Einzelentscheidung:
  Beide Methoden führen zur gleichen Investitionsentscheidung:

$$Ann \;=\; K_0 \cdot \underbrace{AF_{T,k}}_{>0}$$

$$Ann > 0 \;\Leftrightarrow\; K_0 > 0$$
$$Ann < 0 \;\Leftrightarrow\; K_0 < 0$$

Die Berechnung der Annuität ist jedoch zur Investitionsentscheidung überflüssig, weil diese Entscheidung bereits anhand des Kapitalwerts getroffen werden kann.

- Alternativentscheidung:

  - Eine gleiche Entscheidung erhält man dann, wenn alle Investitionsprojekte gleiche geplante Nutzungsdauern aufweisen.
  - Falls unterschiedliche geplante Nutzungsdauern vorliegen, erhält man eine gleiche Entscheidung mit beiden Beurteilungskriterien dann, wenn man bei der Annuitätenmethoden die „richtigen" Annuitäten miteinander vergleicht. Zunächst muß ein einheitlicher Planungshorizont unterstellt werden. Aus dem (Ketten–) Kapitalwert aller Zahlungen innerhalb dieses Planungshorizonts und dem dazugehörigen Annuitätenfaktor werden danach die (Ketten–) Kapitalwerte bzw. die *modifizierten Annuitäten* zur Entscheidung herangezogen. Unterstellt man fortlaufende identische Reinvestition derart, daß eine permanente Produktion während des Planungshorizonts bei allen Projekten gewährleistet ist, so ergibt sich in diesem Fall für die Annuitätenmethode der Vorteil, daß die modifizierten Annuitäten, die man aus der Umlage des Kettenkapitalwerts auf den Planungshorizont erhält, genau der Annuität entspricht, die man aus der Umlage des Kapitalwerts bei einmaliger Investition auf die geplante Nutzungsdauer erhält[19].

Lösung von Aufgabe 3 (a) und (b):

- **Für einmalige Investitionen:**
  Kapitalwerte:

$$K_{0,A} \;=\; -100.000 + \frac{50.000}{1,1} + \frac{38.000}{1,1^2} + \frac{47.000}{1,1^3}$$
$$=\; 12.172,-$$

$$K_{0,B} \;=\; -300.000 + \frac{87.000}{1,1} + \frac{76.000}{1,1^2} + \frac{74.000}{1,1^3} + \frac{62.000}{1,1^4} + \frac{57.000}{1,1^5} + \frac{94.000}{1,1^6}$$
$$=\; 28.298,-$$

⇒ *B realisieren.*
(Modifizierte) Annuitäten:

Für das Projekt A ist in 2.2.2.2 eine „gewöhnliche" Annuität in der Höhe von

$$Ann_A \;=\; 12.172 \cdot \frac{0,1 \cdot 1,1^3}{1,1^3 - 1}$$
$$=\; 4.894,-$$

---

[19] Werden Investitionsprojekte mit unterschiedlichen geplanten Nutzungsdauern anhand der gewöhnlichen exakten oder approximativer Annuität verglichen, so wird somit implizit unterstellt, daß die Projekte so oft identisch reinvestiert werden, sodaß die Gesamtnutzungsdauern aller Ketten von Projekten gleich lang sind.

festgestellt worden, wobei als Planungshorizont die beabsichtigte Nutzungsdauer von drei Jahren herangezogen worden ist. Bei einem Vergleich dieser einmaligen dreijährigen Investition von A mit einer sechsjährigen Investition von B kann jedoch nun nicht die gewöhnliche Annuität von A mit der Annuität von B verglichen werden, da es sich bei ersterer um einen Gewinnbetrag über nur drei Jahre, bei letzterer jedoch über sechs Jahre handelt.

$$
\begin{array}{cccccccl}
0 & 1 & 2 & 3 & 4 & 5 & 6 & \text{Zeitpunkte}
\end{array}
$$

Annuität über die geplante Nutzungsdauer von drei Jahren:
   4.894,–   4.894,–   4.894,–   0,–   0,–   0,–

Modifizierte Annuität über den sechsjährigen Planungshorizont:
   2.795,–   2.795,–   2.795,–   2.795,–   2.795,–   2.795,–

Ein sinnvoller Vergleich setzt einen gleichen Planungshorizont für die Annuitäten voraus, hier sechs Jahre. Bei der modifizierten Annuität von A ist daher der Kapitalwert des Projekts auf diese sechs Jahre umzulegen:

$$
\begin{aligned}
Ann_A^{\mathrm{mod}} &= 12.172 \cdot \frac{0,1 \cdot 1,1^6}{1,1^6 - 1} \\
&= 2.795,- \\
Ann_B &= 28.298 \cdot \frac{0,1 \cdot 1,1^6}{1,1^6 - 1} \\
&= 6.498,-
\end{aligned}
$$

$\Rightarrow$ *B realisieren.*

- **Für sechsjährige Produktion:**

(Ketten-) Kapitalwerte:

$$
\begin{aligned}
KK_{0,A} &= K_{0,A} \cdot \left[1 + \frac{1}{(1+k)^3}\right] \\
&= 21.317,- \\
K_{0,B} &= 28.298,-
\end{aligned}
$$

$\Rightarrow$ *B realisieren.*

(Modifizierte) Annuitäten:

$$
\begin{aligned}
Ann_A^{\mathrm{mod}} &= KK_{0,A} \cdot AF_{6,10\%} \\
&= K_{0,A} \cdot \underbrace{\frac{(1+k)^6 - 1}{(1+k)^3 \cdot [(1+k)^3 - 1]}}_{KK_{0,A}} \cdot \underbrace{\frac{k \cdot (1+k)^6}{(1+k)^6 - 1}}_{AF_{6,10\%}} \\
&= K_{0,A} \cdot \underbrace{\frac{k \cdot (1+k)^3}{(1+k)^3 - 1}}_{AF_{3,10\%}} \\
&= Ann_A \\
&= 4.894,- \\
Ann_B &= 6.498,-
\end{aligned}
$$

$\Rightarrow$ *B realisieren.*

- **Für zwölfjährige Produktion**[20]:
  Kettenkapitalwerte:

$$KK_{0,A} = K_{0,A} \cdot \frac{1,1^{12} - 1}{1,1^9 \cdot (1,1^3 - 1)}$$
$$= 12.172 \cdot 2,739886$$
$$= 33.350,-$$

$$KK_{0,B} = K_{0,B} \cdot \left(1 + \frac{1}{1,1^6}\right)$$
$$= 28.298 \cdot 1,56447$$
$$= 44.271,-$$

⇒ *B realisieren.*

Modifizierte Annuitäten:

$$Ann_A^{mod} = KK_{0,A} \cdot AF_{12,10\%}$$
$$= K_{0,A} \cdot AF_{3,10\%}$$
$$= Ann_A$$
$$= 4.894,-$$

$$Ann_B^{mod} = KK_{0,B} \cdot AF_{12,10\%}$$
$$= K_{0,B} \cdot AF_{6,10\%}$$
$$= Ann_B$$
$$= 6.498,-$$

⇒ *B realisieren.*

Es kann somit festgehalten werden, daß die Annuitätenmethode bei Alternativentscheidungen von der Sicht des Rechenaufwands im Vergleich zur Kapitalwertmethode genau dann von Vorteil ist, wenn die Gesamtnutzungsdauern aller aufeinanderfolgenden Projekte identisch ist. In diesem Fall müßten bei der Kapitalwertmethode die Kettenkapitalwerte ermittelt werden, bei der Annuitätenmethode genügt jedoch der Vergleich der „gewöhnlichen" Annuitäten bei einmaliger Realisation der Projekte, falls identische Reinvestition unterstellt werden kann.

2.3.2   Kapitalwert und interner Zinsfuß

Mathematische Probleme bei der Ermittlung des internen Zinsfusses:

Wie aus Abb. 2.4 ersichtlich ist, gibt es hinsichtlich der Nullstellen drei verschiedene mögliche Kapitalwertverläufe in Abhängigkeit des Kalkulationszinsfußes:

- Mit einer Nullstelle

- Ohne Nullstelle

- Mit mehreren Nullstellen[21].

---

[20] IP$_A$ wird zu $t = 3$, 6 und 9 ersetzt; IP$_B$ wird zu $t = 6$ ersetzt.

[21] Mehrere Nullstellen können immer dann auftreten, wenn die Folge der Cash Flows des Investitionsprojekts $-A_0$, C_1, ..., $(C_T + R_T)$ mehr als einen Vorzeichenwechsel aufweisen.

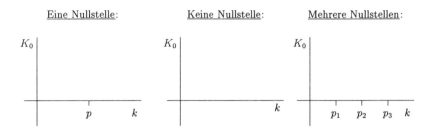

Abb. 2.4: Mögliche Kapitalwertkurven in Abhängigkeit vom Kalkulationszinsfuß k

In den letzten beiden Fällen in Abb. 2.4 kann mit der Methode des internen Zinsfußes keine eindeutige Investitionsentscheidung getroffen werden.

Beim folgenden Vergleich beider Kriterien wird die Existenz genau eines internen Zinsfußes unterstellt.

- Einzelentscheidung:
  Gleiche Entscheidung bei beiden Methoden[22]:
  $$K_0 > 0 \Leftrightarrow p > k$$
  $$K_0 < 0 \Leftrightarrow p < k$$

- Alternativentscheidung:
  Im allgemeinen führt das Kriterium nach dem internen Zinsfuß nicht immer zur gleichen Investitionsentscheidung, die man nach dem Kapitalwertkriterium erhält (vgl. Abb. 2.5). Die Zielsetzung der Investitionsplanung, nämlich die Maximierung des Werts des Vermögens für die Anteilseigner, ist aber gerade durch das Kapitalwertkriterium erfüllt (vgl. die Interpretation des Kapitalwerts in Exkurs 3). Somit ist eine Fehlentscheidung mit dem Kriterium nach dem internen Zinsfuß möglich.

Lösung von Aufgabe 3 (a) und (c):

Kapitalwertkriterium:

- *Für einmalige Realisation:*
  $$K_{0,A} = 12.172, -$$
  $$K_{0,B} = 28.298, -$$

- *Für sechsjährige Produktion:*
  $$KK_{0,A} = 21.317, -$$
  $$KK_{0,B} = 28.298, -$$

- *Für zwölfjährige Produktion:*
  $$KK_{0,A} = 33.350, -$$
  $$KK_{0,B} = 44.271, -$$

⇒ *Jeweils B realisieren.*

Kriterium nach dem internen Zinsfuß:
Der interne Zinsfuß p ist unabhängig von der Anzahl der identischen Reinvestitionen,

---

[22] vgl. die Lösungen von Aufgabe 1 (b).

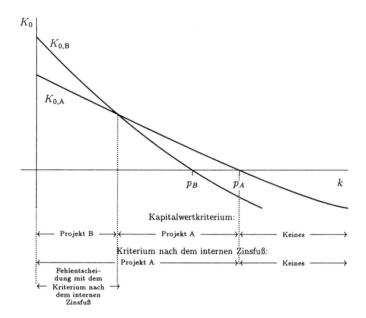

Abb. 2.5: Auswahlentscheidungen mit Kapitalwert und internem Zinsfuß in Abhängigkeit vom Kalkulationszinssatz k

weil der Kettenkapitalwert genau dort seine Nullstellen aufweist, wo der Kapitalwert in Abhängigkeit vom Kalkulationszinsfuß seine Nullstellen besitzt:

$$KK_0 = \underbrace{K_0}_{=0} \cdot \underbrace{\frac{(1+p)^{(m+1)T} - 1}{(1+p)^{mT}[(1+p)^T - 1]}}_{>0} = 0$$

$$p_A = 16,9 \ \% \ \text{p.a.}$$
$$p_B = 13,2 \ \% \ \text{p.a.}$$

$\Rightarrow$ *Jeweils A realisieren (Fehlentscheidungen).*

Lösung von Aufgabe 5:

(a) **Kapitalwertkriterium:**

$$K_{0,A} = -200 + \frac{260}{1,15}$$
$$= 26, -$$
$$K_{0,B} = -100 + \frac{140}{1,15}$$
$$= 22, -$$

$\Rightarrow$ *A realisieren.*

(b) Kriterium nach dem internen Zinsfuß:

$$p = \frac{C_1 + R_1}{A_0} - 1$$

$$p_A = \frac{260}{200} - 1$$
$$= 30 \% \text{ p.a.}$$

$$p_B = \frac{140}{100} - 1$$
$$= 40 \% \text{ p.a.}$$

$\Rightarrow$ B realisieren (Fehlentscheidung).

(c) Bruttoendwerte zu $t = 1$ und Renditen für ein Anfangskapital von 200,–:
Bei Projekt A:

$$\text{Bruttoendwert} = 260, -$$

$$p_A = \frac{260}{200} - 1$$
$$= 30 \% \text{ p.a.}$$

Bei Projekt B können die zweiten hundert GE nur zur Alternativrendite von 15 %
p.a. veranlagt werden:

$$\text{Bruttoendwert} = 140 + 100 \cdot 1,15$$
$$= 255, -$$

$$p_B = \frac{255}{200} - 1$$
$$= 27,5 \% \text{ p.a.}$$

$\Rightarrow$ A realisieren.

2.4 Spezialfälle bei Auswahlentscheidungen

2.4.1 Mußinvestitionen mit gleichen zusätzlichen laufenden Einzahlungen bei allen Investitionsprojekten

In diesem Fall können die gleichen zusätzlichen laufenden Einzahlungen bei der Kapitalwertmethode und bei der approximativen und der exakten Annuitätenmethode weggelassen werden,
und man wählt das Projekt mit dem geringsten Kapitalwert der Auszahlungen bzw. mit der
geringsten Kostenannuität.

Lösung von Aufgabe 2 (d):

Die gesamten laufenden Auszahlungen je Periode betragen

	Periode		
	1	2	3
Maschine A	−70.000,−	−82.000,−	−93.000,−
Maschine B	−52.000,−	−64.000,−	−76.000,−

- **Statische Verfahren**

  - *Approximative Kostenannuität*

    Maschine A

Ø Kalkulatorische Abschreibung	$-\frac{100.000-20.000}{3} = -26.666,67$
Ø Kalkulatorische Zinsen	$-0,1 \cdot \frac{100.000+20.000+26.666,67}{2} = -7.333,33$
Ø Sonstige Kosten	$-\frac{70.000+82.000+93.000}{3} = -81.666,67$
Ø Kosten	$-115.666,67$

    Maschine B

Ø Kalkulatorische Abschreibung	$-\frac{120.000-20.000}{3} = -33.333,33$
Ø Kalkulatorische Zinsen	$-0,1 \cdot \frac{120.000+20.000+33.333,33}{2} = -8.666,67$
Ø Sonstige Kosten	$-\frac{52.000+64.000+76.000}{3} = -64.000,-$
Ø Kosten	$-106.000,-$

    $\Rightarrow$ *B realisieren.*

    Da ausschließlich Auszahlungen betrachtet werden, kann weder die durchschnittliche Verzinsung noch die statische Amortisationsdauer ermittelt werden.

- **Dynamische Verfahren**

  - *Kapitalwert der Auszahlungen*

    $$K_{0,A}^{\text{Ausz.}} = -100.000 - \frac{70.000}{1,1^1} - \frac{82.000}{1,1^2} - \frac{93.000-20.000}{1,1^3} = -286.250,94$$

    $$K_{0,B}^{\text{Ausz.}} = -120.000 - \frac{52.000}{1,1^1} - \frac{64.000}{1,1^2} - \frac{76.000-20.000}{1,1^3} = -262.238,92$$

    $\Rightarrow$ *B realisieren.*

  - *Exakte Kostenannuität*

    $$Ann_A^{\text{Kosten}} = -286.250,94 \cdot \frac{1,1^3 \cdot 0,1}{1,1^3-1} = -115.105,74$$

    $$Ann_B^{\text{Kosten}} = -262.238,92 \cdot \frac{1,1^3 \cdot 0,1}{1,1^3-1} = -105.450,15$$

    $\Rightarrow$ *B realisieren.*

    Da ausschließlich Auszahlungen betrachtet werden, kann weder der interne Zinsfuß noch die dynamische Amortisationsdauer ermittelt werden.

2.4.2 Mußinvestitionen zwischen zwei Alternativen

In diesem Fall kann das <u>Verfahren der Differenzinvestition</u> angewendet werden. Hierbei subtrahiert man die Zahlungen des Projekts mit den geringeren Anschaffungsauszahlungen von den Zahlungen des Projekts mit den höheren Anschaffungsauszahlungen. Die so erhaltenen Zahlungen werden als Zahlungen eines fiktiven dritten Projekts, nämlich der *Differenzinvestition*, betrachtet, und diese Differenzinvestition kann nach allen Kriterien beurteilt werden. Diese Vorgehensweise hat einerseits den Vorteil, daß nur *eine* Berechnung für das jeweilige Kriterium anstatt zweier Berechnungen durchgeführt werden muß, und andererseits garantiert dieses Verfahren auch für das Kriterium des internen Zinsfußes eine kapitalwertmaximale Auswahlentscheidung, falls die Differenzinvestition nur eine Lösung[23] für den internen Zinsfuß aufweist.

---

[23] Zu den mathematischen Problemen vgl. Abbildung 2.4.

Die Anwendung des Verfahrens der Differenzinvestition ist auch bei Kanninvestitionen möglich, falls sichergestellt ist, daß das Investitionsprojekt mit den geringeren Anschaffungsauszahlungen bei einer Einzelentscheidung bezüglich des gewählten Investitionsbeurteilungskriteriums zu einer Realisation führen würde.

Lösung von Aufgabe 5 (d):

Cash Flows:

	0	1	
Projekt A	*-200,-*	*260,-*	}
Projekt B	*-100,-*	*140,-*	} −
Differenzinvestition (IP_A − IP_B)	*-100,-*	*120,-*	

Die bei Projekt A gegenüber Projekt B mehr zu investierenden 100,- resultieren in einen um 120,- höheren erwarteten Rückfluß. Es ist daher zu untersuchen, ob sich diese höhere Investition lohnt oder nicht (Einzelentscheidung über die Differenzinvestition):

$$K_{0,\text{Diff}} = -100 + \frac{120}{1,15}$$
$$= 4,35$$
$$K_{0,\text{Diff}} > 0$$

⇒ *Differenzinvestition ist vorteilhaft; daher Projekt A bei Mußinvestitionen realisieren.*

$$p_{\text{Diff}} = \frac{120}{100} - 1$$
$$= 20 \% \ p.a.$$

$$p_{\text{Diff}} > k$$

⇒ *Differenzinvestition ist vorteilhaft; daher Projekt A bei Mußinvestitionen realisieren.*

Handelt es sich um alternative Kanninvestitionen, so ist ebenfalls Projekt A zu realisieren, da das Projekt mit den geringeren Anschaffungsauszahlungen (Projekt B) einen positiven Kapitalwert von $K_{0,B} = 22,-$ bzw. einen über dem Kalkulationszinsfuß liegenden internen Zinsfuß von $p_B = 40 \%$ p.a. aufweist.

Lösung von Aufgabe 2 (d):

Für die Differenzinvestition gelten folgende Werte:

	Projekt B − Projekt A = Differenz			
Anschaffungsauszahlungen	120.000	−	100.000	= +20.000,-
Restwert	20.000	−	20.000	= 0,-
Umsatzerlöse	120.000	−	120.000	= 0,-
Entg. Einzahlungsüberschüsse	20.000	−	20.000	= 0,-
Variable Auszahlungen	40.000	−	60.000	= −20.000,-
Fixe Auszahlungen in $t = 1$	12.000	−	10.000	= + 2.000,-
Fixe Auszahlungen in $t = 2$	24.000	−	22.000	= + 2.000,-
Fixe Auszahlungen in $t = 3$	36.000	−	33.000	= + 3.000,-

• **Statische Verfahren**

  − *Approximative Annuität der Differenzinvestition*

Ø Erlöse	0,-
Ø Kalkulatorische Abschreibung	$-\frac{20.000-0}{3}$ = −6.666,67
Ø Kalkulatorische Zinsen	$-0,1 \cdot \frac{20.000+0+6.666,67}{2}$ = −1.333,33
Ø Sonstige Kosten	$\frac{+18.000+18.000+17.000}{3}$ = +17.666,67
$Ann_{proxy}^{\text{Diff}}$	+ 9.666,67

$\Rightarrow B$ realisieren.

– *Approximative Verzinsung der Differenzinvestition*

$$
\begin{aligned}
p_{proxy}^{\text{Diff}} &= k + \frac{Ann_{proxy}^{\text{Diff}}}{1/2 \cdot (A_0^{\text{Diff}} + R_3^{\text{Diff}} + \text{kalk. Abschreibung}^{\text{Diff}})} \\
&= k + \frac{9.666,67}{1/2 \cdot (20.000 + 0 + 6.666.67)} \\
&= 82,50 \ \% \ p.a.
\end{aligned}
$$

$\Rightarrow B$ realisieren.

– *Statische Amortisationsdauer der Differenzinvestition*

Die einmaligen Zahlungen der Differenzinvestition sind

	Projekt B – Projekt A = Differenz
Anschaffungsauszahlungen	120.000 – 100.000 = +20.000,–
Restwert	20.000 – 20.000 = 0,–

Die laufenden Cash Flows der Differenzinvestition betragen

	Periode		
	1	2	3
Maschine B	68.000,–	56.000,–	44.000,–
– Maschine A	–50.000,–	–38.000,–	–27.000,–
C_t^{Diff}	+ 18.000,–	+ 18.000,–	+ 17.000,–

Zu amortisierender Betrag zu $t = 0$	– 20.000,–
+ C_1^{Diff}	+ 18.000,–
Zu amortisierender Betrag zu $t = 1^+$	– 2.000,–
+ C_2	+ 18.000,–
	> 0

Unterstellt man für die zweite Periode gleichverteilte laufende Cash Flows der Differenzinvestition, dann ergibt sich als statische Amortisationsdauer

$$
AD_{stat}^{\text{Diff}} = 1 + \frac{2.000}{18.000} = 1,111 \ Jahre
$$

$\Rightarrow B$ realisieren, falls 1,111 Jahre unter der kritischen statischen Amortisationsdauer für die Differenzinvestition liegt.

- **Dynamische Verfahren**

  – *Kapitalwert der Differenzinvestition*

$$
K_0^{\text{Diff}} = -20.000 + \frac{18.000}{1,1^1} + \frac{18.000}{1,1^2} + \frac{17.000+0}{1,1^3} = +24.012,02
$$

$\Rightarrow B$ realisieren.

  – *Exakte Annuität der Differenzinvestition*

$$
Ann^{\text{Diff}} = 24.012,02 \cdot \frac{1,1^3 \cdot 0,1}{1,1^3 - 1} = +9.655,59
$$

$\Rightarrow B$ realisieren.

  – *Interner Zinsfuß der Differenzinvestition*

$$
-20.000 + \frac{18.000}{(1 + p^{\text{Diff}})^1} + \frac{18.000}{(1 + p^{\text{Diff}})^2} + \frac{17.000 + 0}{(1 + p^{\text{Diff}})^3} = 0
$$

$$
p^{\text{Diff}} = 71,4256 \ \% \ p.a.
$$

$\Rightarrow B$ realisieren.

– *Dynamische Amortisationsdauer der Differenzinvestition*

	Zu amortisierender Betrag zu $t = 0$	– 20.000,–
–	Kalkulatorische Zinsen der ersten Periode	– 2.000,–
	Zu amortisierender Betrag zu $t = 1^-$	– 22.000,–
+	C_1	+ 18.000,–
	Zu amortisierender Betrag zu $t = 1^+$	– 4.000,–
–	Kalkulatorische Zinsen der zweiten Periode	– 400,–
	Zu amortisierender Betrag zu $t = 2^-$	– 4.400,–
+	C_2	+ 18.000,–
		> 0

Unterstellt man gleichverteilte laufende Cash Flows der Differenzinvestition während der zweiten Periode, dann ergibt sich die dynamische Amortisationsdauer der Differenzinvestition aus

$$AD_{dyn}^{\text{Diff}} = 1 + \frac{4.000}{18.000 - 0,1 \cdot 4.000}$$
$$= 1,227 \text{ Jahre}$$

⇒ *B realisieren, falls 1,227 Jahre unter der kritischen dynamischen Amortisationsdauer für Differenzinvestitionen liegt.*

2.4.3 Projekte mit unterschiedlichen Investitionsterminen

Realisationsmöglichkeit eines Investitionsprojekts zu einem beliebigen Zeitpunkt t_A in der Zukunft:

$$
\begin{array}{ccccccc}
0 & \cdots & t_A & t_A + 1 & \cdots & & t_A + T & \text{Zeitpunkte}\\
\end{array}
$$

├───────┼──────┼──────┼──────┼──────┼──────┼──────┤

$$
\begin{array}{ccccccc}
 & & -A_{t_A} & C_{t_A+1} & \cdots & & C_{t_A+T}, R_{t_A+T} & \text{Zahlungen}
\end{array}
$$

Der Kapitalwert zu $t = 0$ bei einer Realisation zum Zeitpunkt t_A beträgt

$$K_0(t_A) = \frac{-A_{t_A}}{(1+k)^{t_A}} + \frac{C_{t_A+1}}{(1+k)^{t_A+1}} + \cdots + \frac{C_{t_A+T} + R_{t_A+T}}{(1+k)^{t_A+T}}$$
$$= \frac{K_{t_A}(t_A)}{(1+k)^{t_A}}$$

und entspricht somit dem über t_A Perioden diskontierten Kapitalwert des Projekts zum Investitionstermin t_A.

Bei der Auswahlentscheidung nach dem Kapitalwertkriterium ist darauf zu achten, daß die Kapitalwerte für alle Projekte zum gleichen Zeitpunkt ermittelt werden.

Lösung von Aufgabe 6:

(a) **Kapitalwerte:**
   Projekt A:

$$K_{0,A} = -100.000 + \frac{40.000}{1,1} + \frac{40.000}{1,1^2} + \frac{40.000 + 20.000}{1,1^3}$$
$$= -100.000 + 40.000 \cdot RBF_{3,10\%} + \frac{20.000}{1,1^3}$$
$$= 14.500,38$$

Projekt B:
Der Kapitalwert zum möglichen Investitionstermin $t_A = 1$ beträgt

$$
\begin{aligned}
K_{1,B} &= -120.000 + \frac{48.000}{1,1} + \frac{48.000}{1,1^2} + \frac{48.000 + 21.000}{1,1^3} \\
&= -120.000 + 48.000 \cdot RBF_{3,10\%} + \frac{21.000}{1,1^3} \\
&= 15.146,51
\end{aligned}
$$

Um eine Auswahlentscheidung zwischen der sofortigen Realisation von Projekt A und der künftigen Realisation von Projekt B treffen zu können, dürfen nun nicht die Kapitalwerte $K_{0,A}$ und $K_{1,B}$ verglichen werden, da es sich hierbei um Größen zu unterschiedlichen Zeitpunkten handelt. Vielmehr müssen die Kapitalwerte zu einem gleichen Zeitpunkt festgestellt werden, wobei dies in der Regel für den Zeitpunkt $t = 0$ geschieht:

$$
\begin{aligned}
K_{0,B} &= \frac{-120.000}{1,1} + \frac{48.000}{1,1^2} + \frac{48.000}{1,1^3} + \frac{48.000 + 21.000}{1,1^4} \\
&= \frac{K_{1,B}}{1,1} \\
&= 13.769,55
\end{aligned}
$$

$\Rightarrow$ Projekt A realisieren.

(b) **Annuitäten:**

Um eine Auswahlentscheidung zwischen alternativen Projekten mit unterschiedlichen Investitionsterminen treffen zu können, dürfen nicht die über die Nutzungsdauer berechneten Annuitäten

$$
\begin{aligned}
Ann_A &= K_{0,A} \cdot AF_{3,10\%} \\
&= 14.500,38 \cdot AF_{3,10\%} \\
&= 5.830,82
\end{aligned}
$$

und

$$
\begin{aligned}
Ann_B &= K_{1,B} \cdot AF_{3,10\%} \\
&= 15.146,51 \cdot AF_{3,10\%} \\
&= 6.090,63
\end{aligned}
$$

miteinander verglichen werden, da dabei ignoriert werden würde, daß die Annuität bei Projekt B erst erstmalig zu Ende des ersten Nutzungsjahres, d.h. zu $t = 2$, zufließen würde. Vielmehr müssen die Annuitäten der beiden Projekte über einen einheitlichen Planungshorizont von $t_A + T = 4$ Jahre zum Vergleich herangezogen werden.

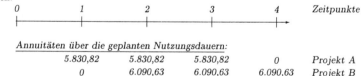

0	1	2	3	4	Zeitpunkte

Annuitäten über die geplanten Nutzungsdauern:

5.830,82	5.830,82	5.830,82	0	Projekt A
0	6.090,63	6.090,63	6.090,63	Projekt B

Annuitäten über einen gemeinsamen Planungshorizont:

4.574,45	4.574,45	4.574,45	4.574,45	Projekt A
4.343,89	4.343,89	4.343,89	4.343,89	Projekt B

Projekt A:

$$
\begin{aligned}
Ann_A &= K_{0,A} \cdot AF_{4,10\%} \\
&= 14.500,38 \cdot AF_{4,10\%} \\
&= 4.574,45
\end{aligned}
$$

Projekt B:

$$Ann_B = K_{0,B} \cdot AF_{4,10\%}$$
$$= 13.769,55 \cdot AF_{4,10\%}$$
$$= 4.343,89$$

$\Rightarrow$ *Projekt A realisieren.*

(c) **Interne Zinsfüße:**
Projekt A:

$$0 = -100.000 + \frac{40.000}{1+p_A} + \frac{40.000}{(1+p_A)^2} + \frac{60.000}{(1+p_A)^3}$$
$$\Rightarrow p_A = 17,50 \% \ p.a.$$

Projekt B:

$$0 = -120.000 + \frac{48.000}{1+p_B} + \frac{48.000}{(1+p_B)^2} + \frac{69.000}{(1+p_B)^3}$$
$$\Rightarrow p_B = 16,60 \% \ p.a.$$

Denselben internen Zinsfuß für Projekt B erhält man, wenn man anstelle des Kapitalwerts zu $t = 1$ den Kapitalwert zu $t = 0$ gleich null setzt:

$$0 = -\frac{120.000}{1+p_B} + \frac{48.000}{(1+p_B)^2} + \frac{48.000}{(1+p_B)^3} + \frac{69.000}{(1+p_B)^4}$$
$$0 = \underbrace{\frac{1}{1+p_B}}_{>0} \cdot \underbrace{\left[-120.000 + \frac{48.000}{1+p_B} + \frac{48.000}{(1+p_B)^2} + \frac{69.000}{(1+p_B)^3} \right]}_{=0}$$
$$\Rightarrow p_B = 16,60 \% \ p.a.$$

$\Rightarrow$ *Projekt A realisieren.*

2.5 Investitionsentscheidungen bei Kapitalrationierung

Eine Investitionsentscheidung bei Kapitalrationierung (–knappheit) liegt vor, wenn eine Unternehmung in einer Periode nur eine begrenzte Menge an Kapital zur Verfügung hat. Dies mag daran liegen, daß sich die Unternehmung über ein vorgegebenes Budget freiwillig im Wachstum einschränkt, die Unternehmung fixe Abteilungsbudgets vorgibt oder daß die potentiellen Kapitalgeber geringeres Vertrauen in die Prognosen des Managements haben. Das Problem der Kapitalrationierung tritt dann auf, wenn der durch die Investitionsplanung ermittelte Kapitalbedarf einer Periode nicht durch das über die Finanzplanung ermittelte, zur Verfügung stehende Budget gedeckt ist:

Investitionsplanung		Finanzplanung
$\Rightarrow$	Investitionsprojekte mit positiven Kapitalwerten	Cash Flow des Vorjahres nach Steuer– und Zinszahlungen
		− Ausschüttungen des laufenden Jahres
	Kapitalbedarf $= \sum\limits_{j=1}^{n} A_{0j}$	− Kredittilgungen des laufenden Jahres
		+ Eigenkapitalerhöhung des laufenden Jahres
		+ Neuaufnahme langfristiger Kredite im laufenden Jahr
		= Kapitaldeckung (Budget)

Zur Lösung des Problems bieten sich einerseits die einfachen Näherungslösungen mit der Methode nach Lorie und Savage (1959) und der Methode mit den Kapitalwertraten und andererseits die binäre lineare Programmierung an.

Zur Berechnung des optimalen Investitionsprogramms führen wir binäre Variablen $x_j \in \{0,1\}$ ein, wobei 0 als Nichtrealisation und 1 als Realisation des Investitionsprojekts j gedeutet werden kann. Optimal ist dann jenes Investitionsprogramm, das bei vorgegebener Kapitaldeckung B_0 den höchsten Kapitalwert erbringt:

$$\max K_0 = K_{01} \cdot x_1 + K_{02} \cdot x_2 + \cdots + K_{0n} \cdot x_n$$

$$= \sum_{j=1}^{n} K_{0j} \cdot x_j$$

unter den Nebenbedingungen:

$$A_{01} \cdot x_1 + A_{02} \cdot x_2 + \cdots + A_{0n} \cdot x_n \leq B_0$$

oder

$$\sum_{j=1}^{n} A_{0j} \cdot x_j \leq B_0$$

$$x_j \in \{0,1\}, j = 1, 2, \ldots, n$$

mit: B_0 ...   Verfügbares Budget zum Zeitpunkt $t = 0$.

2.5.1   Methode nach Lorie und Savage

Nach Lorie und Savage kann dieses Optimierungsproblem mit der Lagrange–Funktion gelöst werden:

$$L(x_1, \ldots, x_n; \lambda) = \sum_{j=1}^{n} K_{0j} \cdot x_j + \lambda \left[B_0 - \sum_{j=1}^{n} A_{0j} \cdot x_j \right]$$

$$= \sum_{j=1}^{n} (K_{0j} - \lambda \cdot A_{0j}) \cdot x_j + \lambda B_0$$

Der Ausdruck $(K_{0j} - \lambda \cdot A_{0j})$ wird als „modifizierter Kapitalwert des Investitionsprojekts j bei Kapitalknappheit" K_{0j}^{mod} bezeichnet. λ kann als Knappheitspreis für finanzielle Mittel interpretiert werden, weil über die Erhöhung der Kapitalkosten des Investitionsprojekts der modifizierte Kapitalwert sinkt. Um das optimale Investitionsprogramm zu finden, wird nun λ von null ausgehend so lange erhöht, bis erstens so viele Aggregate deshalb wegfallen, weil $(K_{0j} - \lambda \cdot A_{0j})$ negativ wird, und zweitens so viele kapitalextensivere gegenüber kapitalintensiveren Projekten vorteilhaft werden, sodaß die finanziellen Mittel zur Realisierung des dann optimalen Investitionsprogramms ausreichen.

Lösung von Aufgabe 9 (a):

In der folgenden Tabelle befinden sich die modifizierten Kapitalwerte für ansteigende Werte von λ. Jene Projekte, die in jeder Stufe realisiert werden, sind unterstrichen.

$\lambda \backslash j$	1	2	3	4	5	6	$\sum A_0$
0 %	$\underline{10}$	$\underline{12}$	$\underline{6}$	$\underline{12}$	$\underline{14}$	$\underline{2}$	1400
1 %	$\underline{9}$	$\underline{10}$	$\underline{4}$	$\underline{9}$	$\underline{10}$	0	1200
3 %	$\underline{7}$	$\underline{6}$	0	$\underline{3}$	2	-4	1000
3,5 %	6,5	$\underline{5}$	-1	1,5	0	-5	600
4 %	$\underline{6}$	$\underline{4}$	-2	0	-2	-6	300

Bei der gefundenen Näherungslösung würde die Unternehmung wegen $x_1 = x_2 = 1$ die Projekte 1 und 2 durchführen, die restlichen Projekte wegen $x_3 = x_4 = x_5 = x_6 = 0$ nicht realisieren und somit einen Kapitalwert von $K_0 = 22$ erzielen.

2.5.2 Methode mit den Kapitalwertraten

Eine weitere Näherungsmethode zur Erstellung eines Investitionsprogramms behilft sich der Kapitalwertraten KWR_j, dem Verhältnis des Kapitalwerts eines Investitionsprojekts j zu den Anschaffungsauszahlungen A_{0j}:

$$KWR_j = \frac{K_{0j}}{A_{0j}}.$$

Die Kapitalwertraten geben an, um wieviel Geldeinheiten je eingesetzter Geldeinheit sich das Vermögen bei Durchführung des Investitionsprojekts vermehrt. Damit kann man die Investitionsprojekte nach der Höhe ihrer Kapitalwertraten reihen. In das Investitionsprogramm werden nun so lange Projekte beginnend mit den höchstrangigen aufgenommen, bis sie gerade noch der Budgetrestriktion genügen.

Lösung von Aufgabe 9 (a):

j	1	2	3	4	5	6
KWR_j	0,1	0,06	0,03	0,04	0,035	0,01
Reihung	1	2	5	3	4	6

j	$\sum A_{0j}$		B_0
1	100	<	500
2	300	<	500
4	600	>	500

$$x_1 = x_2 = 1$$
$$x_3 = x_4 = x_5 = x_6 = 0$$

$$K_0 = 22$$

Beide Näherungsverfahren führen immer zum gleichen Investitionsprogramm. Ist die Budgetrestriktion exakt erfüllt, so ist die Lösung nach Lorie und Savage bzw. jene mit den Kapitalwertraten auch optimal.

2.5.3 Binäre Lineare Programmierung

2.5.3.1 Das Grundmodell

Das Optimierungsmodell

$$\max K_0 = \sum_{j=1}^{n} K_{0j} \cdot x_j$$

unter den Nebenbedingungen:

$$\sum_{j=1}^{n} A_{0j} \cdot x_j \leq B_0$$

$$x_j \in \{0,1\}, \ j = 1, 2, \ldots, n$$

kann man auch als binäres lineares Programm interpretieren und mit den zur Verfügung stehenden Algorithmen (u.a. Balas–Algorithmus und Branch and Bound–Verfahren[24]) lösen.

Lösung von Aufgabe 9 (b):

$$\max K_0 = 10 \cdot x_1 + 12 \cdot x_2 + 6 \cdot x_3 + 12 \cdot x_4 + 14 \cdot x_5 + 2 \cdot x_6$$

unter den Nebenbedingungen:

$$100 \cdot x_1 + 200 \cdot x_2 + 200 \cdot x_3 + 300 \cdot x_4 + 400 \cdot x_5 + 200 \cdot x_6 \leq 500$$

$$x_j \in \{0,1\}, \ j = 1, 2, \ldots, 6$$

Die optimale Lösung ergibt:

$$x_1 = x_2 = x_3 = 1$$
$$x_4 = x_5 = x_6 = 0$$
$$K_0^{\max} = 28$$
$$\sum A_{0j} \cdot x_j = 500$$

2.5.3.2 Erweiterungen

Die binäre lineare Programmierung hat gegenüber den Näherungsverfahren nicht nur den Vorteil, daß sie ein optimales Investitionsprogramm findet, sondern daß sie es darüberhinaus auch ermöglicht, noch zusätzlich zur Budgetrestriktion weitere Nebenbedingungen zu berücksichtigen. Abhängigkeiten zwischen den einzelnen Investitionsprojekten können ebenso berücksichtigt werden wie mehrperiodige Budgetrestriktionen oder sonstige lineare Restriktionen.

Lösung von Aufgabe 10:

Binäres lineares Programm:

$$\max K_0 = \sum_{j=1}^{6} K_{0j} \cdot x_j$$

unter den Nebenbedingungen:

$$\sum_{j=1}^{6} A_{0j} \cdot x_j \leq B_0 \qquad (a)$$
$$1 \leq \sum_{j=1}^{5} x_j \leq 3 \qquad (b)$$
$$x_5 \geq x_3 \qquad (c)$$
$$x_2 + x_6 \leq 1 \qquad (d)$$
$$x_1 + x_2 = 1 \qquad (e)$$
$$x_j \in \{0,1\}$$
$$j = 1, 2, \ldots, 6$$

Das Modell kann auch auf Mehrperiodigkeit der Budgetrestriktion ausgebaut werden.[25] Dabei müssen insbesondere die Einzahlungsüberschüsse der bereits realisierten Investitionsprojekte berücksichtigt werden, da sie das zur Verfügung stehende Budget erhöhen.

---

[24] vgl. etwa Stepan/Fischer (2001).

[25] Auch die Methode nach Lorie und Savage kann bei entsprechender Modifizierung und Einführung von mehreren λ_t mehrperiodige Probleme näherungsweise lösen (vgl. etwa Swoboda (1996)).

Lösung von Aufgabe 11:

Berechnung der Kapitalwerte der einzelnen Investitionsprojekte:

$$K_{0j} = -A_0 + \sum_{t=1}^{\infty} \frac{\overline{C}_j}{(1+k)^t}$$

$$= -A_0 + \frac{\overline{C}_j}{k}$$

j	1	2	3	4	5
K_{0j}	350^{26}	150	225	230	400

Binärvariable:

$$x_{tj}$$

mit: $t \in \{0, 1, 2\}$
$j = 1, \ldots, 5$

Binäres lineares Programm:

$$\max K_0 = 350 \cdot x_{01} + 150 \cdot x_{02} + 225 \cdot x_{03} + 230 \cdot x_{04} + 400 \cdot x_{05}$$
$$+ (350 \cdot x_{11} + 150 \cdot x_{12} + 225 \cdot x_{13} + 230 \cdot x_{14} + 400 \cdot x_{15}) \cdot \frac{1}{1,05}$$
$$+ (350 \cdot x_{21} + 150 \cdot x_{22} + 225 \cdot x_{23} + 230 \cdot x_{24} + 400 \cdot x_{25}) \cdot \frac{1}{1,05^2}$$

unter den Nebenbedingungen

- *Nur höchstens einmalige Realisation:*

$$\begin{aligned}
x_{01} + x_{11} + x_{21} &\leq 1 \\
x_{02} + x_{12} + x_{22} &\leq 1 \\
x_{03} + x_{13} + x_{23} &\leq 1 \\
x_{04} + x_{14} + x_{24} &\leq 1 \\
x_{05} + x_{15} + x_{25} &\leq 1
\end{aligned}$$

- *Budgetrestriktion zu $t = 0$:*

$$250 \cdot x_{01} + 50 \cdot x_{02} + 175 \cdot x_{03} + 70 \cdot x_{04} + 300 \cdot x_{05} \leq 500$$

oder

$$\sum_{j=1}^{5} A_{0j} \cdot x_{0j} \leq 500$$

- *Budgetrestriktion zu $t = 1$:*

$$250 \cdot x_{11} + 50 \cdot x_{12} + 175 \cdot x_{13} + 70 \cdot x_{14} + 300 \cdot x_{15} \leq$$
$$[500 - (250 \cdot x_{01} + 50 \cdot x_{02} + 175 \cdot x_{03} + 70 \cdot x_{04} + 300 \cdot x_{05})] \cdot 1,05$$
$$+ 30 \cdot x_{01} + 10 \cdot x_{02} + 20 \cdot x_{03} + 15 \cdot x_{04} + 35 \cdot x_{05}$$

oder

$$\sum_{j=1}^{5} A_{1j} \cdot x_{1j} \leq \left[500 - \sum_{j=1}^{5} A_{0j} \cdot x_{0j} \right] \cdot 1,05 + \sum_{j=1}^{5} C_{1j} \cdot x_{0j}$$

---

[26] Der Kapitalwert ergibt sich aus:

$$K_{01} = -250 + \frac{30}{0,05}$$
$$= 350, -.$$

- *Budgetrestriktion zu $t = 2$:*

$$250 \cdot x_{21} + 50 \cdot x_{22} + 175 \cdot x_{23} + 70 \cdot x_{24} + 300 \cdot x_{25} \leq$$
$$\{[500 - (250 \cdot x_{01} + 50 \cdot x_{02} + 175 \cdot x_{03} + 70 \cdot x_{04} + 300 \cdot x_{05})] \cdot 1,05$$
$$+ [30 \cdot x_{01} + 10 \cdot x_{02} + 20 \cdot x_{03} + 15 \cdot x_{04} + 35 \cdot x_{05}$$
$$- (250 \cdot x_{11} + 50 \cdot x_{12} + 175 \cdot x_{13} + 70 \cdot x_{14} + 300 \cdot x_{15})]\} \cdot 1,05$$
$$+ 30 \cdot x_{01} + 10 \cdot x_{02} + 20 \cdot x_{03} + 15 \cdot x_{04} + 35 \cdot x_{05}$$
$$+ 30 \cdot x_{11} + 10 \cdot x_{12} + 20 \cdot x_{13} + 15 \cdot x_{14} + 35 \cdot x_{15}$$

oder

$$\sum_{j=1}^{5} A_{2j} \cdot x_{2j} \leq \left\{ \left[500 - \sum_{j=1}^{5} A_{0j} \cdot x_{0j} \right] \cdot 1,05 \right.$$
$$+ \left. \left[\sum_{j=1}^{5} C_{1j} \cdot x_{0,j} - \sum_{j=1}^{5} A_{1j} \cdot x_{1j} \right] \right\} \cdot 1,05$$
$$+ \sum_{t=0}^{1} \sum_{j=1}^{5} C_{2j} \cdot x_{t,j}$$

- *Binärvariable:*

$$x_{tj} \in \{0,\ 1\},\ t = 0,\ 1,\ 2\ \text{und}\ j = 1, \ldots, 5$$

- *Ergebnis:*

  Die Optimierung ergibt folgende Variablenwerte, wobei für die drei Budgetrestriktionen die Schlupfvariablen s_1, s_2 und s_3 eingeführt worden sind:

Variable	x_{01}	x_{02}	x_{03}	x_{04}	x_{05}
Wert	0	1	0	1	1

Variable	x_{11}	x_{12}	x_{13}	x_{14}	x_{15}
Wert	0	0	0	0	0

Variable	x_{21}	x_{22}	x_{23}	x_{24}	x_{25}
Wert	0	0	1	0	0

Variable	s_1	s_2	s_3
Wert	80	144	36,2

Aus dieser Tabelle erkennt man, daß die Projekte 2, 4 und 5 ($x_{02} = x_{04} = x_{05} = 1$) zu $t = 0$ und Projekt 3 ($x_{23} = 1$) zu $t = 2$ durchgeführt werden. Anhand der Werte der Schlupfvariablen sieht man, wieviel Geld in den einzelnen Perioden nicht verwendet wird. Zu $t = 0$ bleiben von den 500,- GE 80,- übrig. Nachdem zu $t = 1$ nicht investiert wird, stehen 144,- GE zu $t = 2$ für Investitionen zur Verfügung. Zu $t = 2$ verwendet die Unternehmung ihr Budget bis auf 36,2 GE für Projekt 3. Der Zielfunktionswert beträgt 948,08 GE.

3 Finanzierungsformen

Nach der <u>Rechtsstellung der Kapitalgeber</u> unterteilt man die Finanzierungsformen in

- Eigenfinanzierung

und

- Fremdfinanzierung.

Wesentliche Unterschiede zwischen Eigen– und Fremdkapital:

	Eigenkapital	Fremdkapital
Rechtsstellung:	(Mit–) Eigentümer	Gläubiger
Haftung:	Un–/beschränkt[1]	Keine Haftung
Ertragsanteil:	Volle Teilhabe am Gewinn und Verlust	Keine Teilhabe am Betriebserfolg, dafür aber von der Gewinnsituation unabhängige Zinszahlungen
Vermögensanteil:	Aliquoter Anteil am Liquidationserlös	Fester Rückzahlungsanspruch in der Höhe der Forderung
Unternehmensleitung:	I.d.R. bei unbeschränkter Haftung Berechtigung zur Unternehmensleitung	Ausgeschlossen
Fristigkeit:	Unbefristet	Befristet
Steuern:	Ausschüttungen sind nicht abzugsberechtigt	Kreditkosten mindern die Steuerbasis[2]

Nach der <u>Mittelherkunft</u> unterteilt man die Finanzierungsformen in

- Innenfinanzierung ($\rightarrow$ Abschnitt 3.1)

und

- Außenfinanzierung ($\rightarrow$ Abschnitt 3.2).

3.1 Innenfinanzierung

Unter <u>Innenfinanzierung</u> (Überschußfinanzierung, Interne Finanzierung) versteht man die Einbehaltung von selbst erwirtschafteten Einzahlungsüberschüssen.

---

[1] Die Haftung erfolgt mindestens bis zur Höhe der Einlage.
[2] In Deutschland gilt die Minderung für die Basis der Gewerbesteuer nur eingeschränkt.

Arten der Innenfinanzierung (Selbstfinanzierung):

- Interne Eigenfinanzierung:
  Aus Gewinnen und Rücklagen (Gewinnthesaurierung)

- Aus bilanziellen Abschreibungen

- Interne Fremdfinanzierung:
  Aus Bildung von Rückstellungen (insbesondere Pensions– und Abfertigungsrückstellungen)

3.2 Außenfinanzierung

Bei der Außenfinanzierung (Finanzierung vom Kapitalmarkt, Externe Finanzierung) erfolgt die Aufnahme von Kapital am Kapitalmarkt. Die Kapitalgeber erhalten als Gegenleistung Finanzierungstitel, die einen (verbrieften oder unverbrieften) Anspruch gegenüber der Unternehmung darstellen (vgl. Abb. 3.1).

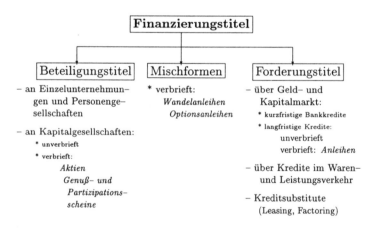

Abb. 3.1: Typen von Finanzierungstitel

3.2.1 Externe Eigenfinanzierung (Beteiligungsfinanzierung)

Einlagen (Bar– oder Sacheinlagen) fließen der Unternehmung von den bisherigen oder von neu hinzukommenden (Mit–)Eigentümern von außen zu.

- **Einzelunternehmung:**

  - Als haftendes Eigenkapital gilt das Gesamtvermögen (Betriebs– und Privatvermögen) des Unternehmers.

  - Eine Erhöhung des Eigenkapitals erfolgt durch Gewinnthesaurierung.

- **Personengesellschaften:**

  - Offene Handelsgesellschaft (OHG):
    * Das haftende Eigenkapital besteht aus der Summe der Gesamtvermögen aller Gesellschafter.
    * Das Eigenkapital kann durch Gewinnthesaurierung, Aufnahme neuer Gesellschafter oder durch Erhöhung der Einlagen erhöht werden.

  - Kommanditgesellschaft (KG):
    * Als Haftungsgrundlage dient das unbeschränkt haftende Eigenkapital (das Gesamtvermögen aller Komplementäre) und das bis zur Höhe der jeweiligen Einlage beschränkt haftende Eigenkapital (die Einlagen aller Kommanditisten).
    * Eine Erhöhung des Eigenkapitals kann über Gewinnthesaurierung, Aufnahme neuer Gesellschafter oder durch Erhöhung der Einlagen durchgeführt werden.

  - Stille Gesellschaft:
    Insbesondere bei der Einzelunternehmung und bei den Personengesellschaften ist auch die Aufnahme eines Stillen Gesellschafters zur Stärkung der Eigenkapitalbasis möglich. Die Einlage des Stillen Gesellschafters geht in das Eigenkapital der Einzelunternehmung bzw. der Personengesellschaft über. Für Außenstehende ist der Stille Gesellschafter nicht ersichtlich, da er weder in der Bilanz noch im Firmenbuch namentlich ausgewiesen ist. Der Stille Gesellschafter ist mit einem angemessenen Anteil am Gewinn zu beteiligen, am Verlust nimmt er nur bis zur Höhe seiner Einlage teil. Die Verlustbeteiligung kann auch ausgeschlossen werden. Erhält der Stille Gesellschafter im Falle seines Ausscheidens nur den (eventuell wertgesicherten) Betrag seiner Einlage, so liegt eine typische (echte) Stille Gesellschaft vor. Hat der Stille Gesellschafter bei seinem Ausscheiden hingegen einen anteiligen Anspruch auf die offenen und stillen Reserven der Unternehmung, so ist eine atypische (unechte) Stille Gesellschaft gegeben.

- **Kapitalgesellschaften:**

  - Gesellschaft mit beschränkter Haftung:
    * Bei der Gesellschaft mit beschränkter Haftung setzt sich das Eigenkapital aus den Positionen Stammkapital, Rücklagen, Gewinnvorträge und Jahresüberschuß zusammen.
    * Eine Erhöhung des Eigenkapitals erfolgt durch Erhöhung einzelner Positionen.

  - Aktiengesellschaft[3]:
    * Das Eigenkapital einer Aktiengesellschaft besteht aus dem Grundkapital, Rücklagen, Gewinnvorträgen und dem Jahresüberschuß.
    * Erhöht wird das Eigenkapital durch eine Erhöhung einzelner Positionen.[4]

3.2.2 Externe Fremdfinanzierung

3.2.2.1 Ausstattungsmerkmale von Krediten

- **Kreditnominale** Nom

- **Laufzeit** T

---

[3] Aktien und Partizipationsscheine werden in Abschnitt 7.2 behandelt.
[4] Die Erhöhung des Grundkapitals wird ausführlich in Unterabschnitt 7.2.1.2 behandelt.

- **Auszahlungsdisagio** d (in % vom Nominale):

    $d = 0$ Pariemission

    $d > 0$ Unterpariemission

    $d < 0$ Überpariemission

- **Kreditauszahlung** Y_0:

$$Y_0 = (1 - d) \cdot Nom$$

- **Rückzahlungsagio**[5] a (in % vom Nominale)

- **Tilgung** Y_t **zum Zeitpunkt** t:

    Insgesamt sind das Nominale und das Rückzahlungsagio zurückzuzahlen. An Rückzahlungsarten für das Nominale unterscheidet man:

    - Gesamtfällig:
      Die Rückzahlung erfolgt durch eine einmalige Zahlung am Ende der Inanspruchnahme des Kredits.

    - In gleichen Raten:
      Bei der Ratentilgung können Freijahre vereinbart werden. Die jährlichen Tilgungszahlungen über die Tilgungsjahre sind konstant.

    - In Annuitäten:
      Der gesamte jährliche Zahlungsbetrag für Tilgung und Zinsen ist konstant.

- **Nomineller Kreditzinssatz** i_{nom}:
  Der nominelle Zinssatz ist entweder über die Laufzeit des Kredits fixiert (festverzinslicher Kredit), oder er wird zu im voraus festgelegten Terminen für die kommende Periode mit Bezugnahme auf das aktuelle volkswirtschaftliche Zinsniveau neu festgelegt (variabel verzinslicher Kredit).

- **Zinszahlungen** Z_t **zum Zeitpunkt** t:

  Die Höhe der Zinszahlungen einer Periode wird durch Multiplikation des nominellen Zinssatzes mit dem zu Periodenbeginn noch ausstehenden, restlichen Nominale berechnet.

- **Kündbarkeit:**

    - Unkündbar

    - Einseitig kündbar (vom Kreditnehmer oder Gläubiger)

    - Beidseitig kündbar

- **Kündigungsprämie:**
  Falls Kredite ein– oder beidseitig kündbar sind, so sind oft Kündigungsprämien vereinbart. Diese Kündigungsprämien sind dann von jener Vertragspartei zu zahlen, die den Kreditvertrag vorzeitig beendet. Ist der Kredit vom Kreditnehmer kündbar, so weist die Kündigungsprämie in der Regel einen linear sinkenden Verlauf mit der Zeit bis zum offiziell vereinbarten (maximalen) Laufzeitende auf (vgl. Abb. 3.2).

- **Sicherheiten:**

    - Einteilung nach dem Gegenstand der Sicherheit:[6]

---

[5] vgl. Fußnote 11 auf Seite 84.
[6] Bei Privatkrediten: Ehepartner bzw. Lohn– und Gehaltspfändung

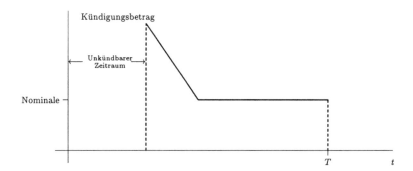

Abb. 3.2: Kündigungsbetrag in Abhängigkeit von der Laufzeit eines Kredits (Die Kündigungsprämie ergibt sich aus der Differenz zwischen Kündigungsbetrag und Nominale)

* *Personalsicherheit*:
  Eine dritte Person haftet bei einem Vertragsbruch des Schuldners.

* *Realsicherheit*:
  Ein Sachwert im Besitz des Schuldners haftet für eine Schuld.

Sicherheitsarten:

– *Bürgschaft:*
  Die Bürgschaft ist ein Vertrag, durch den sich ein Bürge gegenüber dem Gläubiger eines Dritten verpflichtet, für die Verbindlichkeit des Dritten einzustehen. Muß der Bürge den Gläubiger befriedigen, geht die Forderung auf ihn über.

– *Garantie:*
  Bei einer Garantie verpflichtet sich der Garantiegeber gegenüber dem Garantienehmer, für einen bestimmten zukünftigen Erfolg einzustehen. Sie ist nicht gesetzlich geregelt.

– *Wechselsicherung:*
  Der Kreditgeber nimmt zur Sicherung des Kredits einen Depotwechsel entgegen, den er bei Zahlungsverzug aufgrund der Wechselstrenge leichter einfordern kann.

– *Verpfändung:*
  Das Pfandrecht gewährt einem Gläubiger das dingliche Recht auf vorzugsweise Befriedigung einer fälligen, bestimmten Forderung aus Sachen des Schuldners oder eines Dritten (Pfandbesteller), der Sachen zu diesem Zweck zur Verfügung gestellt hat. Grundsätzlich kann alles, was verwertbar ist, verpfändet werden.
  Bewegliche Sachen und verbriefte Rechte müssen dem Pfandgläubiger übergeben werden. Bei unbeweglichen Sachen (in erster Linie Liegenschaften) kommen vor allem die Grundpfandrechte in Frage. Grundpfandrechte müssen ins Grundbuch eingetragen werden. Bei den Grundpfandrechten gibt es verschiedene Formen:

  * Hypothek
  * Grundschuld:
    Die Grundschuld ist ein abstraktes Sicherungsmittel, das unabhängig vom Bestehen einer Forderung aufrecht ist. Dem Eigentümer der Grundschuld ist aus dem Grundstück eine bestimmte Geldsumme zu zahlen.
  * Rentenschuld:
    Aus dem Grundstück wird eine regelmäßig wiederkehrende Zahlung getätigt.

– *Sicherungseigentum:*
  Anstatt eine bewegliche Sache zu verpfänden, wird sie ins Eigentum des

Sicherungsnehmers übertragen. Dies hat im Vergleich mit der Pfandübergabe den Vorteil, daß der Sicherungsnehmer dem Geber die Sache zur Nutzung überlassen kann, obwohl die Forderung noch besteht.

– *Sicherungsabtretung:*
Anstatt Rechte und Forderungen zu verpfänden, können sie auch abgetreten werden. Die größte Bedeutung haben hierbei die Forderungsabtretungen (Zession). Über einen Zessionsvertrag tritt ein Altgläubiger (Zedent) einem Neugläubiger (Zessionar) eine Forderung ab. Den Schuldner brauchen die Vertragspartner davon nicht zu unterrichten (stille Zession). Eine stille Zession kann jederzeit durch Verständigung des Schuldners in eine offene Zession umgewandelt werden.
Die Kreditsicherung erfolgt dadurch, daß der Kreditnehmer dem Kreditgeber bestimmte Forderungen abtritt. In der Kreditpraxis haben sich noch Sonderformen herausgebildet:

* Mantelzession:
Hier tritt der Zedent laufend alle Forderungen bis zu einer bestimmten Höhe an den Zessionar ab.

* Globalzession:
Der Zedent tritt nicht nur gegenwärtige, sondern auch zukünftige Forderungen ab, die vorher ausreichend bestimmt werden.

– *Eigentumsvorbehalt:*
Vor allem in Fällen des Kreditkaufs sichert sich der Verkäufer nach erfolgter Übergabe bis zur endgültigen Zahlung des Kaufpreises dadurch ab, daß er die Eigentumsrechte an der verkauften Sache behält. Kommt der Käufer in Zahlungsverzug, so hat der Verkäufer das Recht, die Sache zurückzufordern. Will ein Gläubiger des Käufers die Kaufsache exekutieren, steht dem Verkäufer die Exondierungsklage zu; im Falle des Konkurs oder Ausgleichs des Käufers erhält der Verkäufer ein Aussonderungsrecht.

– *Negativklausel:*
Durch sie verpflichtet sich der Schuldner gegenüber dem Gläubiger, keinem anderen Gläubiger Sicherheiten zu gewähren, ohne die Forderung des ersten Gläubigers in gleicher Weise sicherzustellen. Weiters kann die Aufrechterhaltung eines Mindest–Eigenkapitalanteils am Gesamtkapital oder die Befolgung irgendeiner anderen Finanzierungsregel (vgl. Unterabschnitt 6.1.2) vereinbart werden.

• **Effektivverzinsung**[7] **vor Steuern** i:

– Exakt:
Die Effektivverzinsung vor Steuern in % p.a. (*effektiver Jahreszinssatz*) ist der interne Zinsfuß (Rendite) des Kredits. Sie ist somit jener Kalkulationszinsfuß, mit dem die künftigen Zins– und Tilgungszahlungen diskontiert werden müssen, um den Kreditauszahlungsbetrag zu erhalten:

$$Y_0 \; = \; \sum_{t=1}^{T} \frac{Z_t + Y_t}{(1+i)^t}$$

– Approximativ (bei gesamtfälliger Tilgung und Ratentilgung):

$$i_{\text{proxy}} \; = \; \frac{i_{\text{nom}} + \frac{d+a}{MLZ}}{1-d}$$

mit der mittlere Laufzeit des Kredits

$$MLZ \; = \; \frac{1 + \text{Tilgungsjahre}}{2} + \text{Freijahre}.$$

Für $d = a = 0$ gilt $i = i_{nom}$.

---

[7] Für unkündbare Kredite.

Lösung von Aufgabe 13:

Auszahlungsbetrag:

$$(1 - 0,02) \cdot 1.000.000 = 980.000$$

Rückzahlungsbetrag (Nominalentilgung und Rückzahlungsagio):

$$(1 + 0,01) \cdot 1.000.000 = 1.010.000$$

(a) **Gesamtfällige Tilgung:**

Zins- und Tilgungsplan:

	1	2	3
Ausstehendes Nominale zu Periodenbeginn	1.000.000,-	1.000.000,-	1.000.000,-
Tilgung			1.010.000,-
Zinsen (10 % vom ausstehenden Nominale)	100.000,-	100.000,-	100.000,-

Effektivverzinsung:

– *Exakte Berechnung:*

$$0 = -980.000 + \frac{100.000}{(1+i)} + \frac{100.000}{(1+i)^2} + \frac{100.000 + 1.010.000}{(1+i)^3}$$

$$i = 11,119 \ \% \ \text{p.a.}$$

– *Näherungslösung:*

$$i_{\text{proxy}} = \frac{i_{\text{nom}} + \frac{d+a}{MLZ}}{1 - d}$$

$$= \frac{0,1 + \frac{0,02+0,01}{3}}{1 - 0,02}$$

$$= 11,22 \ \% \ \text{p.a.}$$

mit:

$$MLZ = \frac{1 + \text{Tilgungsjahre}}{2} + \text{Freijahre}$$

$$= \frac{1 + 1}{2} + 2$$

$$= 3$$

(b) **Ratentilgung ohne Freijahre:**

Zins- und Tilgungsplan:

	1	2	3
Ausstehendes Nominale zu Periodenbeginn	1.000.000,-	666.667,-	333.333,-
Nominalentilgung	333.333,-	333.334,-	333.333,-
Rückzahlungsagio	3.333,-	3.333,-	3.334,-
Tilgung insgesamt	336.666,-	336.667,-	336.667,-
Zinsen (10 % vom ausstehenden Nominale)	100.000,-	66.667,-	33.333,-

Effektivverzinsung:

– *Exakte Berechnung:*[8]

$$0 = -980.000 + \frac{100.000 + 336.666}{(1+i)} + \frac{66.667 + 336.667}{(1+i)^2} + \frac{33.333 + 336.667}{(1+i)^3}$$

$$i = 11,680 \ \% \ \text{p.a.}$$

---

[8] Vorzeichen der Zahlungen aus der Sicht der Kapitalgeber.

– *Näherungslösung:*

$$i_{\text{proxy}} = \frac{i_{\text{nom}} + \frac{d+a}{MLZ}}{1-d}$$

$$= \frac{0,1 + \frac{0,02+0,01}{2}}{1-0,02}$$

$$= 11,73 \text{ \% p.a.}$$

mit:

$$MLZ = \frac{1 + Tilgungsjahre}{2} + Freijahre$$

$$= \frac{1+3}{2} + 0$$

$$= 2$$

(c) Ratentilgung mit einem Freijahr:

Zins– und Tilgungsplan:

	1	2	3
Ausstehendes Nominale zu Periodenbeginn	1.000.000,–	1.000.000,–	500.000,–
Nominalentilgung		500.000,–	500.000,–
Rückzahlungsagio		5.000,–	5.000,–
Tilgung insgesamt		505.000,–	505.000,–
Zinsen (10 % vom ausstehenden Nominale)	100.000,–	100.000,–	50.000,–

Effektivverzinsung:

– *Exakte Berechnung:*

$$0 = -980.000 + \frac{100.000}{(1+i)} + \frac{100.000 + 505.000}{(1+i)^2} + \frac{50.000 + 505.000}{(1+i)^3}$$

$$i = 11,338 \text{ \% p.a.}$$

– *Näherungslösung:*

$$i_{\text{proxy}} = \frac{i_{\text{nom}} + \frac{d+a}{MLZ}}{1-d}$$

$$= \frac{0,1 + \frac{0,02+0,01}{2,5}}{1-0,02}$$

$$= 11,43 \text{ \% p.a.}$$

mit:

$$MLZ = \frac{1 + Tilgungsjahre}{2} + Freijahre$$

$$= \frac{1+2}{2} + 1$$

$$= 2,5$$

(d) Annuitätentilgung ohne Freijahre:

Jährlicher Gesamtbetrag für Zinsen und Tilgung zuzüglich Rückzahlungsagio:

$$Ann = Nom \cdot AF_{T,i_{\text{nom}}} + \frac{Nom \cdot a}{T}$$

$$= 1.000.000 \cdot \frac{0,1 \cdot 1,1^3}{1,1^3 - 1} + \frac{1.000.000 \cdot 0,01}{3}$$

$$= 405.448,13$$

Zins- und Tilgungsplan:

	1	2	3
Ausstehendes Nominale zu Periodenbeginn	1.000.000,–	697.885,20	365.558,91
Annuität	405.448,13	405.448,13	405.448,13
davon Rückzahlungsagio	3.333,33	3.333,33	3.333,34
davon Zinsen (10 % vom ausstehenden Nominale)	100.000,–	69.788,52	36.555,89
davon Nominalentilgung[9]	302.114,80	332.326,28	365.558,91

Effektivverzinsung:

– *Exakte Berechnung:*

$$0 \;=\; -980.000 + 405.448,13 \cdot \left[\frac{1}{(1+i)} + \frac{1}{(1+i)^2} + \frac{1}{(1+i)^3} \right]$$

$$i \;=\; 11{,}632\ 554\ 266\ \%\ \text{p.a.}$$

– *Näherungslösung durch Intervallschachtelung:*

$$0 \;=\; -980.000 + 405.448,13 \cdot \underbrace{\left[\frac{1}{(1+i)} + \frac{1}{(1+i)^2} + \frac{1}{(1+i)^3} \right]}_{RBF_{3,i}}$$

$$\frac{980.000}{405.448,13} \;=\; RBF_{3,i}$$

$$AF_{3,i} \;=\; \frac{405.448,13}{980.000}$$
$$\;=\; 0{,}4137226$$

i	$AF_{3,i}$
10 %	0,402 114 804
12 %	0,416 348 981
11 %	0,409 213 070
11,5 %	0,412 776 355
11,75 %	0,414 561 505
11,625 %	0,413 668 639
11,687 5 %	0,414 114 999
11,656 25 %	0,413 891 801
11,640 625 %	0,413 780 215
11,632 813 %	0,413 724 426

$$i \approx 11{,}632813\ \%\ \text{p.a.}$$

– *Näherungslösung durch Sekantenverfahren:*

$$f(i) \;=\; \frac{405.448,13}{980.000} - AF_{3,i} \;=\; 0$$

$$i_3 \;=\; i_1 + f(i_1) \cdot \frac{i_1 - i_2}{f(i_2) - f(i_1)}$$

i	$\frac{405.448,13}{980.000} - AF_{3,i}$
10 %	0,011 607 778
12 %	− 0,002 626 399
11,630 972 842 %	0,000 011 293
11,632 552 753 %	0,000 000 011
11,632 554 266 %	0,000 000 000

$$i \approx 11{,}632554266\ \%\ \text{p.a.}$$

---

[9] Die Beträge für die Nominalentilgung steigen jährlich um den Faktor $(1 + k)$ und entsprechen den kalkulatorischen Abschreibungen beim Kapitaldienst (vgl. Exkurs 5).

Exkurs 8: Interpretation der Effektivverzinsung vor Steuern

Die Effektivverzinsung vor Steuern ist jener Zinssatz, der als nomineller Zinssatz zu vereinbaren wäre, wenn man einen äquivalenten Kredit <u>ohne</u> Auszahlungsdisagio und <u>ohne</u> Rückzahlungsagio, aber mit identischen Zahlungen wie für einen Kredit mit Auszahlungsdisagio und mit Rückzahlungsagio aufnimmt. Das Nominale des fiktiven Kredits entspricht dabei dem Auszahlungsbetrag des Kredits mit einem Auszahlungsdisagio.

Beispiel 3.1:

- Kredit <u>mit</u> Auszahlungsdisagio und <u>mit</u> Rückzahlungsagio *(vgl. Aufgabe 13 (c)):*

Nominale	1,000.000,–
Auszahlungsbetrag	980.000,–
Rückzahlungsbetrag	1,010.000,–
nomineller Zinssatz	10 % p.a.
Effektivverzinsung vor Steuern	11,338 % p.a.
Ratentilgung mit einem Freijahr	

Zins– und Tilgungsplan:

	1	2	3
Nominalentilgung	–	500.000,–	500.000,–
Rückzahlungsagio		5.000,–	5.000,–
Zinsen	100.000,–	100.000,–	50.000,–
Gesamte Rückzahlung	100.000,–	605.000,–	555.000,–

- Äquivalenter Kredit <u>ohne</u> Auszahlungsdisagio und <u>ohne</u> Rückzahlungsagio:

Nominale	980.000,–
nomineller Zinssatz	11,338 % p.a.
Effektivverzinsung vor Steuern	11,338 % p.a.

Zins– und Tilgungsplan:

	1	2	3
Ausstehendes Nominale zu Periodenbeginn	980.000,–	991.111,38	498.482,56
Tilgung[10]	–11.111,38	492.628,82	498.482,56
Zinsen (11,338 % vom ausstehenden Nominale)	111.111,38	112.371,18	56.517,44
Gesamte Rückzahlung	100.000,–	605.000,–	555.000,–

3.2.2.2 Langfristige Fremdfinanzierung

Die Formen der <u>langfristigen Fremdfinanzierung</u> lassen sich im wesentlichen einteilen in:

- **Schuldverschreibungen**[11] **(Anleihen, Obligationen)**

- **Darlehen**
  Darlehen ist die juristische Bezeichnung für einen (langfristigen) Kredit, der in der Praxis meist von einem Kreditinstitut oder einer Versicherungsanstalt gewährt wird. Insbesondere für kleinere und mittlere Unternehmungen, die keinen Zugang zum organisierten Kapitalmarkt haben, bilden Darlehen die wichtigste und häufigste Form von langfristigem Fremdkapital.

---

[10] Der negative Tilgungsbetrag am Ende des ersten Jahres kann als eine weitere Kreditaufnahme zu $t = 1$ interpretiert werden.

[11] Anleihen und die Sonderformen Wandel– und Optionsanleihen werden in Abschnitt 7.2 behandelt.

- **Schuldscheindarlehen**
  Bei Schuldscheindarlehen handelt es sich um ein Darlehen, bei dem über den zustandegekommenen Kredit ein Schuldschein als Beweisurkunde ausgestellt wird.

3.2.2.3 Kurzfristige Fremdfinanzierung

- **Handelskredite:**

  - Lieferantenkredit:
    Dieser Kredit wird dem Käufer einer Ware durch einen Warenkauf auf Ziel gewährt. In der Rechnung des Lieferanten wird der *Zielpreis* ausgewiesen, der innerhalb eines angegebenen *Zahlungsziels* nach Ablauf der *Skontofrist* zu leisten ist. Zahlt der Käufer innerhalb der Skontofrist, so kann er vom Zielpreis den *Skontoabzug* vornehmen und hat nur den *Barpreis* zu leisten:
    Barpreis = Zielpreis – Skontoabzug in GE.
    Die Effektivverzinsung in % p.a. erhält man

    für einfache Zinsrechnung:

$$i = \frac{\text{Skontosatz in \%}}{1 - \text{Skontosatz in \%}} \cdot \frac{360 \text{ Tage pro Jahr}}{\text{Zahlungsziel} - \text{Skontofrist in Tagen}}$$

    für Zinseszinsrechnung:

$$i = \left(\frac{1}{1 - \text{Skontosatz in \%}} \right)^{\frac{360}{\text{Zahlungsziel} - \text{Skontofrist}}} - 1.$$

    Beispiel 3.2:
    Eine Rechnung mit einem Zielpreis von 100.000,– ist innerhalb von 10 Tagen mit 2 % Skonto oder innerhalb von 30 Tagen netto zu zahlen.
    Die Effektivverzinsung in % p.a. beträgt
    bei einfacher Zinsrechnung:

$$\begin{aligned} i &= \frac{0,02}{1 - 0,02} \cdot \frac{360}{30 - 10} \\ &= 36,73 \text{ \% p.a.} \end{aligned}$$

    bei Zinseszinsrechnung:

$$\begin{aligned} i &= \left(\frac{1}{1 - 0,02} \right)^{\frac{360}{30 - 10}} - 1 \\ &= 43,86 \text{ \% p.a.} \end{aligned}$$

  Der Lieferantenkredit ist in der Regel ein sehr teurer Kredit, er hat jedoch den Vorteil, daß er ohne umständliche Formalitäten und oft ohne Kreditwürdigkeitsprüfung vom Lieferanten gewährt wird.

  Eine Sonderform des Lieferantenkredits ist der *Einrichtungs– und Ausstattungskredit*: Der Lieferant stellt dem Käufer einen Investitionskredit zur Verfügung, mit dem er seine Einrichtung bzw. seine Ausstattung finanzieren kann. Meist gehen mit diesem Kredit zusätzliche Vereinbarungen einher, die den Käufer zur weiteren Abnahme der Produkte des Verkäufers verpflichten.

  - Kundenanzahlung:
    Bei der Kundenanzahlung leistet der Käufer dem Lieferanten vor der Lieferung der Ware bereits einen Teil des Kaufpreises. Als Vorteil für den Kunden ist ein oft gewährter Preisabschlag zu nennen. Für den Lieferanten verringert sich das Abnahmerisiko.

- **Kontokorrentkredite**[12]:
  Kontokorrent bedeutet laufende Rechnung. Bei der Kreditverrechnung heißt dies, daß gegenseitige Forderungen saldiert werden und nur der Differenzbetrag an vereinbarten Tagen abgerechnet wird. Im Bankenbereich erfolgt dies mit Hilfe von Girokonten. Für sie wird eine Kreditlinie vereinbart, bis zu der dem Kreditnehmer Kapital zum vereinbarten Zinssatz zur Verfügung steht. Überzieht der Kreditnehmer die Kreditlinie, verrechnet die Bank zusätzliche Spesen (z.B. Überziehungszinsen).

- **Wechselkredite:**
  Der Wechsel[13] ist ein Zahlungsversprechen, bei dem der Aussteller (Gläubiger) des Wechsels einen Bezogenen (Schuldner) anweist, ihm oder einem Dritten (Wechselnehmer) eine bestimmte Geldsumme an einem bestimmten Fälligkeitsdatum zu zahlen.[14] Eine schriftliche Übertragung erfolgt durch ein Indossament. Alle Nachfolgeinhaber haben einen Regreßanspruch auf ihre Vorindossenten. Wird ein Wechsel nicht eingelöst, erfolgt ein Wechselprotest.

  Bei einem Wechselkredit stellt der Kreditgeber einen Wechsel aus und gewährt der Unternehmung einen Geldbetrag, falls diese als Kreditnehmer den Wechsel als Bezogener unterschreibt.

- **Wechseldiskontkredite:**
  Bei einem Wechseldiskontkredit diskontiert der Inhaber eines Wechsels diesen vor Fälligkeit bei einer Bank. Dabei erhält er den Gegenwartswert (Barwert) des Wechsels, also den Nominalbetrag vermindert um den den Zinsen entsprechenden Diskont.

- **Zessionskredite**:
  Hierbei tritt der Kreditnehmer einzelne (Einzelzession) oder alle in einem bestimmten Zeitraum entstehenden Forderungen aus Lieferungen und Leistungen bis zu einer bestimmten Höhe (Mantelzession) an den Kreditgeber ab. Wird der Kunde der Unternehmung von der Abtretung seiner Schuld verständigt, so liegt eine offene Zession vor. Andernfalls handelt es sich um eine stille Zession.

- **Lombardkredite:**
  Unter einem Lombardkredit versteht man die Überlassung von Geld gegen ein Faustpfand. Je nach Art des hinterlegten Pfandgegenstandes unterscheidet man:

  - Effektenlombard
  - Warenlombard
  - Forderungslombard
  - Wechsellombard
  - Edelmetallombard.

- **Kreditleihe:**
  Zum Unterschied zur Geldleihe, wo die Bank dem Schuldner Geld zur Verfügung stellt, steht sie bei der Kreditleihe mit ihrem Namen für die Zahlung der Schuld ein. Es gibt zwei Formen der Kreditleihe:

  - Akzeptkredit:
    Das Kreditinstitut erteilt hierbei dem Kunden ein Bankakzept, das den Kunden berechtigt, auf die Bank einen Wechsel zu ziehen, den sie als Bezogener akzeptiert. Der Kunde muß sich jedoch vorweg gegenüber der Bank verpflichten, bei Fälligkeit des Wechsel den Wechselbetrag zu zahlen. Der Kunde kann den Wechsel zahlungshalber an einen Lieferanten weitergeben oder bei einer Bank zum Diskont einreichen.

---

[12] Siehe Wöhe und Bilstein (1998).

[13] Die genauen Bestimmungen bezüglich der Formvorschriften sind im Wechselgesetz festgelegt.

[14] Fallen Aussteller und Bezogener in einer Person zusammen, so spricht man von einem *Solawechsel*.

− Avalkredit:
Man spricht von einem Aval, wenn ein Kreditinstitut eine Garantie oder Bürgschaft im Auftrag eines Kunden (Avalkreditnehmer) gegenüber einem Dritten (Avalbegünstigter) übernimmt.

• **Kredite im Auslandsgeschäft**[15]:

− Akkreditiv

− Rembourskredit

− Negoziierungskredit

3.2.2.4 Kreditsubstitute: Factoring und Leasing

• **Factoring:**
Factoring ist der vertraglich festgelegte laufende Ankauf von Forderungen aus Lieferungen und Leistungen durch einen Factor. Der Unterschied zum Zessionskredit liegt darin, daß der Factor nicht nur eine Finanzierungs− und Dienstleistungsfunktion (Verwaltung der Debitorenbuchhaltung) übernimmt, sondern u. U. auch das Ausfallsrisiko (Delkrederefunktion) tragen kann.

• **Leasing:**
Unter Leasing versteht man das Mieten von Vermögensgegenständen (eventuell durch Zwischenschaltung eines Leasinggebers zwischen Hersteller und Mieter).

  − Operational Leasing:
  Hierunter ist das gewöhnliche Mieten von Vermögensgegenständen zu verstehen, wobei das Mietverhältnis unter Einhaltung einer Kündigungsfrist jederzeit kündbar ist.

  − Financial Leasing:
  Charakteristisch beim Financial Leasing ist, daß eine feste unkündbare Mietzeit besteht. Wird in dieser Grundmietzeit der Preis des Leasinggegenstands durch die Leasingraten vollständig amortisiert, spricht man von „Vollamortisationsleasing", andernfalls von „Teilamortisationsleasing". Im Leasingvertrag wird auch vereinbart, was mit dem Vermögensgegenstand nach dem Ende der Mietzeit geschieht. In den einfachsten Fällen wird das Leasingobjekt dem Leasinggeber zurückgegeben, oder der Leasingnehmer erhält das Leasingobjekt gegen Zahlung eines im voraus vereinbarten Restbetrags. Es sind aber durchaus oft kompliziertere Regelungen üblich. So kann zum einen eine „Verlängerungsoption für die Mietzeit" vereinbart werden. Bei Vollamortisationsleasing wird meist eine „Kaufoption" für den Leasingnehmer zu einem im voraus vereinbarten Kaufpreis eingeräumt. Hingegen kann bei einer Teilamortisation der Leasinggeber ein „Andienungsrecht" (Verkaufsoption) erhalten. Das bedeutet, daß der Leasinggeber den Leasingnehmer nach Ablauf der Mietzeit zum Kauf des Leasingobjekts zu einem im voraus vereinbarten Preis verpflichten darf.

---

[15] Siehe dazu etwa Fischer (1994).

4 Die relevanten Cash Flows in der Investitionsplanung

Relevante Informationen zur Beurteilung und Auswahl von Investitionsprojekten:

- Relevante Zahlungen ($\to$ Unterabschnitt 2.1.1 und dieses Kapitel)
- Relevanter Kalkulationszinsfuß ($\to$ Unterabschnitt 2.1.2)
- Eventuelle Nachfolgeinvestitionen ($\to$ Unterabschnitt 2.1.3)
- Optimale Investitionstermine und optimale Nutzungsdauern ($\to$ Unterabschnitt 2.1.4 und 2.1.5)

In diesem Kapitel erfolgt die Berücksichtigung von

- Unsicherheit ($\to$ Abschnitt 4.1 und 4.5)
- Fremdfinanzierung ($\to$ Abschnitt 4.2)
- Steuern ($\to$ Abschnitt 4.3)
- Preisänderungen ($\to$ Abschnitt 4.4)

Diese vier Aspekte können jeweils entweder bei den relevanten Cash Flows oder bei den relevanten Kalkulationszinsfüßen berücksichtigt werden.

4.1 Berücksichtigung von Unsicherheit I: Risikokorrekturverfahren

Die Berücksichtigung von Unsicherheit im Sinne von Risiko[1] erfolgt beim Kapitalwert durch eines der beiden folgenden *Korrekturverfahren*:

- **Variante mit dem risikoangepaßten Kalkulationszinsfuß:**
  Anpassung des Kalkulationszinssatzes um eine Risikoprämie

  C_t = Subjektiv erwarteter Cash Flow $E(C_t)$

  k = Risikoloser Zinssatz r + Risikoprämie RP

  = Erwartete Alternativrendite für Veranlagung mit gleichem relevanten[2] Risiko wie das Investitionsprojekt

---

[1] Von Unsicherheit im Sinne von Risiko wird dann gesprochen, wenn der Entscheidungsträger alle möglichen künftigen Umweltzustände, die eintreten können, kennt und diesen subjektive Eintrittswahrscheinlichkeiten zuordnen kann. Gemessen wird das Risiko oft mit der Standardabweichung der unsicheren Cash Flows oder Renditen.

[2] Die Ermittlung des relevanten Risikos wird etwa in Fischer (1996) behandelt.

$$K_0 = -A_0 + \sum_{t=1}^{T} \frac{E(C_t)}{(1+r+RP)^t} + \frac{E(R_T)}{(1+r+RP)^T}$$

- **Variante mit dem Sicherheitsäquivalent:**
  Anpassung des Cash Flows um einen Risikoabschlag

$$C_t = E(C_t) - \text{Risikoabschlag}$$
$$= \text{„Sicherheitsäquivalent“ } CE(C_t)$$
$$k = \text{Risikoloser Zinsatz } r$$
$$= \text{Alternativrendite für risikolose Veranlagung}$$

$$K_0 = -A_0 + \sum_{t=1}^{T} \frac{CE(C_t)}{(1+r)^t} + \frac{CE(R_T)}{(1+r)^T}$$

Dieses Verfahren wird gerne in der Praxis angewendet, und man zieht dann als risikolosen Zinssatz die Sekundärmarktrendite für Staatsanleihen[3] heran. Die unsicheren Einzahlungen schätzt man „sicherheitshalber" eher niedrig, die unsicheren Auszahlungen eher hoch ein.

Problematisch bei den beiden Korrekturverfahren ist die Festsetzung der „richtigen" Risikoprämie bzw. des „richtigen" Risikoabschlages. Die hierfür benötigten Überlegungen werden etwa in Fischer (1996) dargestellt. Die nachfolgende Aufgabe soll lediglich die Rechentechniken vermitteln. Die Darstellungen in den darauffolgenden Abschnitten basieren auf der Variante mit dem risikoangepaßten Kalkulationszinsfuß.

Lösung von Aufgabe 21:

(a) Variante mit dem risikoangepaßten Kalkulationszinsfuß:

IP$_A$: keine Risikoprämie

$$K_0 = -1.000 + \frac{1.200}{1,1}$$
$$= 90,91$$

IP$_B$: Risikoprämie = 2 % p.a.

$$k = 10\% + 2\% = 12\%$$
$$K_0 = -1.000 + \frac{1.400}{1,12}$$
$$= 250,-$$

IP$_C$: Risikoprämie = 6 % p.a.

$$k = 10\% + 6\% = 16\%$$
$$K_0 = -1.000 + \frac{1.600}{1,16}$$
$$= 379,31$$

---

[3] Unter der Sekundärmarktrendite für Staatsanleihen versteht man die durchschnittliche Rendite (Effektivverzinsung) vor KESt in % p.a. von allen an einem Zirkulationsmarkt gehandelten Staatsanleihen. Wird diese Rendite zur Beurteilung einer betrieblichen Investition herangezogen, so muß das Sicherheitsäquivalent der *nominellen* (vgl. Abschnitt 4.4) Zahlungen *nach Gewinnsteuern der Unternehmung* (vgl. Abschnitt 4.3) mit diesem Kalkulationszinsfuß diskontiert werden.

(b) Variante mit dem Sicherheitsäquivalent:

IP_A: *kein Risikoabschlag*

$$K_0 = -1.000 + \frac{1.200}{1,1}$$
$$= 90,91$$

IP_B: *Risikoabschlag = 25,-*

$$K_0 = -1.000 + \frac{1.400 - 25}{1,1}$$
$$= 250,-$$

IP_C: *Risikoabschlag = 83,-*

$$K_0 = -1.000 + \frac{1.600 - 83}{1,1}$$
$$= 379,31$$

4.2 Berücksichtigung von Fremdfinanzierung

Wird ein Investitionsprojekt mit Eigen– und Fremdkapital finanziert, so existieren zwei verschiedene Kapitalkostensätze (Kalkulationszinsfüße)

k_E ... Alternativrendite der Anteilseigner für das Eigenkapital
i ... Effektivverzinsung des Fremdkapitals,

und es erfolgen folgende Zahlungen zwischen der Unternehmung und den Fremdkapitalgebern

Y_0 ... Krediteinzahlung zu $t = 0$
Y_t ... Kredittilgungszahlungen zu $t = 1, \ldots, T$
Z_t ... Kreditzinszahlungen zu $t = 1, \ldots, T$,

wobei

T ... Laufzeit des Kredits[4].

Für die Beurteilung eines teilweise fremdfinanzierten Investitionsprojekts können nun entweder

- die Zahlungen beider Kapitalgebergruppen gemeinsam (vor Abzug der Zins– und Tilgungszahlungen und damit *Bruttomethode*)

oder

- nur die Zahlungen der Anteilseigner allein (nach Abzug der Zins– und Tilgungszahlungen und damit *Nettomethode*)

herangezogen werden. Bei der ersten Methode wird die teilweise Fremdfinanzierung bei den Cash Flows ignoriert und muß daher im Kalkulationszinsfuß berücksichtigt werden. Bei der zweiten Methode werden die Cash Flows um die Kreditzahlungen verändert und mit dem Kalkulationszinsfuß der Anteilseigner gerechnet.

---

[4] Es wird hier, wie in der Praxis üblich, unterstellt, daß die vereinbarte Laufzeit des Kredits der geplanten Nutzungsdauer des Investitionsprojekts entspricht.

- **Bruttomethode nach dem WACC[5]–Ansatz:**

<u>Voraussetzung</u>:
Kredit ist nicht dem Investitionsprojekt zurechenbar.[6]

Hierbei wird unterstellt, daß der augenblickliche Verschuldungsgrad der Unternehmung v_0 in der Zukunft konstant bleibt. Die Fremdfinanzierung wird über den gewichteten durchschnittlichen Kapitalkostensatz k_G berücksichtigt. Mit diesem Zinssatz werden die Zahlungen für beide Kapitalgebergruppen abgezinst.

$$v_0 = \frac{\text{Marktwert des Fremdkapitals}}{\text{Marktwert des Eigen- und Fremdkapitals}}$$

$$k_G = (1 - v_0)k_E + v_0 \cdot i$$

$$K_0 = -A_0 + \sum_{t=1}^{T} \frac{C_t}{(1 + k_G)^t} + \frac{R_T}{(1 + k_G)^T}$$

- **Nettomethode:**

<u>Voraussetzung</u>:
Kredit ist direkt dem Investitionsprojekt zurechenbar.[7]

Die Fremdfinanzierung wird explizit bei den Cash Flows berücksichtigt. Die Zahlungen für die Anteilseigner werden mit der Alternativrendite der Anteilseigner diskontiert.

$-A_0 + Y_0$ ... Anschaffungsauszahlungen der Anteilseigner zu $t = 0$
$C_t - Z_t - Y_t$ ... erwartete Zahlungen für die Anteilseigner

$$K_0 = -A_0 + Y_0 + \sum_{t=1}^{T} \frac{C_t - Z_t - Y_t}{(1 + k_E)^t} + \frac{R_T}{(1 + k_E)^T}$$

4.3   Berücksichtigung von Steuern

	Steuerzahlungen der Unternehmung bei Durchführung des Investitionsprojekts
–	Steuerzahlungen der Unternehmung ohne Durchführung des Investitionsprojekts
=	Relevante Steuerzahlungen

Steuern[8]:

- Einzelunternehmung und Personengesellschaften:

    - Einkommensteuer (ESt)

- Kapitalgesellschaften:

    - Körperschaftsteuer (KöSt)

---

[5] Weighted Average Cost of Capital.

[6] Dies bedeutet, daß insgesamt für alle zu realisierenden Projekte gemeinsam eine als wünschenswert erachtete Verschuldung der Gesamtunternehmung angestrebt wird.

[7] Dies bedeutet, daß der Kredit nur dann aufgenommen wird, falls das Projekt durchgeführt werden soll.

[8] Für Deutschland sind auch die Gewerbesteuer und die Vermögensteuer sowie andere Steuersätze und das *Anrechnungsverfahren* zu berücksichtigen.

Die Berücksichtigung der relevanten Steuern kann entweder über die Cash Flows oder über die Kalkulationszinsfüße erfolgen. Im ersten Fall spricht man von der *expliziten* und im zweiten Fall von der *impliziten* Berücksichtigung der Steuern. Unter weiterer Berücksichtigung der in Abschnitt 4.2 behandelten Fremdfinanzierung ergeben sich somit die in Tab. 4.1 dargestellten vier Methoden.

Exkurs 9: Gewinn und Cash Flow in der Investitionsplanung

Anmerkungen:

Unter Gewinn wird hier der Gewinn i.S. des externen Rechnungswesens, also die Differenz zwischen Erträge und Aufwendungen (vgl. Exkurs 1) verstanden, da er als Bemessungsgrundlage für die betrachteten Steuerzahlungen dient.

Die Darstellung in diesem Exkurs erfolgt unter der vereinfachenden Annahme, daß der Kredit weder ein Auszahlungsdisagio noch ein Rückzahlungsagio aufweist (vgl. Fußnote 11 auf Seite 84).

Vereinfachende Annahmen für die Investitionsplanung:

- *Konstanter Gewinnsteuersatz s*
  Der Gewinnsteuersatz hängt von der Rechtsform der Unternehmung ab:

  - *Einzelunternehmung und Personengesellschaften:*
    Die Einkommensteuer ist eine progressive Steuer, wobei der Grenzsteuersatz mit dem Gesamtjahreseinkommen des Gesellschafters ansteigt. Der höchste Grenzsteuersatz beträgt in Österreich derzeit 50 %.

  - *Kapitalgesellschaften:*
    Der Körperschaftsteuersatz ist in Österreich ein konstanter Steuersatz in der Höhe von derzeit 34 % vom Jahresüberschuß der Kapitalgesellschaft.

- *Kreditzinsen sind bei der Ermittlung der Gewinnsteuerbasis absetzbar.*

- *Die Unternehmung hat genügend andere Gewinne, um eventuelle Verluste des Investitionsprojekts auszugleichen.*
  ⇒ Es werden keine Verlustvorträge[9] berücksichtigt.

- *Steuern werden am Jahresende bezahlt.*

- *Barverkäufe und Produktion = Absatz*
  ⇒ laufende Einzahlungen = Erträge

- *Bareinkäufe und keine Lagerbestandsveränderungen*
  ⇒ laufende Auszahlungen = Aufwand

- *einziger sonstiger Aufwand = AfA*
  ⇒ Die Bildung bzw. Auflösung von Rückstellungen wird ignoriert.

- *Die Berücksichtigung von steuerlichen Investitionsbegünstigungen und Finanzierungsförderungen erfolgt in Abschnitt 5.2 und 5.3.*

---

[9] Die Berücksichtigung von Verlustvorträgen erfolgt in Abschnitt 5.1.

Unter diesen Annahmen gilt:

- **Vereinfachte GuV–Rechnung:**

  > *Umsatzerlöse*
  > − *entgehende Umsätze in anderen Bereichen*
  > − *Aufwendungen für Roh-, Hilfs- und Betriebsstoffe und für Ersatzteile*
  > − *Aufwendungen für Personal*
  > + *vermiedene Aufwendungen*
  > = *laufender Einzahlungsüberschuß C*
  > − *bilanzielle Abschreibung AfA*
  > = *Gewinn vor Zinsen und Steuern (NOI = Net Operating Income)*
  > − *Kreditzinsen Z*
  > − *Steuern $s \cdot (C - AfA - Z)$*
  > = *Gewinn nach Zinsen und Steuern (NI = Net Income)*

- **Vereinfachte Cash Flow–Rechnung:**

  > *laufender Einzahlungsüberschuß C*
  > − *Steuern auf NOI $s \cdot (C - AfA)$*
  > = *Operating Cash Flow $(OCF = C - s \cdot (C - AfA))$*
  > − *Nettokreditzinsen[10] $(1 - s) \cdot Z$*
  > = *Net Cash Flow $(NCF = C - Z - s \cdot (C - Z - AfA))$*

- **Drei Cash Flow–Definitionen:**

  − *Cash Flow vor Zinsen und Steuern C*
  Der Cash Flow vor Zinsen und Steuern entspricht dem Einzahlungsüberschuß aus den Geschäftsbereichen <u>vor</u> Abzug von Zinszahlungen an die Kreditgeber und <u>vor</u> Abzug der Zahlungen an den Fiskus. Er setzt sich aus den Umsatzeinzahlungen abzüglich der variablen und fixen Auszahlungen und abzüglich der aufgrund von Umsatzeinbußen entgehenden Cash Flows vor Zinsen und Steuern zusammen:

  $$C = (p - c_v) \cdot x - C_f - UEB.$$

  − *Operating Cash Flow OCF*
  Der Operating Cash Flow entspricht dem Einzahlungsüberschuß aus den Geschäftsbereichen <u>vor</u> Abzug von Zinszahlungen an die Kreditgeber, jedoch <u>nach</u> Abzug der Zahlungen an den Fiskus. Dabei wird jedoch bei der Ermittlung der Steuern ignoriert, daß bei der Berechnung der Steuerbasis die Zinsaufwendungen abgezogen werden dürfen:

  $$OCF = C - s \cdot (C - AfA).$$

  Somit entspricht der Operating Cash Flow dem Cash Flow nach Steuern bei reiner Eigenfinanzierung.

  − *Net Cash Flow NCF*
  Der Net Cash Flow entspricht dem Einzahlungsüberschuß aus den Geschäftsbereichen <u>nach</u> Abzug der Zinszahlungen an die Kreditgeber und <u>nach</u> Abzug der Zahlungen an den Fiskus. Ber der Ermittlung der Steuerbasis werden nun die Zinsaufwendungen abgezogen:

  $$NCF = C - Z - s \cdot (C - AfA - Z).$$

---

[10] Die Nettokreditzinsen ergeben sich aus den Zinsen abzüglich der Steuerersparnis aufgrund der Absetzbarkeit der Zinsen: $Z - s \cdot Z$.

Der Net Cash Flow ist somit jener Betrag, der aus den Geschäftsbereichen für Kredittilgungen, interne Eigenfinanzierung und für Ausschüttungen an die Eigenkapitalgeber zur Verfügung steht.

- **Zusammenhänge zwischen den unterschiedlichen Cash Flow Definitionen:**

$$OCF = (1-s) \cdot C + s \cdot AfA$$
$$NCF = (1-s) \cdot (C-Z) + s \cdot AfA$$
$$NCF = OCF - (1-s) \cdot Z$$

- **Zusammenhänge zwischen Cash Flow– und GuV–Rechnung:**

$$OCF = (1-s) \cdot NOI + AfA$$
$$NCF = NI + AfA$$

- **Aufteilung des laufenden Einzahlungsüberschusses:**

für Kreditgeber	$Z + Y$
für Staat	$s \cdot (C - AfA - Z)$
für Anteilseigner	$C - Z - Y - s \cdot (C - Z - AfA)$
Summe	C

Bei den laufenden Cash Flows sind bei den Varianten mit expliziter Berücksichtigung der Steuern (siehe Unterabschnitt 4.3.1) die Operating Cash Flows (Bruttomethode) bzw. die Net Cash Flows (Nettomethode) heranzuziehen.

Den Restwert nach Steuern erhält man durch

$$R_T - s \cdot (R_T - BW_T) \,,$$

wobei BW_T den Buchwert am Ende der geplanten Nutzung

$$BW_T = A_0 - \sum_{t=1}^{T} AfA_t$$

darstellt. Ein positiver Buchwert zu $t = T$ ist dann gegeben, wenn die steuerliche Nutzungsdauer größer als die geplante Nutzungsdauer ist.

4.3.1 Varianten mit expliziter Berücksichtigung der Steuern

Die Cash Flows werden um die Steuerzahlungen vermindert. Diese Cash Flows <u>nach</u> Steuern werden mit einem Kalkulationszinsfuß <u>nach</u> Steuern diskontiert.

Berücksichtigung der Fremdfinanzierung / Berücksichtigung der Steuern	bei den Cash Flows	im Kalkulationszinsfuß
bei den Cash Flows	Nettomethode mit expliziter Berücksichtigung der Steuern (4.3.1.2)	Bruttomethode mit expliziter Berücksichtigung der Steuern (4.3.1.1)
im Kalkulationszinsfuß	Nettomethode mit impliziter Berücksichtigung der Steuern (4.3.2.2)	Bruttomethode mit impliziter Berücksichtigung der Steuern (4.3.2.1)

Tab. 4.1: Varianten zur Berücksichtigung der Fremdfinanzierung und der Steuern

4.3.1.1 Bruttomethode

- Cash Flows nach Steuern[11]
  Die Cash Flows für die Anteilseigner und Kreditgeber betragen:

$$
\begin{array}{ll}
& C_t - Z_t - Y_t - s \cdot (C_t - Z_t' - AfA_t) \quad \text{(Anteilseigner)} \\
+ & Z_t + Y_t \quad \text{(Gläubiger)} \\
\hline
= & C_t - s \cdot (C_t - Z_t' - AfA_t) \\
= & C_t - s \cdot (C_t - AfA_t) + s \cdot Z_t' \\
= & OCF_t + s \cdot Z_t'
\end{array}
$$

mit

$$
OCF_t = C_t - s \cdot (C_t - AfA_t).
$$

- Kalkulationszinsfuß nach Steuern
  Gewichteter durchschnittlicher Kapitalkostensatz nach Steuern:
  Bei dieser Methode wird $s \cdot Z_t'$, die Steuerersparnis aufgrund der Absetzbarkeit der Kreditkosten bei der Ermittlung der Steuerbemessungsgrundlage, zwar bei den Cash Flows ignoriert; diese Steuerersparnis spiegelt sich dann aber beim gewichteten durchschnittlichen Kapitalkostensatz derart wider, daß zu seiner Berechnung die Effektivverzinsung des Kredits nach Steuern verwendet wird:

$$
k_G = (1 - v_0) \cdot k_E + v_0 \cdot \underbrace{(1 - s) \cdot i}_{\substack{\text{Effektivverzinsung} \\ \text{nach Steuern}}}
$$

---

[11] Das Auszahlungsdisagio und das Rückzahlungsagio sind über die Laufzeit gleichverteilt steuerlich abzusetzen; die Kreditzinsen in den jeweils als Aufwand anfallenden Jahren. Der Zinsaufwand sowie der Anteil am Auszahlungsdisagio und Rückzahlungsagio wird mit Z_t' bezeichnet:

$$
Z_t' = Z_t + \frac{(d + a) \cdot Nom}{T}.
$$

mit: i ... Effektivverzinsung des Fremdkapitals <u>vor</u> Steuern
      k_E ... Alternativrendite des Eigenkapitals <u>nach</u> Steuern

- Berechnung:

$$K_0 = -A_0 + \sum_{t=1}^{T} \frac{OCF_t}{(1+k_G)^t} + \frac{R_T - s \cdot (R_T - BW_T)}{(1+k_G)^T}.$$

4.3.1.2 Nettomethode

- <u>Cash Flows nach Steuern</u>[12]
  Die Cash Flows für die Eigenkapitalgeber sind

$$NCF_t - Y_t$$

mit:

$$NCF_t = C_t - Z_t - s \cdot (C_t - AfA_t - Z'_t).$$

- <u>Kalkulationszinsfuß nach Steuern</u>
  Kapitalkostensatz für das Eigenkapital (Alternativrendite der Anteilseigner) nach Steuern
  k_E.

- Berechnung:

$$K_0 = -A_0 + Y_0 + \sum_{t=1}^{T} \frac{NCF_t - Y_t}{(1+k_E)^t} + \frac{R_T - s \cdot (R_T - BW_T)}{(1+k_E)^T}.$$

4.3.2 Varianten mit impliziter Berücksichtigung der Steuern

Bei den Cash Flows werden keine Steuern abgezogen.[13] Der nominelle Kalkulationszinssatz wird approximativ[14] um den Gewinnsteuersatz s angepaßt

$$k^{\text{vorSt}} \approx \frac{k^{\text{nachSt}}}{1-s},$$

und die Cash Flows <u>vor</u> Steuern werden mit einem Kalkulationszinsfuß <u>vor</u> Steuern diskontiert.

4.3.2.1 Bruttomethode

- <u>Cash Flows vor Steuern</u>
  Die Cash Flows für die Anteilseigner und Fremdkapitalgeber vor Steuern entsprechen den Cash Flows vor Zinsen und Steuern C_t.

- <u>Kalkulationszinsfuß vor Steuern</u>
  Die Cash Flows vor Steuern werden mit dem gewichteten durchschnittlichen Kapitalkostensatz vor Steuern diskontiert.

- Berechnung:

$$K_0 = -A_0 + \sum_{t=1}^{T} \frac{C_t}{(1+k_G^{\text{vorSt}})^t} + \frac{R_T}{(1+k_G^{\text{vorSt}})^T}$$

---

[12] Siehe auch Fußnote 11 auf S. 84.
[13] Dieser Zusammenhang gilt nur für nominelle Zinssätze. Der Zusammenhang für reale Zinssätze wird in Abschnitt 4.4 dargestellt.
[14] Exakt gilt dieser Zusammenhang nur für Investitionsprojekte mit einjähriger und mit unendlicher Nutzungsdauer sowie für nicht abnutzbare Projekte.

4.3.2.2 Nettomethode

- Cash Flows vor Steuern
  Die Cash Flows für die Anteilseigner vor Steuern ergeben sich aus den Cash Flows vor Zinsen und Steuern abzüglich der Zahlungen an die Fremdkapitalgeber:

$$C_t - Z_t - Y_t.$$

- Kalkulationszinsfuß vor Steuern
  Die Cash Flows vor Steuern werden mit dem Kapitalkostensatz für das Eigenkapital (Alternativrendite der Anteilseigner) vor Steuern diskontiert.

- Berechnung:

$$K_0 \; = \; -A_0 + Y_0 + \sum_{t=1}^{T} \frac{C_t - Z_t - Y_t}{(1 + k_E^{\text{vorSt}})^t} + \frac{R_T}{(1 + k_E^{\text{vorSt}})^T}$$

Lösung von Aufgabe 22:

Varianten mit expliziter Berücksichtigung der Steuern:

- **Bruttomethode (Fall I):**
  Gewichteter durchschnittlicher Kapitalkostensatz nach Steuern:

$$
\begin{aligned}
k_G^{\text{nachSt}} \; &= \; (1 - v_0) \cdot k_E^{\text{nachSt}} + v_0 \cdot (1 - s) \cdot i^{\text{vorSt}} \\
&= \; (1 - 0,6) \cdot 0,13 + 0,6 \cdot (1 - 0,4) \cdot 0,08 \\
&= \; 8,08 \ \% \ p.a.
\end{aligned}
$$

Steuern:

	1	2	3
Cash Flows vor Zinsen und Steuern	50.000,-	38.000,-	27.000,-
+ Restwert			20.000,-
− AfA$_t$	−33.334,-	−33.333,-	−33.333,-
= Steuerbasis	16.666,-	4.667,-	13.667,-
Steuern ($s = 40$ %)	6.666,-	1.867,-	5.467,-

Operating Cash Flows (inklusive Restwert nach Steuern):

$$OCF_t \; = \; C_t - \underbrace{s \cdot (C_t - AfA_t)}_{\substack{\text{Steuern bei reiner} \\ \text{Eigenfinanzierung}}}$$

	1	2	3
Cash Flows vor Zinsen und Steuern	50.000,-	38.000,-	27.000,-
+ Restwert			+ 20.000,-
− Steuern	−6.666,-	−1.867,-	−5.467,-
=	43.334,-	36.133,-	41.533,-

Kapitalwert:

$$
\begin{aligned}
K_0 \; &= \; -A_0 + \sum_{t=1}^{T} \frac{OCF_t}{(1 + k_G)^t} + \frac{R_T - s \cdot (R_T - BW_T)}{(1 + k_G)^T} \\
&= \; -100.000 + \frac{43.334}{1,0808} + \frac{36.133}{1,0808^2} + \frac{41.533}{1,0808^3} \\
&= \; -100.000 + 40.094 + 30.932 + 32.8977 \\
&= \; 3.924, -
\end{aligned}
$$

Interner Zinsfuß (Rendite für das Gesamtkapital nach Steuern):

$$0 = -100.000 + \frac{43.334}{1 + p_G^{nachSt}} + \frac{36.133}{\left(1 + p_G^{nachSt}\right)^2} + \frac{41.533}{\left(1 + p_G^{nachSt}\right)^3}$$

$$p_G^{nachSt} = 10,26 \% \text{ p.a.} > 8,08 \% \text{ p.a.}$$

• **Nettomethode (Fall II):**

Zins– und Tilgungsplan:

	1	*2*	*3*
Ausstehendes Nominale zu Periodenbeginn	*60.000,–*	*40.000,–*	*20.000,–*
Tilgung	*20.000,–*	*20.000,–*	*20.000,–*
Zinsen	*4.800,–*	*3.200,–*	*1.600,–*

Steuern:

	1	*2*	*3*
Cash Flows vor Zinsen und Steuern	*50.000,–*	*38.000,–*	*27.000,–*
+ Restwert			*20.000,–*
– AfA$_t$	*–33.334,–*	*–33.333,–*	*–33.333,–*
– Zinsen	*–4.800,–*	*–3.200,–*	*–1.600,–*
= Steuerbasis	*11.866,–*	*1.467,–*	*12.067,–*
Steuern (s = 40 %)	*4.746,–*	*587,–*	*4.827,–*

Net Cash Flows (inklusive Restwert nach Steuern):

	1	*2*	*3*
Cash Flows vor Zinsen und Steuern	*50.000,–*	*38.000,–*	*27.000,–*
+ Restwert			*20.000,–*
– Steuern	*–4.746,–*	*–587,–*	*–4.827,–*
– Zinsen	*–4.800,–*	*–3.200,–*	*–1.600,–*
=	*40.454,–*	*34.213,–*	*40.573,–*

Zahlungen an die Eigenkapitalgeber:

	1	*2*	*3*
	40.454,–	*34.213,–*	*40.573,–*
– Tilgung	*–20.000,–*	*–20.000,–*	*–20.000,–*
=	*20.454,–*	*14.213,–*	*20.573,–*

Kapitalwert[15]:

$$K_0 = -A_0 + Y_0 + \sum_{t=1}^{T} \frac{NCF_t - Y_t}{(1 + k_E)^t} + \frac{R_T - s \cdot (R_T - BW_T)}{(1 + k_E)^T}$$

$$= -100.000 + 60.000 + \frac{20.454}{1,13} + \frac{14.213}{1,13^2} + \frac{20.573}{1,13^3}$$

$$= -40.000 + 18.101 + 11.131 + 14.258$$

$$= 3.490, -$$

Interner Zinsfuß (Rendite für das Eigenkapital nach Steuern):

$$0 = -100.000 + 60.000 + \frac{20.454}{1 + p_E^{nachSt}} + \frac{14.213}{\left(1 + p_E^{nachSt}\right)^2} + \frac{20.573}{\left(1 + p_E^{nachSt}\right)^3}$$

$$p_E^{nachSt} = 18,10 \% \text{ p.a.} > 13 \% \text{ p.a.}$$

---

[15] In Fischer (1996), Aufgabe 42 wird die Frage beantwortet, warum die Kapitalwerte nach der Brutto– und Nettomethode nicht gleich groß sind.

Varianten mit impliziter Berücksichtigung der Steuern:

- **Bruttomethode (Fall I):**

  Gewichteter durchschnittlicher Kapitalkostensatz vor Steuern:

$$
\begin{aligned}
k_G^{\text{vorSt}} &\approx \frac{k_G^{\text{nachSt}}}{1-s} \\
&= \frac{0,0808}{1-0,4} \\
&= 13,46 \ \% \ \text{p.a.}
\end{aligned}
$$

  Kapitalwert:

$$
\begin{aligned}
K_0 &= -A_0 + \sum_{t=1}^{T} \frac{C_t}{\left(1+k_G^{\text{vorSt}}\right)^t} + \frac{R_T}{\left(1+k_G^{\text{vorSt}}\right)^T} \\
&= -100.000 + \frac{50.000}{1,1346} + \frac{38.000}{1,1346^2} + \frac{47.000}{1,1346^3} \\
&= -100.000 + 44.066 + 29.515 + 32.173 \\
&= 5.754,-
\end{aligned}
$$

  Interner Zinsfuß (Rendite für das Gesamtkapital vor Steuern):

$$
\begin{aligned}
0 &= -100.000 + \frac{50.000}{1+p_G^{\text{vorSt}}} + \frac{38.000}{\left(1+p_G^{\text{vorSt}}\right)^2} + \frac{47.000}{\left(1+p_G^{\text{vorSt}}\right)^3} \\
p_G^{\text{vorSt}} &= 16,90 \ \% \ \text{p.a.} > 13,46 \ \% \ \text{p.a.}
\end{aligned}
$$

- **Nettomethode (Fall II):**

  Alternativrendite des Eigenkapitals vor Steuern:

$$
\begin{aligned}
k_E^{\text{vorSt}} &\approx \frac{k_E^{\text{nachSt}}}{1-s} \\
&= \frac{0,13}{1-0,4} \\
&= 21,67 \ \% \ \text{p.a.}
\end{aligned}
$$

  Kapitalwert:

$$
\begin{aligned}
K_0 &= -A_0 + Y_0 + \sum_{t=1}^{T} \frac{C_t - Z_t - Y_t}{\left(1+k_E^{\text{vorSt}}\right)^t} + \frac{R_T}{\left(1+k_E^{\text{vorSt}}\right)^T} \\
&= -100.000 + 60.000 + \frac{50.000 - 4.800 - 20.000}{1,2167} \\
&\quad + \frac{38.000 - 3.200 - 20.000}{1,2167^2} + \frac{47.000 - 1.600 - 20.000}{1,2167^3} \\
&= 4.811,-
\end{aligned}
$$

  Interner Zinsfuß (Rendite für das Eigenkapitals vor Steuern):

$$
\begin{aligned}
0 &= -100.000 + 60.000 + \frac{50.000 - 4.800 - 20.000}{1+p_E^{\text{vorSt}}} \\
&\quad + \frac{38.000 - 3.200 - 20.000}{\left(1+p_E^{\text{vorSt}}\right)^2} + \frac{47.000 - 1.600 - 20.000}{\left(1+p_E^{\text{vorSt}}\right)^3} \\
p_E^{\text{vorSt}} &= 29,46 \ \% \ \text{p.a.} > 21,67 \ \% \ \text{p.a.}
\end{aligned}
$$

Lösung von Aufgabe 23:

Auszahlungsbetrag:

$$(1 - 0,02) \cdot 60.000 = 58.800, -$$

Rückzahlungsagio:

$$0,01 \cdot 60.000 = 600, -$$

Jährlicher Gesamtbetrag:

$$
\begin{aligned}
Ann &= 60.000 \cdot \frac{0,08 \cdot 1,08^3}{1,08^3 - 1} + \frac{600}{3} \\
&= 23.282,01 + 200 \\
&= 23.482,01
\end{aligned}
$$

Zins– und Tilgungsplan:

	1	2	3
Ausstehendes Nominale zu Periodenbeginn	60.000,-	41.517,99	21.557,41
Annuität	23.482,01	23.482,01	23.482,01
davon Nominalentilgung	18.482,01	19.960,57	21.557,41
davon Zinsen	4.800,-	3.321,44	1.724,59
davon Rückzahlungsagio	200,-	200,-	200,-

Effektivverzinsung:

$$
\begin{aligned}
0 &= -58.800 + \frac{23.282,01 + 200}{(1+i)} + \frac{23.282,01 + 200}{(1+i)^2} + \frac{23.282,01 + 200}{(1+i)^3} \\
i &= 9,61 \ \% \ \text{p.a.}
\end{aligned}
$$

Steuern:

	1	2	3
Cash Flows vor Zinsen und Steuern	50.000,-	38.000,-	27.000,-
+ Restwert			20.000,-
− AfA$_t$	-25.000,-	-25.000,-	-25.000,-
− Buchwert			-25.000,-
− Zinsen	-4.800,-	-3.321,44	-1.724,59
− Rückzahlungsagio	-200,-	-200,-	-200,-
− Auszahlungdisagio	-400,-	-400,-	-400,-
= Steuerbasis	19.600,-	9.078,56	-5.324,59
Steuern (s = 40 %)	7.840,-	3.631,42	-2.129,84

Zahlungen an die Eigenkapitalgeber:

	1	2	3
Cash Flows vor Zinsen und Steuern	50.000,-	38.000,-	27.000,-
+ Restwert			20.000,-
− Nominalentilgung und Zinsen	23.282,01	23.282,01	23.282,01
− Rückzahlungsagio	-200,-	-200,-	-200,-
− Steuern	-7.840,-	-3.631,42	2.129,84
	18.677,99	10.886,57	25.647,83

Kalkulationszinsfuß:

$$k_E = 13 \ \% \ \text{p.a.}$$

Kapitalwert:

$$
\begin{aligned}
K_0 &= -100.000 + 58.800 + \frac{18.677,99}{1,13} + \frac{10.886,57}{1,13^2} + \frac{25.647,83}{1,13^3} \\
&= 1.630,20
\end{aligned}
$$

4.4 Berücksichtigung von Preisänderungen (Inflation)

Zur Berücksichtigung von Preisänderungen ist eine Unterscheidung zwischen nominellen und realen Zahlungen bzw. Kalkulationszinsfüßen erforderlich:

- **nominelle Werte:**
  In den Cash Flows sind die erwarteten Änderungen bei den Produkt– und Faktorpreisen bereits berücksichtigt und in den heranzuziehenden nominellen Kalkulationszinsfüßen ist die Inflationsrate bereits enthalten (siehe unten).

- **reale Werte:**
  Die Cash Flows gehen auf Preisbasis des Zeitpunktes $t = 0$ in die Investitionsrechnung ein. Der nominelle Kalkulationszinssatz wird um die Inflationsrate bereinigt (siehe unten) und geht als realer Kalkulationszinsfuß in die Kapitalwertberechnung ein.

In diesem Abschnitt werden daher folgende neue Symbole benötigt

C_t^{nom}	... Erwarteter nomineller laufender Cash Flow zum Zeitpunkt t
C_t^{real}	... Erwarteter realer laufender Cash Flow zum Zeitpunkt t
p^{nom}	... Nominelle Rendite p.a. aus den erwarteten nominellen Cash Flows
p^{real}	... Reale Rendite p.a. aus den erwarteten realen Cash Flows
π	... Inflationsrate p.a.
R_T^{nom}	... Erwarteter nomineller Restwert zu T
R_T^{real}	... Erwarteter realer Restwert zu T

Beispiel 4.1:

Für ein einjähriges Investitionsprojekt mit Anschaffungsauszahlungen in der Höhe von 1.000,– wird eine nominelle Rückzahlung von 1.100,– unterstellt. Die jährliche Inflationsrate beträgt 4 % p.a.

Bestimmen Sie

(a) die nominelle Rendite

(b) die reale Rückzahlung

(c) die reale Rendite.

Lösung:

$$A_0 = 1.000,-$$
$$C_1^{nom} = 1.100,-$$
$$\pi = 4 \text{ \% p.a.}$$

(a) Nominelle Rendite:

$$p^{nom} = \frac{C_1^{nom} - A_0}{A_0}$$
$$= \frac{1.100 - 1.000}{1.000}$$
$$= 10 \text{ \% p.a.}$$

(b) Reale Rückzahlung:

Die Kaufkraft der nominellen Zahlungen zu $t = 1$ in der Höhe von 1.100,– beträgt auf Preisbasis von $t = 0$:

$$C_1^{\text{real}} \quad = \quad \frac{C_1^{\text{nom}}}{1+\pi}$$
$$= \quad \frac{1.100}{1+0,04}$$
$$= \quad 1.057,6923$$

(c) Reale Rendite:

$$p^{\text{real}} \quad = \quad \frac{C_1^{\text{real}} - A_0}{A_0}$$
$$= \quad \frac{1057,6923 - 1000}{1000}$$
$$= \quad 5,76923 \ \% \ p.a.$$

Zusammenhang zwischen realen und nominellen Renditen:

Zwischen den realen und nominellen Verzinsungen besteht definitionsgemäß folgende Beziehung:

$$p^{\text{real}} = \frac{1+p^{\text{nom}}}{1+\pi} - 1$$

bzw.

$$p^{\text{nom}} = (1+p^{\text{real}}) \cdot (1+\pi) - 1.$$

Berücksichtigt man, daß das Produkt aus realer Rendite und Inflationsrate zumeist sehr klein ist

$$p^{\text{real}} \cdot \pi \approx 0,$$

so erhält man

$$p^{\text{nom}} \approx p^{\text{real}} + \pi$$

bzw.

$$p^{\text{real}} \approx p^{\text{nom}} - \pi.$$

Zusammenhang zwischen realen und nominellen Kalkulationszinsfüßen nach und vor Steuern:

Der oben dargestellte Zusammenhang zwischen realen und nominellen Kalkulationszinsfüßen gilt sowohl vor Steuern als auch nach Steuern:

$$k^{\text{real,nachSt}} \quad = \quad \frac{1+k^{\text{nom,nachSt}}}{1+\pi} - 1,$$
$$k^{\text{real,vorSt}} \quad = \quad \frac{1+k^{\text{nom,vorSt}}}{1+\pi} - 1.$$

Zwischen der realen Verzinsung vor Steuern und der realen Verzinsung nach Steuern kann folgende approximative Beziehung hergeleitet werden[16]:

$$k^{\text{real,vorSt}} \quad \approx \quad \frac{k^{\text{real,nachSt}}}{1-s} + \frac{s \cdot \pi}{(1-s) \cdot (1+\pi)}.$$

---

[16] Zwischen der nominellen Verzinsung vor Steuern und der nominellen Verzinsung nach Steuern gilt der in 4.3.2 dargestellte approximative Zusammenhang

$$k^{\text{nom,vorSt}} \approx \frac{k^{\text{nom,nachSt}}}{1-s}.$$

Der Zusammenhang ist bei den realen Renditen deshalb komplizierter, da die Steuerbemessungsgrundlage stets von den nominellen Größen berechnet wird.

Für die Beurteilung eines Investitionsprojekts können nun die Zahlungen entweder in ihrer erwarteten nominellen Höhe oder in ihrer erwarteten realen Höhe herangezogen werden. Verwendet man

- **erwartete nominelle Cash Flows,**
  so sind sämtliche erwarteten Änderungen bei den Verkaufspreisen der Produkte und bei den Einkaufspreisen für die Roh-, Hilfs- und Betriebsstoffe und bei den Auszahlungen für das Personal usw. zu berücksichtigen. Diese erwarteten nominellen Zahlungen sind mit einem <u>nominellen</u> Kalkulationszinsfuß zu diskontieren.

- **erwartete reale Cash Flows,**
  so werden die erwarteten Änderungen bei den Produkt- und Faktorpreisen ignoriert, und alle Zahlungen gehen auf Preisbasis zu $t = 0$ in die Investitionsbeurteilung ein. Diese erwarteten realen Zahlungen sind mit einem <u>realen</u> Kalkulationszinsfuß zu diskontieren. Wie in Unterabschnitt 4.4.2 gezeigt wird, kann die Investitionsbeurteilung mit realen Werten <u>nur unter einschränkenden Annahmen</u> durchgeführt werden.

Eine Zusammenfassung aller zu verwendenden Zahlungen und Kalkulationszinsfüße ist in Tab. 4.2 dargestellt.

Von den Kalkulationszinsfüßen kann die nominelle Effektivverzinsung für das Fremdkapital vor Steuern i analytisch (vgl. Unterabschnitt 3.2.2.1) und die nominelle Alternativrendite für das Eigenkapital nach Steuern $k_E^{\text{nom,nachSt}}$ empirisch (vgl. Fischer (1996)) ermittelt werden. Aus diesen beiden Kapitalkostensätzen können sodann alle anderen Kalkulationszinsfüße folgendermaßen berechnet werden:

- **Kapitalkostensätze für das Gesamtkapital:**

$$k_G^{\text{nom,nachSt}} = (1 - v_0) \cdot k_E^{\text{nom,nachSt}} + v_0 \cdot (1 - s) \cdot i^{\text{nom,vorSt}},$$

$$k_G^{\text{nom,vorSt}} \approx \frac{k_G^{\text{nom,nachSt}}}{1 - s},$$

$$k_G^{\text{real,nachSt}} = \frac{1 + k_G^{\text{nom,nachSt}}}{1 + \pi} - 1$$

und

$$k_G^{\text{real,vorSt}} = \frac{1 + k_G^{\text{nom,vorSt}}}{1 + \pi} - 1.$$

- **Kapitalkostensätze für das Eigenkapital:**

$$k_E^{\text{nom,vorSt}} \approx \frac{k_E^{\text{nom,nachSt}}}{1 - s},$$

$$k_E^{\text{real,nachSt}} = \frac{1 + k_E^{\text{nom,nachSt}}}{1 + \pi} - 1$$

und

$$k_E^{\text{real,vorSt}} = \frac{1 + k_E^{\text{nom,vorSt}}}{1 + \pi} - 1.$$

Werte	nominell			
Steuern	explizit		implizit	
Methode	Brutto	Netto	Brutto	Netto
Zahlungen zu $t=0$	$-A_0$	$-A_0+Y_0$	$-A_0$	$-A_0+Y_0$
laufende Cash Flows	OCF_t^{nom}	$NCF_t^{\text{nom}}-Y_t$	C_t^{nom}	$C_t^{\text{nom}}-Z_t-Y_t$
Restwert	$R_T^{\text{nom}}-s\cdot\left(R_T^{\text{nom}}-BW_T\right)$	$R_T^{\text{nom}}-s\cdot\left(R_T^{\text{nom}}-BW_T\right)$	R_T^{nom}	R_T^{nom}
Kalkulationszinsfuß	$k_G^{\text{nom,nachSt}}$	$k_E^{\text{nom,nachSt}}$	$k_G^{\text{nom,vorSt}}$	$k_E^{\text{nom,vorSt}}$

$$\text{mit } OCF_t^{\text{nom}} = C_t^{\text{nom}} - s\cdot\left(C_t^{\text{nom}} - AfA_t\right)$$
$$\text{und } NCF_t^{\text{nom}} = C_t^{\text{nom}} - Z_t - s\cdot\left(C_t^{\text{nom}} - AfA_t - Z_t\right).$$

Werte	real			
Steuern	explizit		implizit	
Methode	Brutto	Netto	Brutto	Netto
Zahlungen zu $t=0$	$-A_0$	—	$-A_0$	—
laufende Cash Flows	OCF_t^{real}	—	C_t^{real}	—
Restwert	$R_T^{\text{real}}-s\cdot\left(R_T^{\text{real}}-\frac{BW_T}{(1+\pi)^T}\right)$	—	R_T^{real}	—
Kalkulationszinsfuß	$k_G^{\text{real,nachSt}}$	—	$k_G^{\text{real,vorSt}}$	—

$$\text{mit } OCF_t^{\text{real}} = C_t^{\text{real}} - s\cdot\left(C_t^{\text{nom}} - \frac{AfA_t}{(1+\pi)^t}\right).$$

Tab. 4.2: Zahlungen und Kalkulationszinsfüße

4.4.1 Varianten mit nominellen Werten

Diese Varianten sind im bisherigen Verlauf dieses Kapitels immer stillschweigend unterstellt worden, und sie treten in der Brutto– bzw. Nettomethode mit impliziter oder expliziter Berücksichtigung der Steuern auf.

4.4.1.1 Bruttomethoden

Im einfachsten Fall der Bruttomethode mit <u>impliziter</u> Berücksichtigung der Steuern werden die <u>nominellen</u> Zahlungen an beide Kapitalgebergruppen vor Abzug der Steuern mit dem <u>nominellen</u> gewichteten durchschnittlichen Kapitalkostensatz vor Steuern diskontiert:

$$K_0 \;=\; -A_0 + \sum_{t=1}^{T} \frac{C_t^{\text{nom}}}{\left(1 + k_G^{\text{nom,vorSt}}\right)^t} + \frac{R_T^{\text{nom}}}{\left(1 + k_G^{\text{nom,vorSt}}\right)^T}$$

mit

$$k_G^{\text{nom,vorSt}} \approx \frac{k_G^{\text{nom,nachSt}}}{1 - s}.$$

Für die Bruttomethode mit <u>expliziter</u> Berücksichtigung der Steuern werden die <u>nominellen</u> Operating Cash Flows mit dem <u>nominellen</u> gewichteten durchschnittlichen Kapitalkostensatz nach Steuern diskontiert:

$$K_0 = -A_0 + \sum_{t=1}^{T} \frac{OCF_t^{\text{nom}}}{\left(1 + k_G^{\text{nom,nachSt}}\right)^t} + \frac{R_T^{\text{nom}} - s \cdot \left(R_T^{\text{nom}} - BW_T\right)}{\left(1 + k_G^{\text{nom,nachSt}}\right)^T}$$

mit

$$k_G^{\text{nom,nachSt}} \;=\; (1 - v_0) \cdot k_E^{\text{nom,nachSt}} + v_0 \cdot (1 - s) \cdot i^{\text{vorSt}}$$

und

$$\begin{aligned} OCF_t^{\text{nom}} &= C_t^{\text{nom}} - St_t^{\text{nom}} \\ &= C_t^{\text{nom}} - s \cdot \left(C_t^{\text{nom}} - AfA_t\right). \end{aligned}$$

4.4.1.2 Nettomethoden

Für die Nettomethode mit <u>impliziter</u> Berücksichtigung der Steuern werden die <u>nominellen</u> Zahlungen von den bzw. an die Anteilseigner vor Abzug der Steuern mit dem <u>nominellen</u> Kapitalkostensatz der Anteilseigner vor Steuern diskontiert:

$$K_0 = -A_0 + Y_0 + \sum_{t=1}^{T} \frac{C_t^{\text{nom}} - Z_t - Y_t}{\left(1 + k_E^{\text{nom,vorSt}}\right)^t} + \frac{R_T^{\text{nom}}}{\left(1 + k_E^{\text{nom,vorSt}}\right)^T}$$

mit

$$k_E^{\text{nom,vorSt}} \approx \frac{k_E^{\text{nom,nachSt}}}{1 - s}.$$

Für die Nettomethode mit <u>expliziter</u> Berücksichtigung der Steuern werden die <u>nominellen</u> Zahlungen von den bzw. an die Anteilseigner nach Abzug der Steuern mit dem nominellen Kapitalkostensatz der Anteilseigner nach Steuern diskontiert:

$$K_0 = -A_0 + Y_0 + \sum_{t=1}^{T} \frac{NCF_t^{\text{nom}} - Y_t}{\left(1 + k_E^{\text{nom,nachSt}}\right)^t} + \frac{R_T^{nom} - s \cdot (R_T^{nom} - BW_T)}{\left(1 + k_E^{\text{nom,nachSt}}\right)^T}$$

mit

$$NCF_t^{\text{nom}} = C_t^{\text{nom}} - Z_t - s \cdot (C_t^{\text{nom}} - Z_t' - AfA_t).$$

4.4.2 Varianten mit realen Werten

Diese Variante wird eigentlich nur für die <u>Bruttomethode</u>, und dann meistens nur bei <u>impliziter</u> Berücksichtigung der Steuern, herangezogen:

$$K_0 = -A_0 + \sum_{t=1}^{T} \frac{C_t^{\text{real}}}{\left(1 + k_G^{\text{real,vorSt}}\right)^t} + \frac{R_T^{\text{real}}}{\left(1 + k_G^{\text{real,vorSt}}\right)^T}$$

mit

$$k_G^{\text{real,vorSt}} = \frac{1 + k_G^{\text{nom,vorSt}}}{1 + \pi} - 1.$$

Die Variante mit realen Werten ist nur dann zulässig, wenn für die Bruttomethode mit impliziter Berücksichtigung der Steuern folgende Voraussetzungen gelten:

$$C_t^{\text{nom}} = C_t^{\text{real}}(1 + \pi)^t$$
$$R_T^{\text{nom}} = R_T^{\text{real}}(1 + \pi)^T.$$

Die erste Voraussetzung ist erfüllt, wenn unterstellt wird, daß die Verkaufs- und Faktorpreise jährlich mit der konstanten Inflationsrate steigen. Bei Planung dieser Preise auf Preisbasis zu $t = 0$ bzw. auf der Basis der Preise (zu Ende) der ersten Periode erhält man daher die nominellen Größen für die Periode t aus

$$p_t^{\text{nom}} = p_0 \cdot (1 + \pi)^t = p_1^{\text{nom}} \cdot (1 + \pi)^{t-1}$$
$$c_{v,t}^{\text{nom}} = c_{v,0} \cdot (1 + \pi)^t = c_{v,1}^{\text{nom}} \cdot (1 + \pi)^{t-1}$$
$$C_{f,t}^{\text{nom}} = C_{f,0} \cdot (1 + \pi)^t = C_{f,1}^{\text{nom}}(1 + \pi)^{t-1}.$$

Die zweite Voraussetzung ist erfüllt, wenn der nominelle Restwert einer T Jahre alten Anlage jährlich um π steigt

$$R_T^{\text{nom}} = R_T^{\text{real}} \cdot (1 + \pi)^T.$$

Beweis:

Ausgangspunkt bildet der Kapitalwert nach der Bruttomethode bei impliziter Berücksichtigung der Steuern mit nominellen Werten:

$$K_0 = -A_0 + \sum_{t=1}^{T} \frac{C_t^{\text{nom}}}{\left(1 + k_G^{\text{nom,vorSt}}\right)^t} + \frac{R_T^{\text{nom}}}{\left(1 + k_G^{\text{nom,vorSt}}\right)^T}.$$

Einsetzen der Voraussetzungen ergibt:

$$K_0 = -A_0 + \sum_{t=1}^{T} \frac{C_t^{\text{real}}(1 + \pi)^t}{\left(1 + k_G^{\text{nom,vorSt}}\right)^t} + \frac{R_T^{\text{real}}(1 + \pi)^T}{\left(1 + k_G^{\text{nom,vorSt}}\right)^T}$$

$$= -A_0 + \sum_{t=1}^{T} \frac{C_t^{\text{real}}}{\left(\frac{1+k_G^{\text{nom,vorSt}}}{1+\pi}\right)^t} + \frac{R_T^{\text{real}}}{\left(\frac{1+k_G^{\text{nom,vorSt}}}{1+\pi}\right)^T}$$

$$= -A_0 + \sum_{t=1}^{T} \frac{C_t^{\text{real}}}{\left(1 + k_G^{\text{real,vorSt}}\right)^t} + \frac{R_T^{\text{real}}}{\left(1 + k_G^{\text{real,vorSt}}\right)^T}.$$

$\square$

Bei expliziter Berücksichtigung der Steuern ist zu beachten, daß die Steuerbemessungsgrundlage von nominellen Erträgen und Aufwendungen zu berechnen ist. Um den realen Operating Cash Flow zu ermitteln, sind aber die realen Steuerzahlungen vom realen Cash Flow vor Zinsen und Steuern zu subtrahieren:

$$K_0 = -A_0 + \sum_{t=1}^{T} \frac{OCF_t^{\text{real}}}{\left(1 + k_G^{\text{real,nachSt}}\right)^t} + \frac{R_T^{\text{real}} - \frac{s \cdot \left(R_T^{\text{nom}} - BW_T\right)}{(1+\pi)^T}}{\left(1 + k_G^{\text{real,nachSt}}\right)^T}$$

mit

$$OCF_t^{\text{real}} = C_t^{\text{real}} - St_t^{\text{real}}.$$

Unter den angeführten Zulässigkeitsbedingungen für die Varianten mit realen Werten betragen die realen Steuerzahlungen

$$\begin{aligned} St_t^{\text{real}} &= \frac{St_t^{\text{nom}}}{(1+\pi)^t} \\ &= \frac{s \cdot (C_t^{\text{nom}} - AfA_t)}{(1+\pi)^t} \\ &= \frac{s \cdot \left[C_t^{\text{real}} \cdot (1+\pi)^t - AfA_t\right]}{(1+\pi)^t} \\ &= s \cdot \left[C_t^{\text{real}} - \frac{AfA_t}{(1+\pi)^t}\right]. \end{aligned}$$

Analog erhält man den realen Restwert nach Steuern

$$R_T^{\text{real}} - \frac{s \cdot \left(R_T^{\text{nom}} - BW_T\right)}{(1+\pi)^T} = R_T^{\text{real}} - s \cdot \left[R_T^{\text{real}} - \frac{BW_T}{(1+\pi)^T}\right].$$

Der Kapitalwert mit realen Werten bei der Bruttomethode mit expliziter Berücksichtigung der Steuern lautet daher:

$$K_0 = -A_0 + \sum_{t=1}^{T} \frac{OCF_t^{\text{real}}}{\left(1 + k_G^{\text{real,nachSt}}\right)^t} + \frac{R_T^{\text{real}} - s \cdot \left[R_T^{\text{real}} - \frac{BW_T}{(1+\pi)^T}\right]}{\left(1 + k_G^{\text{real,nachSt}}\right)^T}$$

mit

$$k_G^{\text{real,nachSt}} = \frac{1 + k_G^{\text{nom,nachSt}}}{1 + \pi} - 1$$

und

$$OCF_t^{\text{real}} = C_t^{\text{real}} - s \cdot \left[C_t^{\text{real}} - \frac{AfA_t}{(1+\pi)^t}\right].$$

Lösung von Aufgabe 24:

Mit impliziter Berücksichtigung der Steuern:

- **Nominelle Werte:**

	1	2
Nomineller Verkaufspreis	$250 \cdot 1,05 \; = \; 262,50$	$250 \cdot 1,05^2 \; = \; 275,625$
Nominelle variable Auszahlungen je Stück	$100 \cdot 1,05 \; = \; 105,-$	$100 \cdot 1,05^2 \; = \; 110,25$
Nominelle fixe Auszahlungen	$40.000 \cdot 1,05 \; = \; 42.000,-$	$40.000 \cdot 1,05^2 \; = \; 44.100,-$
Nomineller Restwert		$10.000 \cdot 1,05^2 \; = \; 11.025,-$

Cash Flows:

		1	2
	Laufende Einzahlungen	$500 \cdot 262,50 = 131.250,-$	$900 \cdot 275,625 = 248.062,50$
+	Restwert		$11.025,-$
−	Variable Auszahlungen	$-500 \cdot 105,- \; = \; -52.500,-$	$-900 \cdot 110,25 = -99.225,-$
−	Fixe Auszahlungen	$-42.000,-$	$-44.100,-$
=	Nominelle Cash Flows	$36.750,-$	$115.762,50$

Nomineller Kalkulationszinsfuß vor Steuern:

$$
\begin{aligned}
k_G^{nom,vorSt} &\approx \frac{k_G^{nom,nachSt}}{1-s} \\
&= \frac{(1-v_0) \cdot k_E^{nom,nachSt} + v_0 \cdot (1-s) \cdot i}{1-s} \\
&= \frac{0,4 \cdot 0,066 + 0,6 \cdot 0,6 \cdot 0,06}{0,6} \\
&= 8 \text{ \% p.a.}
\end{aligned}
$$

Kapitalwert:

$$
\begin{aligned}
K_0 &= -100.000 + \frac{36.750}{1,08} + \frac{104.737,50 + 11.025}{1,08^2} \\
&= 33.275,46
\end{aligned}
$$

Nomineller interner Zinsfuß vor Steuern:

$$
0 = -100.000 + \frac{36.750}{1 + p_G^{nom,vorSt}} + \frac{104.737,50 + 11.025}{\left(1 + p_G^{nom,vorSt}\right)^2}
$$

$$
p_G^{nom,vorSt} = 27,53 \text{ \% p.a.}
$$

- **Reale Werte:**

Cash Flows:

		1	2
	Laufende Einzahlungen	$500 \cdot 250,- \; = \; 125.000,-$	$900 \cdot 250,- \; = \; 225.000,-$
+	Restwert		$10.000,-$
−	Variable Auszahlungen	$-500 \cdot 100,- \; = \; -50.000,-$	$-900 \cdot 100,- \; = \; -90.000,-$
−	Fixe Auszahlungen	$-40.000,-$	$-40.000,-$
=	Reale Cash Flows	$35.000,-$	$105.000,-$

Realer Kalkulationszinsfuß vor Steuern:

$$
\begin{aligned}
k_G^{real,vorSt} &= \frac{1,08}{1,05} - 1 \\
&= 2,857 \text{ \% p.a.}
\end{aligned}
$$

Kapitalwert:

$$
\begin{aligned}
K_0 &= -100.000 + \frac{35.000}{1,02857} + \frac{105.000}{1,02857^2} \\
&= 33.275,46
\end{aligned}
$$

Realer interner Zinsfuß vor Steuern:

$$0 = -100.000 + \frac{35.000}{1 + p_G^{\text{real,vorSt}}} + \frac{105.000}{\left(1 + p_G^{\text{real,vorSt}}\right)^2}$$

$$p_G^{\text{real,vorSt}} = 21,45 \ \% \ \text{p.a.}$$

Mit expliziter Berücksichtigung der Steuern:

- **Nominelle Werte:**

Steuern:

		1	2
	Nominelle Cash Flows vor Zinsen und Steuern	36.750,–	104.737,50
+	Restwert		11.025,–
–	AfA_t	–50.000,–	–50.000,–
	Steuerbasis	–13.250,–	65.762,50
	Steuern ($s = 40 \ \%$)	–5.300,–	26.305,–

Nomineller Kalkulationszinsfuß nach Steuern:

$$k_G^{\text{nom,nachSt}} \approx (1 - 0,4) \cdot 0,08$$
$$= 4,8 \ \% \ \text{p.a.}$$

Kapitalwert:

$$K_0 = -100.000 + \frac{36.750 + 5.300}{1,048} + \frac{115.762,50 - 26.305}{1,048^2}$$
$$= 21.574,63$$

Nomineller interner Zinsfuß nach Steuern:

$$0 = -100.000 + \frac{36.750 + 5.300}{1 + p_G^{\text{nom,nachSt}}} + \frac{115.762,50 - 26.305}{\left(1 + p_G^{\text{nom,nachSt}}\right)^2}$$

$$p_G^{\text{nom,nachSt}} = 17,92 \ \% \ \text{p.a.}$$

- **Reale Werte:**

Reale Steuern:

		1	2
	Reale Cash Flows vor Zinsen und Steuern	35.000,–	95.000,–
+	Realer Restwert		10.000,–
–	Reale $AfA_t \left(\frac{AfA_t}{(1+\pi)^t}\right)$	–47.619,05	–45.351,47
	Reale Steuerbasis	–12.619,05	59.648,53
	Reale Steuern ($s = 40 \ \%$)	–5.047,62	23.859,41

Realer Kalkulationszinsfuß nach Steuern:

$$k_G^{\text{real,nachSt}} = \frac{1 + k_G^{\text{nom,nachSt}}}{1 + \pi} - 1$$
$$= \frac{1,048}{1,05} - 1$$
$$\doteq -0,19 \ \% \ \text{p.a.}$$

Kapitalwert:

$$K_0 = -100.000 + \frac{35.000 + 5.047,62}{0,9981} + \frac{105.000 - 23.859,41}{0,9981^2}$$
$$= 21.574,63$$

Realer interner Zinsfuß nach Steuern:

$$K_0 = -100.000 + \frac{40.047,62}{1 + p_G^{\text{real,nachSt}}} + \frac{81.140,59}{\left(1 + p_G^{\text{real,nachSt}}\right)^2}$$

$$p_G^{\text{real,nachSt}} = 12,30 \ \% \ \text{p.a.}$$

Lösung von Aufgabe 25:

(a) **Einmalige Durchführung:**
Nominelle Cash Flows:

	0	1	2	3
Anschaffungsauszahlungen	−100.000,−			
Cash Flows vor Zinsen und Steuern		51.500,−	40.314,20	29.503,63
Restwert				22.497,28

$$K_0 = -100.000 + \frac{51.500}{1,15} + \frac{40.314,20}{1,15^2} + \frac{29.503,63 + 22.497,28}{1,15^3}$$
$$= 9.457,38$$

(b) **Dreimalige Durchführung:**
Der Kettenkapitalwert beträgt:

$$KK_0^3 = \underbrace{-100.000 + \frac{50.000 \cdot 1,03}{1,15} + \frac{38.000 \cdot 1,03^2}{1,15^2} + \frac{27.000 \cdot 1,03^3 + 20.000 \cdot 1,04^3}{1,15^3}}_{\text{1. Aggregat}}$$

$$+ \underbrace{\left(-\frac{100.000 \cdot 1,04^3}{1,15^3} + \frac{50.000 \cdot 1,03^4}{1,15^4} + \frac{38.000 \cdot 1,03^5}{1,15^5} + \frac{27.000 \cdot 1,03^6 + 20.000 \cdot 1,04^6}{1,15^6} \right)}_{\text{2. Aggregat}}$$

$$+ \underbrace{\left(-\frac{100.000 \cdot 1,04^6}{1,15^6} + \frac{50.000 \cdot 1,03^7}{1,15^7} + \frac{38.000 \cdot 1,03^8}{1,15^8} + \frac{27.000 \cdot 1,03^9 + 20.000 \cdot 1,04^9}{1,15^9} \right)}_{\text{3. Aggregat}}$$

Faßt man die Zahlungen mit gleichen Preisänderungsraten zusammen, so erhält man:

$$KK_0^3 = \underbrace{\left(-100.000 + \frac{20.000 \cdot 1,04^3}{1,15^3} \right) \cdot \left[1 + \left(\frac{1,04}{1,15} \right)^3 + \left(\frac{1,04}{1,15} \right)^6 \right]}_{\text{Barwert der Anschaffungsauszahlungen und Restwerte}} +$$

$$+ \underbrace{\left(\frac{50.000 \cdot 1,03}{1,15} + \frac{38.000 \cdot 1,03^2}{1,15^2} + \frac{27.000 \cdot 1,03^3}{1,15^3} \right) \cdot \left[1 + \left(\frac{1,03}{1,15} \right)^3 + \left(\frac{1,03}{1,15} \right)^6 \right]}_{\text{Barwert der laufenden Cash Flows}}$$

$$= \left(-100.000 + \frac{20.000 \cdot 1,04^3}{1,15^3} \right) \cdot \sum_{t=0}^{2} \left[\left(\frac{1,04}{1,15} \right)^3 \right]^t +$$

$$+ 94.665,05 \cdot \sum_{t=0}^{2} \left[\left(\frac{1,03}{1,15} \right)^3 \right]^t .$$

Unter Verwendung der Ergebnisse für endliche geometrische Reihen erhält man:

$$KK_0^3 = -85.207,67 \cdot \frac{\left(\frac{1,04}{1,15} \right)^{3 \cdot 3} - 1}{\left(\frac{1,04}{1,15} \right)^3 - 1} + 94.665,05 \cdot \frac{\left(\frac{1,03}{1,15} \right)^{3 \cdot 3} - 1}{\left(\frac{1,03}{1,15} \right)^3 - 1}$$

$$= 16.708,69.$$

Alternativ kann der Kettenkapitalwert ermittelt werden aus

$$KK_0^3 = -85.207,67 \cdot \frac{\left(\frac{1,15}{1,04} \right)^{3 \cdot 3} - 1}{\left(\frac{1,15}{1,04} \right)^{3 \cdot 2} \cdot \left[\left(\frac{1,15}{1,04} \right)^3 - 1 \right]} + 94.665,05 \cdot \frac{\left(\frac{1,15}{1,03} \right)^{3 \cdot 3} - 1}{\left(\frac{1,15}{1,03} \right)^{3 \cdot 2} \cdot \left[\left(\frac{1,15}{1,03} \right)^3 - 1 \right]}$$

$$= 16.708,69.$$

(c) Unendliche Reinvestition:

Analog zur Lösung von (b) erhält man

$$KK_0^\infty = \left(-100.000 + \frac{20.000 \cdot 1,04^3}{1,15^3}\right) \cdot \sum_{t=0}^{\infty}\left[\left(\frac{1,04}{1,15}\right)^3\right]^t +$$

$$+ \left(\frac{50.000 \cdot 1,03}{1,15} + \frac{38.000 \cdot 1,03^2}{1,15^2} + \frac{27.000 \cdot 1,03^3}{1,15^3}\right) \cdot \sum_{t=0}^{\infty}\left[\left(\frac{1,03}{1,15}\right)^3\right]^t.$$

Unter Verwendung der Ergebnisse für unendliche geometrische Reihen erhält man

$$KK_0^\infty = -85.207,67 \cdot \frac{1}{1 - \left(\frac{1,04}{1,15}\right)^3} + 94.665,05 \cdot \frac{1}{1 - \left(\frac{1,03}{1,15}\right)^3}$$

$$= 9.031,95.$$

Lösung von Aufgabe 26:

Nominelle Cash Flows:

	1	2	3
Einzahlungen	120.000,–	123.600,–	127.308,–
− Variable Auszahlungen	−50.000,–	−51.500,–	−53.045,–
− Fixe Auszahlungen	−10.000,–	−10.300,–	−10.609,–
Nominelle Cash Flows vor Zinsen und Steuern	60.000,–	61.800,–	63.654,–
Nomineller Restwert			10.927,–

Reale Cash Flows:

	0	1	2	3
Anschaffungsauszahlung	−130.000,–			
Cash Flows vor Zinsen und Steuern		58.252,43	58.252,43	58.252,43
Restwert				10.000,–

(aa) Nominelle Werte mit expliziter Berücksichtigung der Steuern:

Steuern:

	1	2	3
Cash Flows vor Zinsen und Steuern	60.000,–	61.800,–	63.654,–
+ Restwert			10.927,27
− AfA_t	−43.333,33	−43.333,33	−43.333,33
Steuerbasis	16.666,67	18.466,67	31.247,94
Steuern (s = 40 %)	6.666,67	7.386,80	12.499,18

Operating Cash Flows (inklusive Restwert nach Steuern):

	1	2	3
Cash Flows vor Zinsen und Steuern	60.000,–	61.800,–	63.645,–
+ Restwert			10.927,27
− Steuern	−6.666,67	−7.386,67	−12.499,18
	53.333,33	54.413,33	62.082,09

Nomineller gewichteter durchschnittlicher Kapitalkostensatz nach Steuern:[17]

$$k_G^{nom} = (1 - v_0) \cdot k_E + v_0 \cdot (1 - s)i$$
$$= 0,4 \cdot 0,2 + 0,6 \cdot 0,6 \cdot 0,1$$
$$= 11,6 \% \text{ p.a.}$$

---

[17] Von nun an bezeichnen Kalkulationszinsfüße ohne Index Werte nach Steuern. Von dieser Regelung ausgenommen ist die Effektivverzinsung des Fremdkapitals.

Kapitalwert:

$$K_0 = -130.000 + \frac{53.333,33}{1,116} + \frac{54.413,33}{1,116^2} + \frac{62.082,09}{1,116^3}$$
$$= 6.144,87$$

Nomineller gewichteter durchschnittlicher interner Zinsfuß nach Steuern:

$$0 = -130.000 + \frac{53.333,33}{(1+p_G^{\text{nom}})} + \frac{54.413,33}{(1+p_G^{\text{nom}})^2} + \frac{62.082,09}{(1+p_G^{\text{nom}})^3}$$
$$p_G^{\text{nom}} = 14,25 \% \text{ p.a.}$$

(ab) Nominelle Werte mit impliziter Berücksichtigung der Steuern:

Nomineller gewichteter durchschnittlicher Kalkulationszinssatz vor Steuern:

$$k_G^{\text{nom,vorSt}} \approx \frac{k_G^{\text{nom}}}{1-s}$$
$$= \frac{0,116}{0,6}$$
$$= 19,\dot{3} \% \text{ p.a.}$$

Kapitalwert:

$$K_0 = -130.000 + \frac{60.000}{1,19\dot{3}} + \frac{61.800}{1,19\dot{3}^2} + \frac{63.654 + 10.927,27}{1,19\dot{3}^3}$$
$$= 7.564,72$$

Nomineller gewichteter durchschnittlicher interner Zinsfuß vor Steuern:

$$0 = -130.000 + \frac{60.000}{\left(1+p_G^{\text{nom,vorSt}}\right)} + \frac{61.800}{\left(1+p_G^{\text{nom,vorSt}}\right)^2}$$
$$+ \frac{74.581,27}{\left(1+p_G^{\text{nom,vorSt}}\right)^3}$$
$$p_G^{\text{nom,vorSt}} = 22,86 \% \text{ p.a.}$$

(ba) Reale Werte mit expliziter Berücksichtigung der Steuern:

Steuern:

	1	2	3
Cash Flows vor Zinsen und Steuern	58.252,43	58.252,43	58.252,43
+ Restwert			10.000,-
− AfA$_t$	-42.071,20	-40.845,82	-39.656,14
Steuerbasis	16.181,23	17.406,60	28.596,29
Steuern (s = 40 %)	6.472,49	6.962,64	11.438,52

Operating Cash Flows (inklusive Restwert nach Steuern):

	1	2	3
Cash Flows vor Zinsen und Steuern	58.252,43	58.252,43	58.252,43
+ Restwert			10.000,-
− Steuern (s = 40 %)	-6.472,49	-6.962,64	-11.438,52
	51.779,94	51.289,79	56.813,91

Realer gewichteter durchschnittlicher Kalkulationszinssatz nach Steuern:

$$k_G^{\text{real}} = \frac{1 + k_G^{\text{nom}}}{1 + \pi} - 1$$
$$= \frac{1,116}{1,03} - 1$$
$$= 8,35 \% \text{ p.a.}$$

Kapitalwert:

$$K_0 = -130.000 + \frac{51.779,94}{1.0835} + \frac{51.289,79}{1.0835^2} + \frac{56.813,91}{1.0835^3}$$

$$= 6.144,87$$

Realer gewichteter durchschnittlicher interner Zinsfuß nach Steuern:

$$0 = -130.000 + \frac{51.779,94}{\left(1 + p_G^{\text{real}}\right)} + \frac{51.289,79}{\left(1 + p_G^{\text{real}}\right)^2} + \frac{56.813,91}{\left(1 + p_G^{\text{real}}\right)^3}$$

$$p_G^{\text{real}} = 10,92 \text{ \% p.a.}$$

(bb) Reale Werte mit impliziter Berücksichtigung der Steuern:

Realer gewichteter durchschnittlicher Kalkulationszinsfuß:

$$k_G^{\text{real,vorSt}} \approx \frac{k_G^{\text{real}}}{1-s} + \frac{s \cdot \pi}{(1-s) \cdot (1+\pi)}$$

$$= \frac{0,0835}{0,6} + \frac{0,4 \cdot 0,03}{0,6 \cdot 1,03}$$

$$= 15,86 \text{ \% p.a.}$$

oder

$$k_G^{\text{real,vorSt}} = \frac{1 + k_G^{\text{nom,vorSt}}}{1+\pi} - 1$$

$$= \frac{1,19\dot{3}}{1,03} - 1$$

$$= 15,86 \text{ \% p.a.}$$

Kapitalwert:

$$K_0 = -130.000 + \frac{58.252,43}{1,1586} + \frac{58.252,43}{1,1586^2} + \frac{58.252,43 + 10.000}{1,1586^3}$$

$$= 7.564,72$$

Realer gewichteter durchschnittlicher interner Zinsfuß vor Steuern:

$$0 = -130.000 + \frac{58.252,43}{\left(1 + p_G^{\text{real,vorSt}}\right)} + \frac{58.252,43}{\left(1 + p_G^{\text{real,vorSt}}\right)^2} + \frac{68.252,43}{\left(1 + p_G^{\text{real,vorSt}}\right)^3}$$

$$p_G^{\text{real,vorSt}} = 19,28 \text{ \% p.a.}$$

Lösung von Aufgabe 27:

(a) Implizite Berücksichtigung der Steuer:

Kalkulationszinsfuß:

$$k_G^{\text{nom,vorSt}} = (1 - v_0) \cdot \frac{k_E^{\text{nom,nachSt}}}{1-s} + v_0 \cdot i$$

$$= 0,3 \cdot \frac{0,20}{0,60} + 0,7 \cdot 0,10 = 17 \text{ \% p.a.}$$

Der Kettenkapitalwert (vgl. Exkurs 7) besteht aus dem Barwert der nominellen Anschaffungsauszahlungen, der nominellen Cash Flows vor Zinsen und Steuern und der nominellen Restwerte

$$KK_0 = -\sum_{j=0}^{\infty} \frac{A_{j \cdot T}^{\text{nom}}}{\left(1 + k_G^{\text{nom,vorSt}}\right)^{j \cdot T}}$$

$$+ \sum_{t=1}^{\infty} \frac{C_t^{\text{nom}}}{\left(1 + k_G^{\text{nom,vorSt}}\right)^t}$$

$$+ \sum_{j=1}^{\infty} \frac{R_{j \cdot T}^{\text{nom}}}{\left(1 + k_G^{\text{nom,vorSt}}\right)^{j \cdot T}}.$$

Der Barwert der nominellen Cash Flows vor Zinsen und Steuern muß wegen der unterschiedlichen Preisänderungsraten in den Barwert der nominellen Einzahlungen, der nominellen variablen Auszahlungen und der nominellen fixen Auszahlungen aufgespalten werden

$$\sum_{t=1}^{\infty} \frac{C_t^{\text{nom}}}{\left(1 + k_G^{\text{nom,vorSt}}\right)^t} = \sum_{t=1}^{\infty} \frac{p_t^{\text{nom}} \cdot x_t}{\left(1 + k_G^{\text{nom,vorSt}}\right)^t}$$

$$- \sum_{t=1}^{\infty} \frac{c_{v,t}^{\text{nom}} \cdot x_t}{\left(1 + k_G^{\text{nom,vorSt}}\right)^t}$$

$$- \sum_{t=1}^{\infty} \frac{C_{f,t}^{\text{nom}}}{\left(1 + k_G^{\text{nom,vorSt}}\right)^t},$$

wobei

$$p_t^{\text{nom}} \cdot x_t = \begin{cases} 120 \cdot 600 & \text{für } t = 1 \\ 120 \cdot 1,05 \cdot 800 & \text{für } t = 2 \\ 120 \cdot 1,05^{t-1} \cdot 1.000 & \text{sonst,} \end{cases}$$

$$c_{v,t}^{\text{nom}} \cdot x_t = \begin{cases} 60 \cdot 1,03 \cdot 600 & \text{für } t = 1 \\ 60 \cdot 1,03^2 \cdot 800 & \text{für } t = 2 \\ 60 \cdot 1,03^t \cdot 1.000 & \text{sonst,} \end{cases}$$

und

$$C_{f,t}^{\text{nom}} = 10.000 \cdot 1,03^{t-1}.$$

Unter Berücksichtigung der Ergebnisse aus Exkurs 7 und Exkurs 4 erhält man folgende Barwerte:

Barwert der nominellen Einzahlungen:

$$\frac{120 \cdot 600}{1,17} + \frac{120 \cdot 1,05 \cdot 800}{1,17^2} + \frac{\frac{120 \cdot 1,05^2 \cdot 1.000}{0,17-0,05}}{1,17^2}$$
$$= 940.565,42$$

Barwert der nominellen variablen Auszahlungen:

$$-\frac{60 \cdot 1,03 \cdot 600}{1,17} - \frac{60 \cdot 1,03^2 \cdot 800}{1,17^2} - \frac{\frac{60 \cdot 1,03^3 \cdot 1.000}{0,17-0,03}}{1,17^2}$$
$$= -411.000,34$$

Barwert der nominellen fixen Auszahlungen:

$$-\frac{10.000}{0,17-0,03}$$
$$= -71.428,57$$

Barwert der nominellen Cash Flows vor Zinsen und Steuern:

$$940.565,42 - 411.000,34 - 71.428,57$$
$$= 458.136,51$$

Barwert der Anschaffungsauszahlungen:

$$-100.000 \cdot \frac{\left(\frac{1,17}{1,04}\right)^4}{\left(\frac{1,17}{1,04}\right)^4 - 1}$$
$$= -266.166,33$$

Kettenkapitalwert:

$$KK_0 = -266.166,33 + 458.136,51$$
$$= 191.970,18$$

(b) Explizite Berücksichtigung der Steuer:

Kalkulationszinsfuß:

$$k_G^{\text{nom,nachSt}} = (1-s) \cdot k_G^{\text{nom,vorSt}}$$
$$= (1-0,4) \cdot 0,17 = 10,2 \% \ p.a.$$

Der Kettenkapitalwert besteht aus dem Barwert der nominellen Anschaffungsauszahlungen, der nominellen Operating Cash Flows und der nominellen Restwerte nach Steuern

$$KK_0 = -\sum_{j=0}^{\infty} \frac{A_{j \cdot T}^{\text{nom}}}{\left(1 + k_G^{\text{nom,nachSt}}\right)^{j \cdot T}}$$
$$+ \sum_{t=1}^{\infty} \frac{OCF_t^{\text{nom}}}{\left(1 + k_G^{\text{nom,nachSt}}\right)^{t}}$$
$$+ \sum_{t=1}^{\infty} \frac{R_{j \cdot T}^{\text{nom}} - s \cdot \left(R_{j \cdot T}^{\text{nom}} - BW_{j \cdot T}\right)}{\left(1 + k_G^{\text{nom,nachSt}}\right)^{j \cdot T}}.$$

Die nominellen Operating Cash Flows betragen

$$OCF_t^{\text{nom}} = (1-s) \cdot C_t^{\text{nom}} + s \cdot AfA_t$$
$$= (1-s) \cdot p_t^{\text{nom}} \cdot x_t - (1-s) \cdot c_{v,t}^{\text{nom}} \cdot x_t - (1-s) \cdot C_{f,t}^{\text{nom}} + s \cdot AfA_t$$

und der entsprechende Barwert kann daher in den Barwert der nominellen Einzahlungen nach Steuern, der nominellen variablen Auszahlungen nach Steuern, der nominellen fixen Auszahlungen nach Steuern und der nominellen Steuerersparnisse aufgrund der AfA unterteilt werden.

Barwert der nominellen Einzahlungen nach Steuern:

$$(1-0,4) \cdot \left[\frac{120 \cdot 600}{1,102} + \frac{120 \cdot 1,05 \cdot 800}{1,102^2} + \frac{\frac{120 \cdot 1,05^2 \cdot 1.000}{0,102-0,05}}{1,102^2} \right]$$
$$= 0,6 \cdot 2.243.384,22 = 1.346.030,53$$

Barwert der nominellen variablen Auszahlungen:

$$(1-0,4) \cdot \left[-\frac{60 \cdot 1,03 \cdot 600}{1,102} - \frac{60 \cdot 1,03^2 \cdot 800}{1,102^2} - \frac{\frac{60 \cdot 1,03^3 \cdot 1.000}{0,102-0,03}}{1,102^2} \right]$$
$$= -0,6 \cdot 825.418,22 = -495.250,93$$

Barwert der nominellen fixen Auszahlungen nach Steuern:

$$(1-0,4) \cdot \frac{-10.000}{0,102-0,03}$$
$$= -0,6 \cdot 138.888,88 = -83.333,33$$

Barwert der nominellen Steuerersparnis durch AfA:
Erste Durchführung:

$$s \cdot \sum_{t=1}^{T} \frac{AfA_t}{(1 + k_G^{\text{nom,nachSt}})^t} = s \cdot \frac{A_0}{T} \cdot RBF_{T, k_G^{\text{nom,nachSt}}}$$
$$= 0,4 \cdot 25.000 \cdot \frac{1,102^4 - 1}{1,102^4 \cdot 0,102}$$
$$= 0,4 \cdot 78.904,76$$
$$= 31.561,90$$

Sämtliche Durchführungen:

$$s \cdot \frac{A_0}{T} \cdot RBF_{T,k_G^{\text{nom,nachSt}}} \cdot \sum_{j=0}^{\infty} \left[\left(\frac{1+\pi}{1+k_G^{\text{nom,nachSt}}} \right)^T \right]^j$$

$$= \quad 31.561,90 \cdot \frac{\left(\frac{1+k_G^{\text{nom,nachSt}}}{1+\pi} \right)^T}{\left(\frac{1+k_G^{\text{nom,nachSt}}}{1+\pi} \right)^T - 1}$$

$$= \quad 31.561,90 \cdot \frac{\left(\frac{1,102}{1,04} \right)^4}{\left(\frac{1,102}{1,04} \right)^4 - 1}$$

$$= \quad 152.653,15$$

Barwert der nominellen Operating Cash Flows:

$$1.346.030,53 - 495.250,93 - 83.333,33 + 152.653,15$$
$$= \quad 920.099,42$$

Barwert der nominellen Anschaffungsauszahlungen:

$$-100.000 \cdot \frac{\left(\frac{1,102}{1,04} \right)^4}{\left(\frac{1,102}{1,04} \right)^4 - 1}$$
$$= \quad -483.662,68$$

Kettenkapitalwert:

$$KK_0 \quad = \quad -483.662,68 + 920.099,42$$
$$= \quad 436.436,73$$

Lösung von Aufgabe 28:

(aa) Produktion über 4 Jahre und implizite Berücksichtigung der Steuer:

Kalkulationszinsfuß:

$$k_G^{\text{nom,vorSt}} \quad = \quad 0,3 \cdot \frac{0,20}{0,60} + 0,7 \cdot 0,10 \quad = \quad 17 \% \text{ p.a.}$$

$$k_G^{\text{real,vorSt}} \quad = \quad \frac{1,17}{1,05} - 1 \quad = \quad 11,43 \% \text{ p.a.}$$

Cash Flows vor Zinsen und Steuern:

	1	2	3	4
Reale laufende Einzahlungen	68.571,43	91428,57	114.285,71	114.285,71
− Reale variable Auszahlungen	-36.000,–	-48.000,–	-60.000,–	-60.000,–
− Reale fixe Auszahlungen	-9.523,81	-9.523,81	-9.523,81	-9.523,81
Reale Cash Flows	23.047,62	33.904,76	44.761,90	44.761,90

Kapitalwert:

$$K_0 \quad = \quad -100.000 + \frac{23.047,62}{1,1143} + \frac{33.904,76}{1,1143^2} + \frac{44.761,90}{1,1143^3} + \frac{44.761,90}{1,1143^4}$$
$$= \quad 9.378,71$$

(ab) Produktion über 4 Jahre und explizite Berücksichtigung der Steuer:

Kalkulationszinsfuß:

$$k_G^{\text{nom,nachSt}} \quad = \quad 0,3 \cdot 0,20 + 0,7 \cdot 0,10 \cdot 0,6 \quad = \quad 10,2 \% \text{ p.a.}$$

$$k_G^{\text{real,nachSt}} \quad = \quad \frac{1,102}{1,05} - 1 \quad = \quad 4,95 \% \text{ p.a.}$$

Steuer:

	1	2	3	4
Reale Cash Flows	23.047,62	33.904,76	44.761,90	44.761,90
− Reale AfA	−23.809,52	−22.675,74	−21.595,94	−20.567,56
= Reale Basis	−761,90	11.229,02	23.165,96	24.194,34
Reale Steuer	−304,76	4.491,61	9.266,39	9.677,74

Operating Cash Flows:

	1	2	3	4
Reale Cash Flows	23.047,62	33.904,76	44.761,90	44.761,90
− Reale Steuer	−304,76	4.491,61	9.266,39	9.677,74
= OCF^{real}	23.352,38	29.413,15	35.495,52	35.084,17

Kapitalwert:

$$
\begin{aligned}
K_0 &= -100.000 + \frac{23.352,38}{1,0495} + \frac{29.413,15}{1,0495^2} + \frac{35.495,52}{1,0495^3} + \frac{35.084,17}{1,0495^4} \\
&= 8.573,64
\end{aligned}
$$

(ba) Unendliche Produktion und implizite Berücksichtigung der Steuer:

Der Kettenkapitalwert besteht aus dem Barwert der realen Anschaffungsauszahlungen, der realen Cash Flows vor Zinsen und Steuern und der realen Restwerte

$$
\begin{aligned}
KK_0 &= -\sum_{j=0}^{\infty} \frac{A_{j \cdot T}^{\text{real}}}{\left(1 + k_G^{\text{real,vorSt}}\right)^{j \cdot T}} \\
&+ \sum_{t=1}^{\infty} \frac{C_t^{\text{real}}}{\left(1 + k_G^{\text{real,vorSt}}\right)^{t}} \\
&+ \sum_{j=1}^{\infty} \frac{R_{j \cdot T}^{\text{real}}}{\left(1 + k_G^{\text{real,vorSt}}\right)^{j \cdot T}} .
\end{aligned}
$$

Reale Cash Flows vor Zinsen und Steuern:

	1	2	ab $t = 3$
Reale Einzahlungen	68.571,43	91.428,57	114.285,71
− Reale variable Auszahlungen	−36.000,−	−48.000,−	−60.000,−
− Reale fixe Auszahlungen	−9.523,81	−9.523,81	−9.523,81
= Reale Cash Flows	23.047,62	33.904,76	44.761,90

Barwert der realen Cash Flows vor Zinsen und Steuern:

$$
\begin{aligned}
& \frac{23.047,62}{1,1143} + \frac{33.904,76}{1,1143^2} + \frac{\frac{44.761,90}{0,1143}}{1,1143^2} \\
&= 363.435,21
\end{aligned}
$$

Barwert der realen Anschaffungsauszahlungen vor Steuern:

$$
\begin{aligned}
& -100.000 \cdot \frac{1,1143^4}{1,1143^4 - 1} \\
&= -284.620,50
\end{aligned}
$$

Kettenkapitalwert:

$$
\begin{aligned}
KK_0 &= -284.620,50 + 363.435,21 \\
&= 78.814,82
\end{aligned}
$$

(bb) Unendliche Produktion und explizite Berücksichtigung der Steuer:

Der Kettenkapitalwert besteht aus dem Barwert der realen Anschaffungsauszahlungen, der realen Operating Cash Flows und der realen Restwerte nach Steuern

$$
\begin{aligned}
KK_0 \;=\; & -\sum_{j=0}^{\infty} \frac{A_{j\cdot T}^{\mathrm{real}}}{\left(1 + k_G^{\mathrm{real,nachSt}}\right)^{j\cdot T}} \\
& + \sum_{t=1}^{\infty} \frac{OCF_t^{\mathrm{real}}}{\left(1 + k_G^{\mathrm{real,nachSt}}\right)^{t}} \\
& + \sum_{t=1}^{\infty} \frac{R_{j\cdot T}^{\mathrm{real}} - s \cdot \left(R_{j\cdot T}^{\mathrm{real}} - \frac{BW_{j\cdot T}}{(1+\pi)^{j\cdot T}}\right)}{\left(1 + k_G^{\mathrm{real,nachSt}}\right)^{j\cdot T}}.
\end{aligned}
$$

Barwert der realen Cash Flows nach Steuern:

$$
\begin{aligned}
& (1 - 0,4) \cdot \left[\frac{23.047,62}{1,0495} + \frac{33.904,76}{1,0495^2} + \frac{\frac{44.761,90}{0,0495}}{1,0495^2}\right] \\
& = \; 523.979,83
\end{aligned}
$$

Barwert der realen Steuerersparnis durch AfA:
  Erste Durchführung:

$$
\begin{aligned}
s \cdot \sum_{t=1}^{T} \frac{\frac{AfA_t}{(1+\pi)^t}}{\left(1 + k_G^{\mathrm{real,nachSt}}\right)^t} \;=\;& s \cdot \frac{A_0}{T} \cdot RBF_{T,k_G^{\mathrm{real,nachSt}}} \\
=\;& 0,4 \cdot 25.000 \cdot \frac{1,102^4 - 1}{1,102^4 \cdot 0,102} \\
=\;& 0,4 \cdot 78.904,76 \;=\; 31.561,90
\end{aligned}
$$

  Sämtliche Durchführungen:

$$
\begin{aligned}
s \cdot \frac{A_0}{T} \cdot RBF_{T,k_G^{\mathrm{real,nachSt}}} \cdot \sum_{j=0}^{\infty} \left[\left(1 + k_G^{\mathrm{real,nachSt}}\right)^T\right]^j \;=\;& 31.561,90 \cdot \frac{\left(1 + k_G^{\mathrm{real,nachSt}}\right)^T}{\left(1 + k_G^{\mathrm{real,nachSt}}\right)^T - 1} \\
=\;& 31.561,90 \cdot \frac{1,0495^4}{1,0495^4 - 1} \\
=\;& 179.529,74
\end{aligned}
$$

Barwert der realen Operating Cash Flows:

$$
\begin{aligned}
& 523.979,83 + 179.529,74 \\
= \; & 703.509,37
\end{aligned}
$$

Barwert der realen Anschaffungsauszahlungen nach Steuer:

$$
\begin{aligned}
& -100.000 \cdot \frac{1,0495^4}{1,0495^4 - 1} \\
= \; & -568.817,21
\end{aligned}
$$

Kettenkapitalwert:

$$
\begin{aligned}
K_0 \;=\;& -568.817,21 + 703.509,37 \\
=\;& 134.692,17
\end{aligned}
$$

Exkurs 10: Rückblick auf die statischen Verfahren

Die Ausführungen in diesem Kapitel haben gezeigt, wie bei den dynamischen Verfahren

> Unsicherheit,
>
> Fremdfinanzierung,
>
> Steuern

und

> Preisänderungen

berücksichtigt werden können. Alle angeführten Varianten

- Erwartungswerte bzw. Sicherheitsäquivalente,
- Zahlungen und Kalkulationszinsfüße aus der Sicht der Anteilseigner (Nettomethode) bzw. aus der Sicht beider Kapitalgebergruppen (Bruttomethode),
- Zahlungen und Kalkulationszinsfüße vor bzw. nach Steuern (explizite bzw. implizite Berücksichtigung der Steuern)

sowie

- nominelle bzw. reale Werte

können analog zur Berechnung der statischen Investitionsbeurteilungsmaßstäbe

> durchschnittlicher Gewinn

und

> durchschnittliche Verzinsung

herangezogen werden.

Bezugnehmend auf die in Unterabschnitt 2.2.1 behandelten Maßstäbe

$$Ann_{\text{proxy}} = \frac{1}{T} \sum_{t=1}^{T} C_t - \frac{A_0 - R_T}{T} - k \cdot \frac{A_0 + R_T + \frac{A_0 - R_T}{T}}{2}$$

und

$$p_{\text{proxy}} = \frac{\frac{1}{T} \sum_{t=1}^{T} C_t - \frac{A_0 - R_T}{T}}{\frac{1}{2} \cdot \left(A_0 + R_T + \frac{A_0 - R_T}{T} \right)}$$

kann nun festgestellt werden, daß diese in der Bruttomethode mit impliziter Berücksichtigung der Steuern dargestellt worden sind, da dort die Cash Flows vor Zinsen und Steuern und der Kapitaleinsatz bzw. die Abschreibung des Kapitals beider Kapitalgebergruppen verwendet werden. Der benötigte Kalkulationszinsfuß ist somit der gewichtete durchschnittliche Kapitalkostensatz vor Steuern k_G^{vorSt}. Die berechneten Werte sind daher als

> durchschnittlicher Gewinn für das Gesamtkapital vor Steuern

bzw.

durchschnittliche Verzinsung des Gesamtkapitals vor Steuern

zu interpretieren. Weiters ist noch zu unterscheiden, ob es sich um nominelle oder reale Werte bzw. um erwartete Zahlungen oder um deren Sicherheitsäquivalente handelt.

Die Berechnung des durchschnittlichen Gewinns für das Gesamtkapital nach Steuern sowie für das Eigenkapital vor und nach Steuern ist zwar möglich, aber relativ kompliziert. Sie wird daher sowohl in der Literatur als auch in der Praxis selten durchgeführt. Das gleiche gilt für die entsprechenden durchschnittlichen Verzinsungen.

4.5 Berücksichtigung von Unsicherheit II: Sensitivitätsanalyse

Die Darstellung erfolgt ex ante für die Bruttomethode mit expliziter Berücksichtigung der Steuern bei nominellen Werten. Es wird vereinfachend angenommen, daß die Nutzungsdauer fest vorgegeben ist und somit nicht von den variierenden Parametern verändert werden kann. Außerdem wird unterstellt, daß keine Nachfolgeaggregate geplant sind.

4.5.1 Einzelentscheidung

Gesucht sind jene kritischen Werte, bei denen der Kapitalwert

$$K_0 = -A_0 + \sum_{t=1}^{T} \frac{C_t - s(C_t - AfA_t)}{(1+k_G)^t} + \frac{R_T - s(R_T - BW_T)}{(1+k_G)^T}$$

null ist.

Setzt man nun

$$C_t = p \cdot x - UEB - C_{ft} - c_v \cdot x$$

mit

p ... konstanter Verkaufspreis,
x ... konstante Menge,
UEB ... entgehende Einzahlungsüberschüsse aufgrund von Umsatzeinbußen (vor Zinsen und Steuern),
C_{ft} ... fixe Auszahlungen in der Periode t,
und
c_v ... variable Auszahlungen je Stück,

so erhält man folgenden Kapitalwert:[18]

$$K_0 = -A_0 + (1-s)RBF_{T,k_G} \cdot (p \cdot x - UEB - c_v \cdot x)$$
$$-(1-s)\sum_{t=1}^{T} \frac{C_{ft}}{(1+k_G)^t} + s\sum_{t=1}^{T} \frac{AfA_t}{(1+k_G)^t} + \frac{R_T - s(R_T - BW_T)}{(1+k_G)^T}.$$

---

[18] Es wird hierbei vereinfachend angenommen, daß p, UEB, c_v und x unabhängig von der Zeit sind und daß darüberhinaus UEB auch unabhängig von x ist.

Diese Gleichung gleich null gesetzt kann man nun nach den einzelnen kritischen Parameterwerten auflösen, und man erhält dann jeweils jenen kritischen Parameterwert, ab dem bzw. bis zu dem eine Realisation des Investitionsprojekts sinnvoll ist.

Lösung von Aufgabe 29 (a):

- **Produktions– und Absatzmenge (vgl. Abb. 4.1):**

$$K_0(x) = -A_0 + (1-s)RBF_{T,k_G} \cdot (p \cdot x - UEB - c_v \cdot x)$$

$$-(1-s)\sum_{t=1}^{T} \frac{C_{ft}}{(1+k_G)^t} + s\sum_{t=1}^{T} \frac{AfA_t}{(1+k_G)^t} + \frac{R_T - s(R_T - BW_T)}{(1+k_G)^T}$$

$$\overset{!}{=} 0$$

$$x_{BE} = \frac{1}{(1-s)RBF_{T,k_G}(p-c_v)} \cdot \left\{ A_0 + (1-s)\left[UEB \cdot RBF_{T,k_G} + \sum_{t=1}^{T} \frac{C_{ft}}{(1+k_G)^t} \right] \right.$$

$$\left. -s\sum_{t=1}^{T} \frac{AfA_t}{(1+k_G)^t} - \frac{R_T - s(R_T - BW_T)}{(1+k_G)^T} \right\}$$

$$= \frac{1}{p-c_v} \cdot \left\{ \frac{AF_{T,k_G}}{1-s} \cdot \left[A_0 - s \cdot \sum_{t=1}^{T} \frac{AfA_t}{(1+k_G)^t} - \frac{R_T - s(R_T - BW_T)}{(1+k_G)^T} \right] \right.$$

$$\left. + UEB + AF_{T,k_G} \cdot \sum_{t=1}^{T} \frac{C_{ft}}{(1+k_G)^t} \right\}$$

Diese Menge kann auch als <u>exakte Break–Even–Menge</u>[19] interpretiert werden, da der Kapitalwert von null mit einer Annuität von null korrespondiert. Sie ergibt sich aus den finanzmathematischen durchschnittlichen Kosten (Kapitaldienst, entgehende Einzahlungsüberschüsse und fixe Auszahlungen), dividiert durch den variablen Einzahlungsüberschuß (= Deckungsbeitrag) je Stück. Man erhält

$$x_{BE} = \frac{1}{14-6} \cdot \left\{ \frac{\frac{0,0808 \cdot 1,0808^3}{1,0808^3 - 1}}{1-0,4} \left[100.000 - 0,4 \cdot \sum_{t=1}^{3} \frac{AfA_t}{1,0808^t} \right.\right.$$

$$\left.\left. -\frac{20.000 - 0,4(20.000 - 0)}{1,0808^3} \right] + UEB + \frac{0,0808 \cdot 1,0808^3}{1,0808^3 - 1} \cdot \sum_{t=1}^{3} \frac{C_{ft}}{1,0808^t} \right\}$$

$$= 9.682,33.$$

- **Verkaufspreis (vgl. Abb. 4.2):**

$$p = \frac{1}{(1-s)RBF_{T,k_G} \cdot x} \cdot \left\{ A_0 + (1-s)RBF_{T,k_G} \left[UEB + c_v \cdot x + (1-s)\sum_{t=1}^{T} \frac{C_{ft}}{(1+k_G)^t} \right] \right.$$

$$\left. -s\sum_{t=1}^{T} \frac{AfA_t}{(1+k_G)^t} - \frac{R_T - s(R_T - BW_T)}{(1+k_G)^T} \right\}.$$

Nach einigen Umformungen erhält man als kritischen Preis, den man als *ex–ante Preisuntergrenze zu geplanten Vollkosten* interpretieren kann,

$$p = c_v + \frac{UEB}{x} + \frac{\frac{AF_{T,k_G}}{1-s} \cdot \left[A_0 - s \cdot \sum_{t=1}^{T} \frac{AfA_t}{(1+k_G)^t} - \frac{R_T - s \cdot (R_T - BW_T)}{(1+k_G)^T} \right]}{x}$$

$$+ \frac{AF_{T,k_G} \cdot \sum_{t=1}^{T} \frac{C_{ft}}{(1+k_G)^t}}{x}.$$

---

[19] Zur approximativen Break–Even–Menge siehe Exkurs 2.

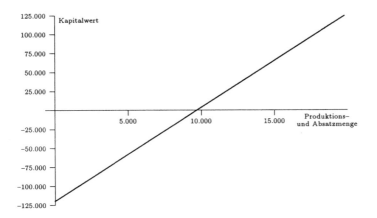

Abb. 4.1: Kapitalwert in Abhängigkeit von der Produktions- und Absatzmenge

Die vier Bestandteile dieser Preisuntergrenze sind daher

variable Auszahlungen je Stück (= variable Stückkosten)

+ *entgehende Einzahlungsüberschüsse je Stück (= Opportunitätserlöse)*

+ *finanzmathematischer durchschnittlicher Kapitaldienst (finanzmathematische durchschnittliche kalkulatorische Abschreibungen und kalkulatorische Zinsen) je Stück*

+ *finanzmathematische durchschnittliche fixe Auszahlungen (= sonstige fixe Kosten) je Stück*

= *ex-ante geplante Preisuntergrenze zu Vollkosten*

Dies ergibt:

− *Variable Stückkosten:*

$$c_v = 6$$

− *Opportunitätserlöse:*

$$\frac{UEB}{x} = 2$$

− *Finanzmathematischer durchschnittlicher Kapitaldienst je Stück:*

Finanzmathematischer durchschnittlicher Kapitaldienst je Stück

$$= \frac{\frac{AF_{T,k_G}}{1-s} \cdot \left[A_0 - s \cdot \sum_{t=1}^{T} \frac{AfA_t}{(1+k_G)^t} - \frac{R_T - s \cdot (R_T - BW_T)}{(1+k_G)^T} \right]}{x}$$

$$= \frac{\frac{0,0808 \cdot 1,0808^3}{1,0808^3 - 1}}{1 - 0,4} \cdot \left[100.000 - 0,4 \cdot \sum_{t=1}^{3} \frac{AfA_t}{1,0808^t} - \frac{20.000 - 0,4 \cdot (20.000 - 0)}{1,0808^3} \right]}{10.000}$$

$$= 3,6387$$

− *Sonstige fixe Kosten je Stück:*

Sonstige fixe Kosten je Stück

$$= \frac{AF_{T,k_G} \cdot \sum_{t=1}^{T} \frac{C_{ft}}{(1+k_G)^t}}{x}$$

$$= \frac{\frac{0,0808 \cdot 1,0808^3}{1,0808^3 - 1} \cdot \sum_{t=1}^{3} \frac{C_{ft}}{(1,0808)^t}}{10.000}$$

$$= 2,1071$$

Man erhält daher als *ex-ante Preisuntergrenze zu geplanten Vollkosten:*

$$p = 6 + 2 + 3,6387 + 2,1071$$
$$= 13,7458.$$

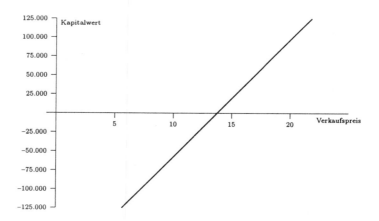

Abb. 4.2: Kapitalwert in Abhängigkeit vom Verkaufspreis

- **Entgehende Einzahlungsüberschüsse aufgrund von Umsatzeinbußen (vgl. Abb. 4.3):**

$$
UEB = \frac{1}{-(1-s)RBF_{T,k_G}} \cdot \left\{ A_0 - (1-s)RBF_{T,k_G} \cdot x(p - c_v) + (1-s)\sum_{t=1}^{T} \frac{C_{ft}}{(1+k_G)^t} \right.
$$
$$
\left. - s\sum_{t=1}^{T} \frac{AfA_t}{(1+k_G)^t} - \frac{R_T - s(R_T - BW_T)}{(1+k_G)^T} \right\}
$$
$$
= \frac{1}{-(1-0,4)\frac{1,0808^3 - 1}{0,0808 \cdot 1,0808^3}} \cdot \left\{ 100.000 - (1-0,4)\frac{1,0808^3 - 1}{0,0808 \cdot 1,0808^3} \cdot 10.000(14 - 6) \right.
$$
$$
\left. + (1-0,4)\sum_{t=1}^{3} \frac{C_{ft}}{1,0808^t} - 0,4 \cdot \sum_{t=1}^{3} \frac{AfA_t}{1,8808^t} - \frac{20.000 - 0,4(20.000 - 0)}{1,0808^3} \right\}
$$
$$
= 22.541,25
$$

- **Variable Auszahlungen je Stück (vgl. Abb. 4.4):**

$$
c_v = \frac{1}{-(1-s)RBF_{T,k_G} \cdot x} \cdot \left\{ A_0 - (1-s)RBF_{T,k_G}(p \cdot x - UEB) + (1-s)\sum_{t=1}^{T} \frac{C_{ft}}{(1+k_G)^t} \right.
$$
$$
\left. - s\sum_{t=1}^{T} \frac{AfA_t}{(1+k_G)^t} - \frac{R_T - s(R_T - BW_T)}{(1+k_G)^T} \right\}
$$
$$
= \frac{1}{-(1-0,4)\frac{1,0808^3 - 1}{0,0808 \cdot 1,0808^3} 10.000} \cdot \left\{ 100.000 - (1-0,4)\frac{1,0808^3 - 1}{0,0808 \cdot 1,0808^3}(14 \cdot 10.000 \right.
$$
$$
\left. - 20.000) + (1-0,4)\sum_{t=1}^{3} \frac{C_{ft}}{1,0808^t} - 0,4 \cdot \sum_{t=1}^{3} \frac{AfA_t}{1,8808^t} - \frac{20.000 - 0,4(20.000 - 0)}{1,0808^3} \right\}
$$
$$
= 6,2541
$$

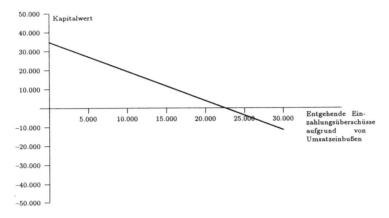

Abb. 4.3: Kapitalwert in Abhängigkeit von den entgehenden Einzahlungsüberschüssen aufgrund von Umsatzeinbußen

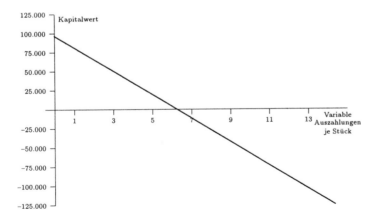

Abb. 4.4: Kapitalwert in Abhängigkeit von den variablen Auszahlungen je Stück

- **Restwert am Ende der Nutzungsdauer (vgl. Abb. 4.5):**

$$
\begin{aligned}
R_T &= \frac{1}{1-s} \cdot \left\{ \left[A_0 - (1-s)RBF_{T,k_G}(p \cdot x - UEB - c_v \cdot x) + (1-s)\sum_{t=1}^{T}\frac{C_{ft}}{(1+k_G)^t} \right.\right. \\
&\quad \left.\left. -s\sum_{t=1}^{T}\frac{AfA_t}{(1+k_G)^t} \right](1+k_G)^T - s \cdot BW_T \right\} \\
&= \frac{1}{1-0,4} \cdot \left\{ \left[100.000 - (1-0,4)\frac{1,0808^3 - 1}{0,0808 \cdot 1,0808^3}(14 \cdot 10.000 - 20.000 - 6 \cdot 10.000) \right.\right. \\
&\quad \left.\left. +(1-0,4)\sum_{t=1}^{3}\frac{C_{ft}}{1,0808^t} - 0,4 \cdot \sum_{t=1}^{3}\frac{AfA_t}{1,8808^t} \right] \cdot 1,0808^3 - 0,4 \cdot 0 \right\} \\
&= 11.743,60
\end{aligned}
$$

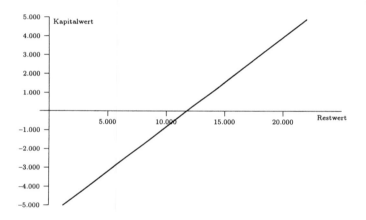

Abb. 4.5: Kapitalwert in Abhängigkeit vom Restwert am Ende der Nutzungsdauer

- **Kalkulationszinsfuß (vgl. Abb. 4.6):**
  Den kritischen Kalkulationszinsfuß kann man nur noch mittels eines Tabellenkalkulationsprogramms ermitteln. Dieses berechnet für

$$
\begin{aligned}
K_0(k_G) &= -A_0 + (1-s)RBF_{T,k_G} \cdot (p \cdot x - UEB - c_v \cdot x) \\
&\quad -(1-s)\sum_{t=1}^{T}\frac{C_{ft}}{(1+k_G)^t} + s\sum_{t=1}^{T}\frac{AfA_t}{(1+k_G)^t} + \frac{R_T - s(R_T - BW_T)}{(1+k_G)^T} \\
&\overset{!}{=} 0
\end{aligned}
$$

  einen Kalkulationszinsfuß

$$
k_G = 10,26 \ \% \ \text{p.a.}
$$

- **Effektivverzinsung des Fremdkapitals vor Steuern (vgl. Abb. 4.7):**
  Ähnlich wie beim Kalkulationszinsfuß stellt sich das Problem bei der Effektivverzinsung des Fremdkapitals vor Steuern dar. Erst muß allerdings

$$
k_G = (1-v_0) \cdot k_E + v_0 \cdot (1-s)i
$$

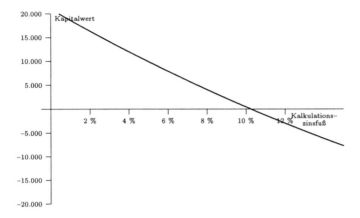

Abb. 4.6: Kapitalwert in Abhängigkeit vom Kalkulationszinsfuß

ersetzt werden. Das Tabellenkalkulationsprogramm errechnet dann für

$$K_0(i) = -A_0 + (1-s)RBF_{T,(1-v_0) \cdot k_E + v_0 \cdot (1-s)i} \cdot (p \cdot x - UEB - c_v \cdot x)$$

$$-(1-s) \sum_{t=1}^{T} \frac{C_{ft}}{[1 + (1-v_0) \cdot k_E + v_0 \cdot (1-s)i]^t}$$

$$+s \sum_{t=1}^{T} \frac{AfA_t}{[1 + (1-v_0) \cdot k_E + v_0 \cdot (1-s)i]^t}$$

$$+ \frac{R_T - s(R_T - BW_T)}{[1 + (1-v_0) \cdot k_E + v_0 \cdot (1-s)i]^T}$$

$$\overset{!}{=} 0$$

einen Wert von

$$i = 14,07 \% \text{ p.a.}$$

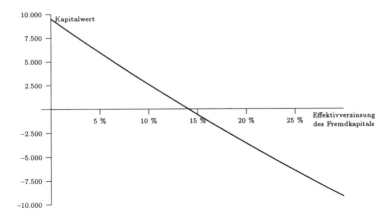

Abb. 4.7: Kapitalwert in Abhängigkeit von der Effektivverzinsung des Fremdkapitals

- **Umsatzerlöse**
  Die Umsatzerlöse sind durch

$$UE = p \cdot x$$

gegeben. Der Kapitalwert ist aber nicht eindeutig als Funktion der Umsatzerlöse darstellbar, weil sich mit ändernder Absatzmenge auch die Produktionsmenge ändert und auf die Kostenstruktur einwirkt. Es ist also folgendes Nullstellenproblem zu lösen:

$$
\begin{aligned}
K_0(x,p) &= -A_0 + (1-s)RBF_{T,k_G} \cdot (p \cdot x - UEB - c_v \cdot x) \\
&\quad -(1-s)\sum_{t=1}^{T}\frac{C_{ft}}{(1+k_G)^t} + s\sum_{t=1}^{T}\frac{AfA_t}{(1+k_G)^t} + \frac{R_T - s(R_T - BW_T)}{(1+k_G)^T} \\
&\overset{!}{=} 0
\end{aligned}
$$

Löst man diese Gleichung für $K_0(x,p) = 0$ nach der Produktions-/Absatzmenge x auf, so erhält man eine Funktion der Menge in Abhängigkeit vom Verkaufspreis p:

$$
\begin{aligned}
x &= \frac{1}{(1-s)RBF_{T,k_G}(p-c_v)} \cdot \left\{ A_0 + (1-s)\left[UEB \cdot RBF_{T,k_G} + \sum_{t=1}^{T}\frac{C_{ft}}{(1+k_G)^t}\right]\right. \\
&\quad \left. -s\sum_{t=1}^{T}\frac{AfA_t}{(1+k_G)^t} - \frac{R_T - s(R_T - BW_T)}{(1+k_G)^T} \right\}.
\end{aligned}
$$

Variiert man nun den kritischen Verkaufspreis p, dann kann man die damit verbundene kritische Menge x berechnen. Man erhält folgende Werte:

Verkaufs-preis	Absatzmenge	Umsatzerlöse	Verkaufs-preis	Absatzmenge	Umsatzerlöse
7	77.458,75	542.211,25	18	6.454,90	116.188,12
8	38.729,37	309.835,00	19	5.958,37	113.208,94
9	25.819,58	232.376,25	20	5.532,77	110.655,36
10	19.364,69	193.646,87	21	5.163,92	108.442,25
11	15.491,75	170.409,25	22	4.841,17	106.505,78
12	12.909,79	154.917,50	23	4.556,40	104.797,13
13	11.065,54	143.851,96	24	4.303,26	103.278,33
14	9.682,34	135.552,81	25	4.076,78	101.919,41
15	8.606,53	129.097,92	26	3.872,94	100.696,37
16	7.745,87	123.934,00	27	3.688,51	99.589,82
17	7.041,70	119.708,98	28	3.520,85	98.583,86

Nimmt man nicht ausschließlich ein Kapitalwertniveau von 0 an, sondern variiert dieses, dann ist es möglich, die erhaltenen Mengen und Preise in einem Mengen–Preisdiagramm durch Isokapitalwertlinien darzustellen (vgl. Abb. 4.8).

4.5.2 Alternativentscheidung

Die im letzten Unterabschnitt dargestellte Sensitivitätsanalyse dient der Ermittlung zusätzlicher Informationen über die möglichen kritischen Einflußfaktoren bei Einzelentscheidungen. Ähnliche Informationen können auch bei einer Auswahlentscheidung sinnvoll sein. Im einfachsten Fall von nur zwei alternativen Investitionsprojekten A und B werden nunmehr jene kritischen Parameterwerte ermittelt, bei denen die Kapitalwerte der beiden Projekte gleich groß sind

$$K_{0,A} = K_{0,B}.$$

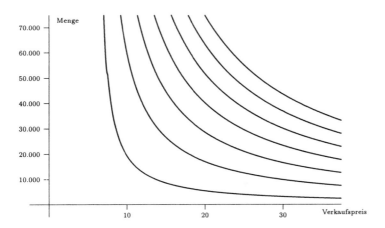

Abb. 4.8: Isokapitalwertlinien in Abhängigkeit vom Verkaufspreis und von der Produktions–
bzw. Absatzmenge (nach rechts ansteigend von $K_0 = 0$)

In diesem Fall ist der Entscheidungsträger bei einer Mußinvestition indifferent zwischen den
beiden Projekten. Bei einer Kanninvestition soll dann entweder keines der beiden Projekte
realisiert werden ($K_{0,A} = K_{0,B} \leq 0$) oder es kann ein beliebiges Projekt aus den beiden Alternativen realisiert werden ($K_{0,A} = K_{0,B} > 0$).

Lösung von Aufgabe 29 (b):

| | Einzelentscheidung | | Auswahl-entscheidung | |
	Aggregat A	Aggregat B	$K_{0,B} = K_{0,A}$	Abbildung[20]
Produktions–/ Ab-satzmenge[21]	9.682,3437	8.827,5225	5.408,2375	4.9
Verkaufspreis	13,7459	12,8275	nicht existent	–
Entgangener Ein-zahlungsüberschuß aufgrund von Umsatzeinbußen	22.541,2502	31.724,7751	nicht existent	–
Variable Auszahlungen	6,2541	5,1725	nicht existent	–
Restwert	11.743,6595	–18.092,9578	nicht existent	–
Kalkulationszinsfuß	10,2640 %	16,3479 %	44,6381 %	4.10
Effektivverzinsung des Fremdkapitals	14,0668 %	30,9663 %	109,5503 %	4.11

Man sieht, daß die kritischen Werte für Aggregat B jeweils günstiger liegen als für Aggregat
A. Interessant sind aber vor allem jene kritischen Werte, bei denen sich die Entscheidung
zwischen Aggregat A und Aggregat B ändert. So würde man bei einer Mußinvestition
bei einer Produktions– bzw. Absatzmenge von 5.408 und darunter Aggregat A wählen,
während darüber Aggregat B der Vorzug zu geben wäre. Für den Absatzpreis, die entgan-
genen Einzahlungsüberschüsse aufgrund von Umsatzeinbußen, die variablen Auszahlungen
und den Restwert existieren unter den diesem Beispiel zugrundeliegenden Annahmen keine
kritischen Werte für die Differenzinvestition. Grafisch wären die Kapitalwertfunktionen

---

[20] In den Abbildungen ist
$$K_{0,Diff} = K_{0,B} - K_{0,A}.$$

[21] Die in der dritten Spalte dargestellte Menge kann auch als exakte kritische Leistungsmenge interpretiert
werden. Zur approximativen kritischen Leistungsmenge siehe Exkurs 2.

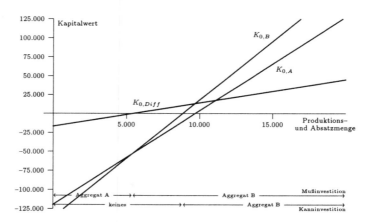

Abb. 4.9: Kapitalwert in Abhängigkeit von der Produktions– und Absatzmenge für Aggregat A, Aggregat B und die Differenzinvestition

in Abhängigkeit von diesen Größen parallel zueinander, d.h. die Kapitalwerte beider Projekte reagieren bei Veränderung dieser Größen im gleichen Ausmaß. In derselben Weise können auch die übrigen kritischen Parameterwerte interpretiert werden. Selbiges gilt auch für die Umsatzerlöse. Die kritische Menge bei Aggregat B liegt für jeden gegebenen Preis tiefer als bei Aggregat A.

| | Aggregat A | | Aggregat B | |
Preis	Menge	Verkaufserlöse	Menge	Verkaufserlöse
7	77.458,75	542.211,25	29.425,07	205.975,52
8	38.729,37	309.835,00	22.068,81	176.550,45
9	25.819,58	232.376,25	17.655,04	158.895,40
10	19.364,69	193.646,87	14.712,54	147.125,37
11	15.491,75	170.409,25	12.610,75	138.718,21
12	12.909,79	154.917,50	11.034,40	132.412,84
13	11.065,54	143.851,96	9.808,36	127.508,66
14	9.682,34	135.552,81	8.827,52	123.585,31
15	8.606,53	129.097,92	8.025,02	120.375,31
16	7.745,87	123.934,00	7.356,27	117.700,30
17	7.041,70	119.708,98	6.790,40	115.436,83
18	6.454,90	116.188,12	6.305,37	113.496,72
19	5.958,37	113.208,94	5.885,01	111.815,28
20	5.532,77	110.655,36	5.517,20	110.344,03
21	5.163,92	108.442,25	5.192,66	109.045,87
22	4.841,17	106.505,78	4.904,18	107.891,94
23	4.556,40	104.797,13	4.646,06	106.859,48
24	4.303,26	103.278,33	4.413,76	105.930,27
25	4.076,78	101.919,41	4.203,58	105.089,55
26	3.872,94	100.696,37	4.012,51	104.325,27
27	3.688,51	99.589,82	3.838,05	103.627,44
28	3.520,85	98.583,86	3.678,13	102.987,76
29	3.367,77	97.665,38	3.531,01	102.399,26
30	3.227,45	96.823,44	3.395,20	101.856,03

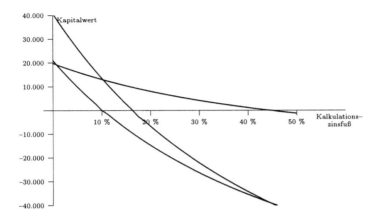

Abb. 4.10: Kapitalwert in Abhängigkeit vom Kalkulationszinsfuß für Aggregat A, Aggregat B und die Differenzinvestition

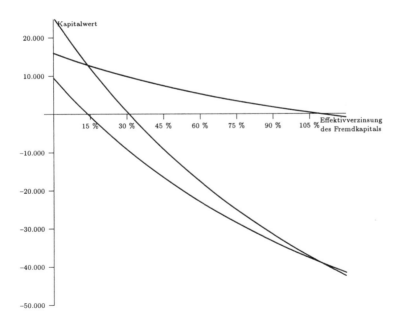

Abb. 4.11: Kapitalwert in Abhängigkeit von der Effektivverzinsung des Fremdkapitals für Aggregat A, Aggregat B und die Differenzinvestition

5 Investitionsbegünstigungen und Finanzierungsförderungen

Die in diesem Kapitel behandelten Investitionsbegünstigungen und Finanzierungsförderungen sind als Übersicht in Tab. 5.1 dargestellt. In den einzelnen Abschnitten erfolgt jeweils eine kurze Darstellung der wesentlichen Charakteristika, und es wird diskutiert, wie die einzelnen Aspekte bei der Beurteilung von Investitionsprojekten anhand des Kapitalwerts zu berücksichtigen sind.

5.1 Verlustvortrag

Um die relevanten Steuern für ein Investitionsprojekt explizit ermitteln zu können, führt man im allgemeinen zwei Steuerberechnungen durch: einerseits für die Gesamtunternehmung mit Durchführung des Investitionsprojekts und andererseits für die Gesamtunternehmung ohne Durchführung des Investitionsprojekts. Die relevanten Steuern des Investitionsprojekts erhält man dann aus der Differenz der beiden Berechnungen:

$$
\begin{array}{rl}
 & \text{Steuern mit Investitionsprojekt} \\
- & \text{Steuern ohne Investitionsprojekt} \\
\hline
= & \text{Relevante Steuern des Investitionsprojekts}
\end{array}
$$

Bei der Durchführung der beiden Steuerberechnungen sind insbesondere die nach § 18 (6) EStG möglichen *Verlustabzüge bzw. -vorträge* als Sonderausgaben in den sieben folgenden Kalenderjahren zu berücksichtigen, da sie die Steuerbasis mindern.

Bei der Berechnung der relevanten Steuern dieser Steuerberechnung kann man zwei Sonderfälle betrachten, die die Rechnung vereinfachen:

- Macht die Unternehmung ohne Durchführung des Investitionsprojekts jederzeit soviel ausreichenden Gewinn, um sogar eventuelle Verluste aus dem Projekt abdecken zu können, so ist eine isolierte Betrachtung des Projekts bezüglich der Steuern möglich. In diesem Fall werden dem Projekt die zusätzlichen Steuerzahlungen als negative Cash Flows (bei Gewinnen aus dem Projekt) und Steuerersparnissen (als sofortiger Verlustausgleich) als positive Cash Flows (bei Verlusten aus dem Projekt) zugerechnet[1] (vgl. Lösung zu Aufgabe 30 (b1)).

- Macht die Unternehmung immer so große Verluste, daß diese auch von den Gewinnen aus dem Investitionsprojekt nicht abgedeckt werden können, dann zahlt die Unternehmung weder bei Durchführung noch bei Unterlassen des Projekts Steuern. Dem Projekt sind dann in diesem Fall keine Steuern zuzurechnen (vgl. Lösung zu Aufgabe 30 (b2)).

In allen anderen Fällen ist die oben angeführte Steuerberechnung unter Berücksichtigung von Verlustvorträgen notwendig (vgl. Lösung zu Aufgabe 30 (b3)).

---

[1] Dieser Sonderfall ist in allen bisherigen Kapiteln unterstellt worden.

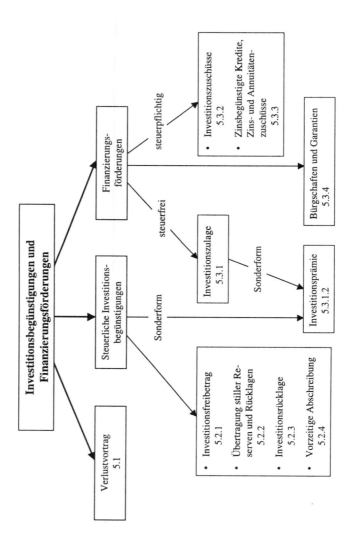

Tab. 5.1: Übersicht zu den Investitionsbegünstigungen und Finanzierungsförderungen

Lösung von Aufgabe 30:

(a) **Nettomethode mit impliziter Berücksichtigung der Steuern:**

Zins– und Tilgungsplan:

$$Ann = 100.000 \cdot \frac{0,1 \cdot (1+0,1)^5}{(1+0,1)^5 - 1}$$

$$= 26.379,75$$

t	1	2	3	4	5
Ausstehendes Nominale zu Periodenbeginn	100.000	83.620,25	65.602,53	45.783,03	23.981,59
Annuität	26.379,75	26.379,75	26.379,75	26.379,75	26.379,75
davon Zinsen	10.000	8.362,03	6.560,25	4.578,30	2.398,16
davon Tilgung	16.379,75	18.017,72	19.819,50	21.801,44	23.981,59

Cash Flow an die Eigenkapitalgeber (inklusive Restwert vor Steuern):

		1	2	3	4	5
	Cash Flow vor Zinsen und Steuern	120.000	0	150.000	120.000	130.000
+	Restwert					25.000
−	Zinsen	−10.000	−8.362,03	−6.560,25	−4.578,30	−2.398,16
−	Tilgung	−16.379,75	−18.017,72	−19.819,50	−21.801,44	−23.981,59
=		93.620,25	−26.379,75	123.620,25	93.620,25	128.620,25

Alternativrendite des Eigenkapitals vor Steuern:

$$k_E^{vorSt} \approx \frac{0,1}{1-0,4}$$

$$= 16,67 \% \text{ p.a.}$$

Kapitalwert:

$$K_0 = -386.900 + 100.000 + \frac{93.620,25}{1,1667} + \frac{-26.379,75}{1,1667^2} + \frac{123.620,25}{1,1667^3}$$

$$+ \frac{93.620,25}{1,1667^4} + \frac{128.620,25}{1,1667^5}$$

$$= -38.144,90$$

(b1) **Nettomethode mit expliziter Berücksichtigung der Steuern und sofortigem Verlustausgleich:**

Die Steuerzahlungen aus dem Investitionsprojekt können direkt aus dem Gewinn des Investitionsprojekts berechnet werden. Positive Gewinne erhöhen die Steuern der Gesamtunternehmung, negative Gewinne (Verluste) führen zu einer sofortigen Steuerersparnis.

Steuern aus dem Investitionsprojekt:

		1	2	3	4	5
	Cash Flows vor Zinsen und Steuern	120.000	0	150.000	120.000	130.000
+	Restwert					25.000
−	AfA_t	−193.450	−193.450			
−	Zinsen	−10.000	−8.362,03	−6.560,25	−4.578,30	−2.398,16
=	Gewinn aus dem Investitionsprojekt	−83.450	−201.812,03	143.439,75	115.421,70	152.601,84
	Steuern (s = 40 %)	−33.380	−80.724,81	57.375,90	46.168,68	61.040,75

Net Cash Flow (inklusive Restwert nach Steuern):

	1	2	3	4	5
Cash Flows vor Zinsen und Steuern	120.000	0	150.000	120.000	130.000
+ Restwert					25.000
− Zinsen	−10.000	−8.362,03	−6.560,25	−4.578,30	−2.398,16
− Steuern	33.380	80.724,81	−57.375,90	−46.168,68	−61.040,75
=	143.380	72.362,78	86.063,85	69,253,01	91.561,11

Zahlungen an die Eigenkapitalgeber:

	1	2	3	4	5
	143.380	72.362,78	86.063,85	69,253,01	91.561,11
− Tilgung	−16.379,75	−18.017,72	−19.819,50	−21.801,44	−23.981,59
=	127.000,25	54.345,06	66.244,35	47.451,57	67.579,52

Alternativrendite des Eigenkapitals nach Steuern:

$$k_E = 0,1$$

Kapitalwert:

$$
\begin{aligned}
K_0 &= -386.900 + 100.000 + \frac{127.000,25}{1,1} + \frac{54.345,06}{1,1^2} + \frac{66.244,35}{1,1^3} \\
&\quad + \frac{47.451,57}{1,1^4} + \frac{67.579,52}{1,1^5} \\
&= -2.389,96
\end{aligned}
$$

(b2) Nettomethode mit expliziter Berücksichtigung der Steuern und hinreichend hohem Verlust in den sonstigen Geschäftsbereichen:

Weist der sonstige Geschäftsbereich ständig hinreichend hohe Verluste auf, um etwaige positive Gewinne aus dem Investitionsprojekt auszugleichen, zahlt die Unternehmung weder mit noch ohne Durchführung des Investitionsprojekts Steuern. Dem Investitionsprojekt selbst sind deshalb auch keine Steuern zurechenbar.

Net Cash Flow (inklusive Restwert nach Steuern):

	1	2	3	4	5
Cash Flow vor Zinsen und Steuern	120.000	0	150.000	120.000	130.000
+ Restwert					25.000
− Zinsen	−10.000	−8.362,03	−6.560,25	−4.578,30	−2.398,16
− Steuern	0	0	0	0	0
=	110.000	−8.362,03	143.439,75	115.421,70	152.601,84

Zahlungen an die Eigenkapitalgeber:

	1	2	3	4	5
	110.000	−8.362,03	143.439,75	115.421,70	152.601,84
− Tilgung	−16.379,75	−18.017,72	−19.819,50	−21.801,44	−23.981,59
=	93.620,25	−26.379,75	123.620,25	93.620,25	128.620,25

Alternativrendite des Eigenkapitals nach Steuern:

$$k_E = 0,1$$

Kapitalwert:

$$
\begin{aligned}
K_0 &= -386.900 + 100.000 + \frac{93.620,25}{1,1} + \frac{-26.379,75}{1,1^2} + \frac{123.620,25}{1,1^3} \\
&\quad + \frac{93.620,25}{1,1^4} + \frac{128.620,25}{1,1^5} \\
&= 13.092,55
\end{aligned}
$$

(b3) Nettomethode mit expliziter Berücksichtigung der Steuern und Verlustvorträgen:

Berechnung der Steuern der Unternehmung ohne Durchführung des Investitionsprojekts:

	1	2	3	4	5
Gewinn aus sonstigen Geschäftsbereichen vor Zinsen und Steuern	70.000	180.000	10.000	−50.000	100.000
− Zinsaufwand	−7.000	−20.000	−1.500	−6.000	−10.000
Bilanzgewinn	63.000	160.000	8.500	−56.000	90.000
− Verlustvortrag				→	−56.000
= Steuerbasis ohne Investitionsprojekt	63.000	160.000	8.500	0	34.000
Steuern ohne Investitionsprojekt	25.200	64.000	3.400	0	13.600

Berechnung der Steuern der Unternehmung mit Durchführung des Investitionsprojekts:

	1	2	3	4	5
Gewinn aus sonstigen Geschäftsbereichen nach Zinsen und vor Steuern	63.000	160.000	8.500	−56.000	90.000
+ Gewinn aus dem Investitionsprojekt (inklusive Restwert)[2]	−83.450	−201.812,03	143.439,75	115.421,70	152.601,84
Bilanzgewinn	−20.450	−41.812,03	151.939,75	59.421,70	242.601,84
− Verlustvortrag aus t − 1		−20.450	−41.812,03		
− Verlustvortrag aus t − 2			−20.450		
= Steuerbasis mit Investitionsprojekt	0	0	89.677,72	59.421,70	242.601,84
Steuern mit Investitionsprojekt	0	0	35.871,90	23.768,68	97.040,74

Berechnung der Steuern des Investitionsprojekts:

	1	2	3	4	5
Steuern mit Investitionsprojekt	0	0	35.871,90	23.768,68	97.040,74
− Steuern ohne Investitionsprojekt	−25.200	−64.000	−3.400	0	−13.600
= Steuern des Investitionsprojekts	−25.200	−64.000	32.471,90	23.768,68	83.440,74

Net Cash Flow (inklusive Restwert nach Steuern):

	1	2	3	4	5
Cash Flow vor Zinsen und Steuern	120.000	0	150.000	120.000	130.000
+ Restwert					25.000
− Zinsen	−10.000	−8.362,03	−6.560,25	−4.578,30	−2.398,16
− Steuern	25.200	64.000	−32.471,90	−23.768,68	−83.440,74
=	135.200	55.637,97	110.968,66	91.653,01	69.171,10

Zahlungen an die Eigenkapitalgeber:

	1	2	3	4	5
	135.200	55.637,97	110.968,66	91.653,01	69.171,10
− Tilgung	−16.379,75	−18.017,72	−19.819,50	−21.801,44	−23.981,59
=	118.820,25	37.620,25	91.149,16	69.851,57	45.179,52

[2] vgl. Lösung von Aufgabe 30 (b1).

Alternativrendite des Eigenkapitals nach Steuern:

$$k_E = 0,1$$

Kapitalwert:

$$K_0 = -386.900 + 100.000 + \frac{118.820,25}{1,1} + \frac{37.620,25}{1,1^2} + \frac{91.149,16}{1,1^3}$$
$$+ \frac{69.851,57}{1,1^4} + \frac{45.179,52}{1,1^5}$$
$$= -3.546,27$$

Lösung von Aufgabe 31:

(a) **Bruttomethode mit impliziter Berücksichtigung der Steuern:**
Die Cash Flows können direkt aus der Angabe übernommen werden.
Gewichteter durchschnittlicher Kapitalkostensatz vor Steuern:

$$k_G = (1 - 0,7) \cdot 0,1 + 0,7 \cdot (1 - 0,4) \cdot 0,1$$
$$= 7,2 \text{ \% p.a.}$$

$$k_G^{vorSt} = \frac{0,072}{1 - 0,4}$$
$$= 12 \text{ \% p.a.}$$

Kapitalwert:

$$K_0 = -386.900 + \frac{120.000}{1,12} + \frac{150.000}{1,12^3} + \frac{120.000}{1,12^4} + \frac{130.000 + 25.000}{1,12^5}$$
$$= -8.776,77$$

(b1) **Bruttomethode mit expliziter Berücksichtigung der Steuern und sofortigem Verlustausgleich:**
Steuern aus dem Investitionsprojekt:

		1	2	3	4	5
	Cash Flow vor Zinsen und Steuern	120.000	0	150.000	120.000	130.000
+	Restwert					25.000
−	AfA_t	−193.450	−193.450			
	Gewinn aus dem Investitionsprojekt	−73.450	−193.450	150.000	120.000	155.000
	Steuern ($s = 40$ %)	−29.380	−77.380	60.000	48.000	62.000

Operating Cash Flows (inklusive Restwert nach Steuern):

		1	2	3	4	5
	Cash Flow vor Zinsen und Steuern	120.000	0	150.000	120.000	130.000
+	Restwert					25.000
−	Steuern	29.380	77.380	−60.000	−48.000	−62.000
=		149.380	77.380	90.000	72.000	93.000

Gewichteter durchschnittlicher Kapitalkostensatz nach Steuern:

$$k_G = 7,2 \text{ \% p.a.}$$

Kapitalwert:

$$K_0 = -386.900 + \frac{149.380}{1,072} + \frac{77.380}{1,072^2} + \frac{90.000}{1,072^3}$$
$$+ \frac{72.000}{1,072^4} + \frac{93.000}{1,072^5}$$
$$= 13.049,29$$

(b2) Bruttomethode mit expliziter Berücksichtigung der Steuern und hinreichend hohem Verlust in den sonstigen Geschäftsbereichen:

Weist der sonstige Geschäftsbereich ständig hinreichend hohe Verluste auf, um etwaige positive Gewinne aus dem Investitionsprojekt auszugleichen, zahlt die Unternehmung weder mit noch ohne Durchführung des Investitionsprojekts Steuern. Dem Investitionsprojekt selbst sind deshalb auch keine Steuern zurechenbar.

Gewichteter durchschnittlicher Kapitalkostensatz nach Steuern:[3]

$$k_G = (1 - 0,7) \cdot 0,1 + 0,7 \cdot 0,1$$
$$= 10 \% \text{ p.a.}$$

Kapitalwert:

$$K_0 = -386.900 + \frac{120.000}{1,1} + \frac{150.000}{1,1^3} + \frac{120.000}{1,1^4} + \frac{130.000 + 25.000}{1,1^5}$$
$$= 13.092,55$$

(b3) Bruttomethode mit expliziter Berücksichtigung der Steuern und Verlustvorträgen:

Berechnung der Steuern der Unternehmung ohne Durchführung des Investitionsprojekts:

	1	2	3	4	5
Gewinn aus sonstigen Geschäftsbereichen vor Zinsen und Steuern	70.000	180.000	10.000	–50.000	100.000
– Verlustvortrag				→	–50.000
= Steuerbasis ohne Investitionsprojekt	70.000	180.000	10.000	0	50.000
Steuern ohne Investitionsprojekt	28.000	72.000	4.000	0	20.000

Berechnung der Steuern der Unternehmung mit Durchführung des Investitionsprojekts:

	1	2	3	4	5
Gewinn aus sonstigen Geschäftsbereichen vor Zinsen und vor Steuern	70.000	180.000	10.000	–50.000	100.000
+ Gewinn aus dem Investitionsprojekt	–73.450	–193.450	150.000	120.000	155.000
Bilanzgewinn	–3.400	–13.450	160.000	70.000	255.000
– Verlustvortrag aus $t-1$		–3.400	–13.450		
– Verlustvortrag aus $t-2$			–3.400		
= Steuerbasis mit Investitionsprojekt	0	0	143.100	70.000	255.000
Steuern mit Investitionsprojekt	0	0	57.240	28.000	102.000

Berechnung der Steuern des Investitionsprojekts:

	1	2	3	4	5
Steuern mit Investitionsprojekt	0	0	57.240	28.000	102.000
– Steuern ohne Investitionsprojekt	–28.000	–72.000	–4.000	0	–20.000
= Steuern des Investitionsprojekts	–28.000	–72.000	53.240	28.000	82.000

---

[3] Da keine Steuern bezahlt werden, ist die Effektivverzinsung des Fremdkapitals **nach** Steuern 10 % p.a.

Operating Cash Flow (inklusive Restwert nach Steuern):

	1	2	3	4	5
Cash Flow vor Zinsen und Steuern	120.000	0	150.000	120.000	130.000
+ Restwert					25.000
− Steuern	28.000	72.000	−53.240	−28.000	−82.000
=	148.000	72.000	96.760	92.000	73.000

Gewichteter durchschnittlicher Kapitalkostensatz nach Steuern:

$$k_G = 7,2 \text{ \% p.a.}$$

Kapitalwert:

$$
\begin{aligned}
K_0 &= -386.900 + \frac{148.000}{1,072} + \frac{72.000}{1,072^2} + \frac{96.760}{1,072^3} \\
&\quad + \frac{92.000}{1,072^4} + \frac{73.000}{1,072^5} \\
&= 13.584,90
\end{aligned}
$$

5.2 Steuerliche Investitionsbegünstigungen

Investitionsbegünstigungen sollen Unternehmungen Anreize bieten, auch solche Projekte durchzuführen, die ohne Vergünstigungen nicht lohnend genug wären. Diese Förderungen (vgl. Tab. 5.2) müssen in der Investitionsrechnung berücksichtigt werden.

5.2.1 Investitionsfreibetrag

Der **Investitionsfreibetrag (IFB)** nach § 10 EStG ist eine zusätzliche „Sonderabschreibung" in der Höhe von höchstens[4] 15 % der Anschaffungs– bzw. Herstellungskosten. Er wird buchhalterisch auf einem gesonderten Konto „Investitionsfreibetrag aus 19XX" ausgewiesen. Bedingung für die Bildung des Investitionsfreibetrags ist, daß die „betriebsgewöhnliche Nutzungsdauer" des Wirtschaftsguts mindestens vier Jahre beträgt und es in einer inländischen Betriebsstätte verwendet wird. Für Gebäude, Kraft– und Luftfahrzeuge müssen überdies noch weitere Bedingungen bezüglich des Verwendungszwecks erfüllt sein.

Würde die Bildung eines Investitionsfreibetrags zu einem bilanziellen Verlust führen, so wird der verlustbringende Teil des Investitionsfreibetrags auf Warteposition gesetzt und muß frühestmöglich mit einem Gewinn verrechnet werden. Derartige Verluste dürfen weder ausgeglichen noch vorgetragen werden.

Nach Ablauf des vierten auf das Jahr der Anschaffung oder Herstellung folgenden Wirtschaftsjahres und widmungsgemäßer Verwendung des Wirtschaftsgutes wird der Investitionsfreibetrag buchhalterisch gegen das Kapitalkonto oder steuerfrei gegen eine als versteuert geltende Rücklage aufgelöst. Scheidet das Anlagegut schon vor Ablauf dieser Vier–Jahres–Frist aus dem Betriebsvermögen aus, geht der Investitionsfreibetrag im Jahr seiner Auflösung in voller Höhe als außerordentlicher Ertrag in die Steuerbasis der Gesamtunternehmung ein, sofern nicht das Ausscheiden durch höhere Gewalt bzw. durch behördliche Eingriffe verursacht worden ist.

---

[4] Ab Mai 1995 beträgt der Höchstsatz in Österreich nur mehr 9 statt 15 %.

	Übertragung stiller Reserven und Übertragungsrücklage	Investitionsfreibetrag „IFB"	Investitionsrücklage „IRL"
EStG	§ 12	§ 10	(§ 9 – aufgehoben)*
Berechnungsbasis	Nettoverkaufserlös bzw. Differenz zwischen Schadenersatz und Buchwert	Anschaffungs– oder Herstellungskosten bzw. Teilanschaffungskosten oder Teilherstellungskosten gekürzt um § 12	*Gewinn abzüglich Betriebsausgaben aber zuzüglich Gewerbesteuervorauszahlung (wenn als Aufwand verbucht) und Dotation IFB des betreffenden Jahres*
Höhe	Abhängig vom Nettoverkaufserlös (Schadensersatz) und Buchwert	9 % für Anlagegüter, Gebäude, neue lärmarme LKW; 6 % für unkörperliche Wirtschaftsgüter, gebrauchte Omnibusse, nicht lärmarme LKW	*Maximal 10 % abzüglich der IFB–Dotation*
Zeitpunkt der Bildung	Im Jahr des Anlagenabgangs	Im Jahr der Anschaffung oder Herstellung; bei Teilanschaffung bzw. –herstellung jeweils zum Bilanzstichtag	*Jährlich möglich*
Voraussetzungen für die Bildung	Anlagegüter müssen mindestens 7 Jahre zum Betriebsvermögen gehört haben (Ausnahme: höhere Gewalt, behördliche Eingriffe)	Grundsätzlich: abnutzbare Anlagegüter mit mindestens vierjähriger Nutzung, inländische Betriebsstätte	
Bindung	Die Rücklage kann innerhalb von drei Jahren auf eine Neuinvestition übertragen werden (als Bewertungsreserve).	Die Anlagegüter, für die ein IFB gebildet wurde, dürfen nicht innerhalb von vier Jahren veräußert werden.	Die Rücklage ist innerhalb von vier Jahren bei Neuinvestitionen in der Höhe des IFB aufzulösen.
Auflösung	Innerhalb von drei Jahren durch Übertragung auf gleichartige Anlagegüter möglich; gewinnerhöhend am Ende der Verwendungsfrist (+ 15 %)	Innerhalb von vier Jahren bei Veräußerung; nach vier Jahren gegen Eigenkapital bzw. freie (versteuerte) Rücklage	Bei erster Möglichkeit gegen IFB; vorzeitige freiwillige Auflösung (verminderter Zuschlag); nach der Verwendungsfrist mit Strafzuschlag von 20 %
Steuerliche Wirkung	Steuerverschiebung in die Jahre nach der Übertragung auf ein Anlagegut	Tatsächliche Steuerminderung	Steuerstundung bis zur Bildung des IFB
Zweck	Vermeidung einer sofortigen Versteuerung von Veräußerungsgewinnen	Förderung der Investitionstätigkeit durch zusätzliche Abschreibung	
Besonders zu empfehlen?	Übertragung auf ein Wirtschaftsgut mit hohem Anschaffungswert und langer Lebensdauer	Anlagegüter, die länger als vier Jahre zum Betriebsvermögen gehören sollen	

* Die kursiv gedruckten Textstellen sind rechtlich nicht mehr relevant.

Tab. 5.2: Übertragung stiller Reserven und Übertragungsrücklage, Investitionsfreibetrag, Investitionsrücklage (Zusammengestellt auf Grundlage von: Grohmann-Steiger/Schneider (1994), S. 246 ff.)

Lösung von Aufgabe 32 (a):

Höhe des Investitionsfreibetrags:

$$0,2 \cdot 386.900 = 77.380$$

Steuern aus dem Investitionsprojekt:

		1	2	3	4	5
	Cash Flow vor Zinsen und Steuern	120.000	0	150.000	120.000	130.000
+	Restwert					25.000
−	AfA_t	−193.450	−193.450			
−	Investitionsfreibetrag	−77.380				
−	Zinsen Z_t	−10.000	−8.362,03	−6.560,25	−4.578,30	−2.398,16
=	Gewinn aus dem Investitionsprojekt	−160.830	−201.812,03	143.439,75	115.421,70	152.601,84
	Steuern ($s = 40\ \%$)	−64.332	−80.724,81	57.375,90	46.168,68	61.040,75

Net Cash Flow (inklusive Restwert nach Steuern):

		1	2	3	4	5
	Cash Flow vor Zinsen und Steuern	120.000	0	150.000	120.000	130.000
+	Restwert					25.000
−	Zinsen	−10.000	−8.362,03	−6.560,25	−4.578,30	−2.398,16
−	Steuern	64.332	80.724,81	−57.375,90	−46.168,68	−61.040,75
=		174.332	72.362,78	86.063,85	69.253,01	91.561,11

Zahlungen an die Eigenkapitalgeber:

		1	2	3	4	5
		174.332	72.362,78	86.063,85	69.253,01	91.561,11
−	Tilgung	−16.379,75	−18.017,72	−19.819,50	−21.801,44	−23.981,59
=		157.952,25	54.345,06	66.244,35	47.451,57	67.579,52

Kalkulationszinsfuß:

$$k_E = 10\ \%\ p.a.$$

Kapitalwert:

$$K_0 = -386.900 + 100.000 + \frac{157.952,25}{1,1} + \frac{54.345,06}{1,1^2} + \frac{66.244,35}{1,1^3}$$
$$+ \frac{47.451,57}{1,1^4} + \frac{67.579,52}{1,1^5}$$
$$= 25.748,22$$

(e) Bruttomethode mit expliziter Berücksichtigung der Steuern

Steuern aus dem Investitionsprojekt:

		1	2	3	4	5
	Cash Flow vor Zinsen und Steuern	120.000	0	150.000	120.000	130.000
+	Restwert					25.000
−	AfA_t	−193.450	−193.450			
−	Investitionsfreibetrag	−77.380				
=	Gewinn aus dem Investitionsprojekt	−150.830	−193.450	150.000	120.000	155.000
	Steuern	−60.332	−77.380	60.000	48.000	62.000

Operating Cash Flow (inklusive Restwert nach Steuern):

	1	2	3	4	5
Cash Flow vor Zinsen und Steuern	120.000	0	150.000	120.000	130.000
+ Restwert					25.000
− Steuern	60.332	77.380	−60.000	−48.000	−62.000
=	180.332	77.380	90.000	72.000	93.000

Kalkulationszinsfuß:

$$k_G = 7,2 \% \ p.a.$$

Kapitalwert:

$$
\begin{aligned}
K_0 &= -386.900 + \frac{180.332}{1,072} + \frac{77.380}{1,072^2} + \frac{90.000}{1,072^3} \\
&\quad + \frac{72.000}{1,072^4} + \frac{93.000}{1,072^5} \\
&= 41.922,43
\end{aligned}
$$

5.2.2 Übertragung stiller Reserven und Übertragungsrücklage

Stille Reserven, die bei der Veräußerung von Anlagegütern als Differenz zwischen Verkaufserlös und Buchwert aufgedeckt werden, dürfen laut § 12 EStG auf neu angeschaffene Wirtschaftsgüter übertragen werden, sofern das veräußerte Wirtschaftsgut länger als sieben Jahre im Betriebsvermögen gewesen ist und das neu angeschaffte Wirtschaftsgut in einer inländischen Betriebsstätte verwendet wird. Die Übertragung ist außerdem nur dann möglich, wenn die involvierten Wirtschaftsgüter gleichartig sind, d.h. daß eine Übertragung stiller Reserven körperlicher (unkörperlicher) Wirtschaftsgüter nur auf ebenfalls körperliche (unkörperliche) Wirtschaftsgüter erfolgen kann.

Die Übertragung bewirkt eine Senkung der aktivierbaren Anschaffungs– bzw. der Herstellungskosten und der Abschreibungsbasis und somit eine Verringerung der ordentlichen Abschreibung.

Ist keine sofortige Übertragung möglich, dann kann man die aufgedeckten stillen Reserven in einer gesondert ausgewiesenen, unversteuerten „Rücklage gemäß § 12 aus dem Jahr 19XX" auf Warteposition legen. Innerhalb von drei Jahren muß diese Rücklage auf ein neu angeschafftes Wirtschaftsgut übertragen werden, sonst ist die Rücklage gewinnsteigernd aufzulösen und in der steuerlichen Mehr–Weniger–Rechnung ein Steuerstrafzuschlag aus dieser Position in der Höhe von 15 % zu berücksichtigen.

Lösung von Aufgabe 32 (b):

(b1) *Berechnung der ordentlichen Abschreibung:*

$$
\begin{aligned}
AfA &= \frac{386.900 - 36.900}{2} \\
&= 175.000 \ p.a.
\end{aligned}
$$

Steuern aus dem Investitionsprojekt:[5]

		1	2	3	4	5
	Cash Flow vor Zinsen und Steuern	120.000	0	150.000	120.000	130.000
+	Restwert					25.000
–	AfA_t	–175.000	–175.000			
–	Übertragung stiller Reserven	–36.900				
–	Zinsen	–10.000	–8.362,03	–6.560,25	–4.578,30	–2.398,16
=	Gewinn aus dem Investitionsprojekt	–101.900	–183.362,03	143.439,75	115.421,70	152.601,84
	Steuern ($s = 40\,\%$)	–40.760	–73.344,81	57.375,90	46.168,68	61.040,75

Anstelle der obigen Modifikation der ordentlichen Abschreibung kann die Steuerbasis auch durch die in der Buchhaltung übliche Darstellung über

- *die Zuschreibung der aufgedeckten stillen Reserven*
- *die Abschreibung über die vollen Anschaffungskosten*

folgendermaßen ermittelt werden

		1	2	3	4	5
	Cash Flow vor Zinsen und Steuern	120.000	0	150.000	120.000	130.000
+	Restwert					25.000
+	Zuschreibung	18.450	18.450			
–	AfA_t	–193.450	–193.450			
–	Übertragung stiller Reserven	–36.900				
–	Zinsen	–10.000	–8.362,03	–6.560,25	–4.578,30	–2.398,16
=	Gewinn aus dem Investitionsprojekt	–101.900	–183.362,03	143.439,75	115.421,70	152.601,84

Net Cash Flow (inklusive Restwert nach Steuern):

		1	2	3	4	5
	Cash Flow vor Zinsen und Steuern	120.000	0	150.000	120.000	130.000
	Restwert					25.000
–	Zinsen	–10.000	–8.362,03	–6.560,25	–4.578,30	–2.398,16
–	Steuern	40.760	73.344,81	–57.375,90	–46.168,68	–61.040,75
=		150.760	64.982,78	86.063,85	69.253,01	91.561,11

Zahlungen an die Eigenkapitalgeber:

		1	2	3	4	5
		150.760	64.982,78	86.063,85	69.253,01	91.561,11
–	Tilgung	–16.379,75	–18.017,72	–19.819,50	–21.801,44	–23.981,59
=		134.380,25	46.965,06	66.244,35	47.451,57	67.579,52

Alternativrendite des Eigenkapitals nach Steuern:

$$k_E = 10\,\% \text{ p.a.}$$

Kapitalwert:

$$K_0 = -386.900 + 100.000 + \frac{134.380,25}{1,1} + \frac{46.965,06}{1,1^2} + \frac{66.244,35}{1,1^3}$$
$$+ \frac{47.451,57}{1,1^4} + \frac{67.579,52}{1,1^5}$$
$$= -1.780,05$$

---

[5] Hierbei wird unterstellt, daß die stille Reserve zu versteuern wäre, falls die Unternehmung das Investitionsprojekt nicht durchführt.

(e) Bruttomethode mit expliziter Berücksichtigung der Steuern

Steuern aus dem Investitionsprojekt:[6]

		1	2	3	4	5
	Cash Flow vor Zinsen und Steuern	120.000	0	150.000	120.000	130.000
+	Restwert					25.000
–	AfA_t	–175.000	–175.000			
–	Übertragung stiller Reserven	–36.900				
=	Gewinn aus dem Investitionsprojekt	–91.900	–175.000	150.000	120.000	155.000
	Steuern ($s = 40\,\%$)	–36.760	–70.000	60.000	48.000	62.000

Operating Cash Flows (inklusive Restwert nach Steuern):

		1	2	3	4	5
	Cash Flow vor Zinsen und Steuern	120.000	0	150.000	120.000	130.000
+	Restwert					25.000
–	Steuern	36.760	70.000	–60.000	–48.000	–62.000
=		156.760	70.000	90.000	72.000	93.000

Gewichteter durchschnittlicher Kapitalkostensatz nach Steuern:

$$k_G = 7,2\,\% \text{ p.a.}$$

Kapitalwert:

$$
\begin{aligned}
K_0 &= -386.900 + \frac{156.760}{1,072} + \frac{70.000}{1,072^2} + \frac{90.000}{1,072^3} \\
&\quad + \frac{72.000}{1,072^4} + \frac{93.000}{1,072^5} \\
&= 13.511,67
\end{aligned}
$$

(b2) *Ist im Jahr $t = -1$ eine Rücklage gemäß § 12 EStG gebildet worden, die auf das zu $t = 0$ neu angeschaffene Aggregat übertragen werden soll, kann die Dotierung der Rücklage aus dem Vorjahr und damit die damalige Minderung der Steuerverbindlichkeit dem Projekt selbst nicht zugerechnet werden. Lediglich die nunmehrige Verringerung der ordentlichen Abschreibung geht in die Cash Flow–Berechnung ein.*

Steuern aus dem Investitionsprojekt:[7]

		1	2	3	4	5
	Cash Flow vor Zinsen und Steuern	120.000	0	150.000	120.000	130.000
+	Restwert					25.000
–	AfA_t	–175.000	–175.000			
–	Zinsen	–10.000	–8.362,03	–6.560,25	–4.578,30	–2.398,16
=	Gewinn aus dem Investitionsprojekt	–65.000	–183.362,03	143.439,75	115.421,70	152.601,84
	Steuern ($s = 40\,\%$)	–26.000	–73.344,81	57.375,90	46.168,68	61.040,75

Net Cash Flow (inklusive Restwert nach Steuern):

		1	2	3	4	5
	Cash Flow vor Zinsen und Steuern	120.000	0	150.000	120.000	130.000
+	Restwert					25.000
–	Zinsen	–10.000	–8.362,03	–6.560,25	–4.578,30	–2.398,16
–	Steuern	26.000	73.344,81	–57.375,90	–46.168,68	–61.040,75
=		136.000	64.982,78	86.063,85	69.253,01	91.561,11

---

[6] vgl. Fußnote 5, S. 132.

[7] Hierbei wird unterstellt, daß die Unternehmung die Übertragungsrücklage auch dann verwendet, wenn sie das Projekt nicht durchführt.

Zahlungen an die Eigenkapitalgeber:

		1	2	3	4	5
		136.000	64.982,78	86.063,85	69.253,01	91.561,11
−	Tilgung	−16.379,75	−18.017,72	−19.819,50	−21.801,44	−23.981,59
=		119.620,25	46.965,06	66.244,35	47.451,57	67.579,52

Alternativrendite des Eigenkapitals nach Steuern:

$$k_E = 10 \text{ \% p.a.}$$

Kapitalwert:

$$
\begin{aligned}
K_0 &= -386.900 + 100.000 + \frac{119.620,25}{1,1} + \frac{46.965,06}{1,1^2} + \frac{66.244,35}{1,1^3} \\
&\quad + \frac{47.451,57}{1,1^4} + \frac{67.579,52}{1,1^5} \\
&= -15.198,23
\end{aligned}
$$

(e) Bruttomethode mit expliziter Berücksichtigung der Steuern

Steuer aus dem Investitionsprojekt:[8]

		1	2	3	4	5
	Cash Flow vor Zinsen und Steuern	120.000	0	150.000	120.000	130.000
+	Restwert					25.000
−	AfA_t	−175.000	−175.000			
=	Gewinn aus dem Investitionsprojekt	−55.000	−175.000	150.000	120.000	155.000
	Steuern ($s = 40$ %)	−22.000	−70.000	60.000	48.000	62.000

Operating Cash Flow (inklusive Restwert):

		1	2	3	4	5
	Cash Flow vor Zinsen und Steuern	120.000	0	150.000	120.000	130.000
+	Restwert					25.000
−	Steuern	22.000	70.000	−60.000	−48.000	−62.000
=		142.000	70.000	90.000	72.000	103.000

Gewichteter durchschnittlicher Kapitalkostensatz nach Steuern:

$$k_G = 7,2 \text{ \% p.a.}$$

Kapitalwert:

$$
\begin{aligned}
K_0 &= -386.900 + \frac{142.000}{1,072} + \frac{70.000}{1,072^2} + \frac{90.000}{1,072^3} \\
&\quad + \frac{72.000}{1,072^4} + \frac{103.000}{1,072^5} \\
&= -256.98
\end{aligned}
$$

5.2.3　Investitionsrücklage

Die **Investitionsrücklage (IRL)** nach § 9 EStG in der Fassung vor Inkrafttreten des BGBl. 1993/818 konnte bis Ende 1993 jährlich aus dem buchhalterischen Gewinn (abzüglich des Investitionsfreibetrags) in der Höhe von maximal 10 % gebildet werden. Da sie innerhalb

---

[8] vgl. Fußnote 7, S. 133.

von vier Jahren auf einen Investitionsfreibetrag übertragen werden muß, ist die Investitionsrücklage eine Steuerstundung bis zur Übertragung. Wird sie nicht verwendet, dann erfolgt eine Auflösung gegen außerordentliche Erträge. Zusätzlich müssen in der steuerlichen Mehr–Weniger–Rechnung 5 % der Investitionsrücklage pro Bestandsjahr zum steuerlichen Gewinn strafweise zugeschlagen werden. Eine Investitionsrücklage darf allerdings erst nach der Dotierung aller Investitionsfreibeträge gebildet werden.

Lösung von Aufgabe 32 (c):

(c1) *Steuern aus dem Investitionsprojekt:*[9]

		1	2	3	4	5
	Cash Flow vor Zinsen und Steuern	*120.000*	*0*	*150.000*	*120.000*	*130.000*
+	*Restwert*					*25.000*
–	*AfA_t*	*–193.450*	*–193.450*			
–	*Zinsen*	*–10.000*	*–8.362,03*	*–6.560,25*	*–4.578,30*	*–2.398,16*
=	*Vorläufiger Gewinn*	*–83.450*	*–201.812,03*	*143.439,75*	*115.421,70*	*152.601,84*
–	*Dotierung der Investitionsrücklage*	*8.345*	*20.181,20*	*–14.343.98*	*–11.542,17*	*–15.260.18*
=	*Gewinn aus dem Investitionsprojekt*	*–75.105*	*–181.630,82*	*129.095,77*	*103.879,53*	*137.341,66*
	Steuern (s = 40 %)	*–30.042*	*–72.625,33*	*51.638,31*	*41.551,81*	*54.936,66*

Net Cash Flow (inklusive Restwert nach Steuern):

		1	2	3	4	5
	Cash Flow vor Zinsen und Steuern	*120.000*	*0*	*150.000*	*120.000*	*130.000*
+	*Restwert*					*25.000*
–	*Zinsen*	*–10.000*	*–8.362,03*	*–6.560,25*	*–4.578,30*	*–2.398,16*
–	*Steuern*	*30.042*	*72.625,33*	*–51.638,31*	*–41.551,81*	*–54.936,66*
=		*140.042*	*64.290,30*	*91.801,44*	*73.869,88*	*97.665,18*

Zahlungen an die Eigenkapitalgeber:

		1	2	3	4	5
		140.042	*64.290,30*	*91.801,44*	*73.869,88*	*97.665,18*
–	*Tilgung*	*–16.379,75*	*–18.017,72*	*–19.819,50*	*–21.801,44*	*–23.981,59*
=		*123.662,25*	*46.272,58*	*71.981,94*	*52.068,44*	*73.683,59*

Alternativrendite des Eigenkapitals nach Steuern:

$$k_E = 0,1$$

Kapitalwert:

$$
\begin{aligned}
K_0 &= -386.900 + 100.000 + \frac{123.662,25}{1,1} + \frac{46.272,58}{1,1^2} + \frac{71.981,94}{1,1^3} \\
&\quad + \frac{52.068,44}{1,1^4} + \frac{73.683,59}{1,1^5} \\
&= -841,44
\end{aligned}
$$

---

[9] Hierbei wird unterstellt, daß die gebildeten Investitionsrücklagen auch tatsächlich innerhalb von vier Jahren auf neue künftige Projekte der Unternehmung übertragen werden. Ansonsten wäre die oben beschriebene strafweise Gewinnzuschlagsrechnung zu berücksichtigen.

(e) Bruttomethode mit expliziter Berücksichtigung der Steuern

Steuern aus dem Investitionsprojekt:[10]

		1	2	3	4	5
	Cash Flow vor Zinsen und Steuern	120.000	0	150.000	120.000	130.000
+	Restwert					25.000
−	AfA_t	−193.450	−193.450			
=	Vorläufiger Gewinn	−73.450	−193.450	150.000	120.000	155.000
−	Dotierung der Investitionsrücklage	7.345	19.345	−15.000	−12.000	−15.500
=	Gewinn aus dem Investitionsprojekt	−66.105	−174.105	135.000	108.000	139.500
	Steuern $(s = 40\,\%)$	−26.442	−69.642	54.000	43.200	55.800

Operating Cash Flow (inklusive Restwert nach Steuern):

		1	2	3	4	5
	Cash Flow vor Zinsen und Steuern	120.000	0	150.000	120.000	130.000
+	Restwert					25.000
−	Steuern	26.442	69.642	−54.000	−43.200	−55.800
=		146.442	69.642	96.000	76.800	99.200

Gewichteter durchschnittlicher Kapitalkostensatz nach Steuern:

$$k_G = 7,2\,\%\ \text{p.a.}$$

Kapitalwert:

$$
\begin{aligned}
K_0 &= -386.900 + \frac{146.442}{1,072} + \frac{69.642}{1,072^2} + \frac{96.000}{1,072^3} \\
&\quad + \frac{76.800}{1,072^4} + \frac{99.200}{1,072^5} \\
&= 16.459,63
\end{aligned}
$$

(c2) *Die zu $t = 0^-$ gebildete Investitionsrücklage von 76.760,– muß gegen den zu bildenden Investitionsfreibetrag in der Höhe von*

$$0,2 \cdot 386.900 = 77.380$$

aufgelöst werden. Es bleibt ein absetzbarer Investitionsfreibetrag in der Höhe von

$$77.380 - 76.760 = 620$$

übrig.

Steuern aus dem Investitionsprojekt:[11]

		1	2	3	4	5
	Cash Flow vor Zinsen und Steuern	120.000	0	150.000	120.000	130.000
+	Restwert					25.000
−	AfA_t	−193.450	−193.450			
−	Investitionsfreibetrag	−620				
−	Zinsen	−10.000	−8.362,03	−6.560,25	−4.578,30	−2.398,16
=	Gewinn aus dem Investitionsprojekt	−84.070	−201.812,03	143.439,75	115.421,70	152.601,84
	Steuern $(s = 40\,\%)$	−33.628	−80.724,81	57.375,90	46.168,68	61.040,75

---

[10] vgl. Fußnote 9, S. 135.

[11] Hierbei wird unterstellt, daß die zu $t = 0^-$ gebildete Investitionsrücklage auf jeden Fall, d.h. auch bei Unterlassen des Investitionsprojekts, rechtzeitig auf eine neue Investition der Unternehmung übertragen werden wird. Würde die Investitionsrücklage bei Nichtdurchführung des Investitionsprojekts zu einer strafweisen Gewinnzuschlagsrechnung führen, weil die Unternehmung über nicht genügend Investitionsprojekte verfügt, dann wären dem Projekt noch zusätzlich die diskontierten Steuerersparnisse hinzuzurechnen.

Net Cash Flow (inklusive Restwert nach Steuern):

	1	2	3	4	5
Cash Flow vor Zinsen und Steuern	120.000	0	150.000	120.000	130.000
Restwert					25.000
− Zinsen	−10.000	−8.362,03	−6.560,25	−4.578,30	−2.398,16
− Steuern	33.628	80.724,81	−57.375,90	−46.168,68	−61.040,75
=	143.628	72.362,78	86.063,85	69.253,01	91.561,11

Zahlungen an die Eigenkapitalgeber:

	1	2	3	4	5
	143.628	72.362,78	86.063,85	69.253,01	91.561,11
− Tilgung	−16.379,75	−18.017,72	−19.819,50	−21.801,44	−23.981,59
=	127.248,25	54.345,06	66.244,35	47.451,57	67.579,52

Alternativrendite des Eigenkapitals nach Steuern:

$$k_E = 10\ \%\ p.a.$$

Kapitalwert:

$$
\begin{aligned}
K_0 &= -386.900 + 100.000 + \frac{127.248,25}{1,1} + \frac{54.345,06}{1,1^2} + \frac{66.244,35}{1,1^3} \\
&\quad + \frac{47.451,57}{1,1^4} + \frac{67.579,52}{1,1^5} \\
&= -2.164,51
\end{aligned}
$$

(e) Bruttomethode mit expliziter Berücksichtigung der Steuern

Steuern aus dem Investitionsprojekt:[12]

	1	2	3	4	5
Cash Flow vor Zinsen und Steuern	120.000	0	150.000	120.000	130.000
+ Restwert					25.000
− AfA_t	−193.450	−193.450			
− Investitionsfreibetrag	−620				
= Gewinn aus dem Investitionsprojekt	−74.070	−193.450	150.000	120.000	155.000
Steuern (s = 40 %)	−29.628	−77.380	60.000	48.000	62.000

Operating Cash Flow (inklusive Restwert nach Steuern):

	1	2	3	4	5
Cash Flow vor Zinsen und Steuern	120.000	0	150.000	120.000	130.000
+ Restwert					25.000
− Steuern	29.628	77.380	−60.000	−48.000	−62.000
=	149.628	77.380	90.000	72.000	103.000

Gewichteter durchschnittlicher Kapitalkostensatz nach Steuern:

$$k_G = 7,2\ \%\ p.a.$$

Kapitalwert:

$$
\begin{aligned}
K_0 &= -386.900 + \frac{149.628}{1,072} + \frac{77.380}{1,072^2} + \frac{90.000}{1,072^3} \\
&\quad + \frac{72.000}{1,072^4} + \frac{103.000}{1,072^5} \\
&= 13.280,64
\end{aligned}
$$

---

[12] vgl. Fußnote 11, S. 136.

5.2.4 Vorzeitige Abschreibung

Eine **vorzeitige Abschreibung (VZA)** kannte das österreichische Steuersystem bis 1988. Sie war neben der ordentlichen Abschreibung eine einmalige vorgezogene Abschreibung im Anschaffungsjahr von bis zu 40 %. Das Anlagegut ist dadurch früher als im Regelfall vollständig abgeschrieben. Die Steuerzahlung wird somit gestundet.

Lösung von Aufgabe 32 (d):

Berechnung der vorzeitigen Abschreibung:

$$0,4 \cdot 386.900 = 154.760$$

Die Basis der ordentlichen Abschreibung verringert sich durch die vorzeitige Abschreibung nicht. Es verringert sich lediglich die Höhe der ordentlichen Abschreibung in der zweiten Periode von 193.450 auf 38.690.

Steuern aus dem Investitionsprojekt:

		1	2	3	4	5
+	Cash Flow vor Zinsen und Steuern	120.000	0	150.000	120.000	130.000
	Restwert					25.000
−	Vorzeitige Abschreibung	−154.760				
−	AfA_t	−193.450	−38.690			
−	Zinsen	−10.000	−8.362,03	−6.560,25	−4.578,30	−2.398,16
=	Gewinn aus dem Investitionsprojekt	−238.210	−47.052,03	143.439,75	115.421,70	152.601,84
	Steuern ($s = 40$ %)	−95.284	−18.820,81	57.375,90	46.168,68	61.040,75

Net Cash Flows (inklusive Restwert nach Steuern):

		1	2	3	4	5
+	Cash Flow vor Zinsen und Steuern	120.000	0	150.000	120.000	130.000
	Restwert					25.000
−	Zinsen	−10.000	−8.362,03	−6.560,25	−4.578,30	−2.398,16
−	Steuern	95.284	18.820,81	−57.375,90	−46.168,68	−61.040,75
=		205.284	10.458,78	86.063,85	69.253,01	91.561,11

Zahlungen an die Eigenkapitalgeber:

		1	2	3	4	5
		205.284	10.458,78	86.063,85	69.253,01	91.561,11
−	Tilgung	−16.379,75	−18.017,72	−19.819,50	−21.801,44	−23.981,59
=		188.904,25	−7.558,94	66.244,35	47.451,57	67.579,52

Alternativrendite des Eigenkapitals nach Steuern:

$$k_E = 10 \text{ % p.a.}$$

Kapitalwert:

$$
\begin{aligned}
K_0 &= -386.900 + 100.000 + \frac{188.904,25}{1,1} + \frac{-7.558,94}{1,1^2} + \frac{66.244,35}{1,1^3} \\
&\quad + \frac{47.451,57}{1,1^4} + \frac{67.579,52}{1,1^5} \\
&= 2.726,07
\end{aligned}
$$

(e) Bruttomethode mit expliziter Berücksichtigung der Steuern

Steuern aus dem Investitionsprojekt:

		1	2	3	4	5
	Cash Flow vor Zinsen und Steuern	120.000	0	150.000	120.000	130.000
+	Restwert					25.000
−	Vorzeitige Abschreibung	−154.760				
−	AfA_t	−193.450	−38.690			
=	Gewinn aus dem Investitionsprojekt	−228.210	−38.690	150.000	120.000	155.000
	Steuern ($s = 40$ %)	−91.284	−15.476	60.000	48.000	62.000

Operating Cash Flows (inklusive Restwert):

		1	2	3	4	5
	Cash Flow vor Zinsen und Steuern	120.000	0	150.000	120.000	130.000
+	Restwert					25.000
−	Steuern	91.284	15.476	−60.000	−48.000	−62.000
=		211.284	15.476	90.000	72.000	103.000

Gewichteter durchschnittlicher Kapitalkostensatz nach Steuern:

$$k_G = 7,2 \text{ % p.a.}$$

Kapitalwert:

$$K_0 = -386.900 + \frac{211.284}{1,072} + \frac{15.476}{1,072^2} + \frac{90.000}{1,072^3}$$
$$+ \frac{72.000}{1,072^4} + \frac{103.000}{1,072^5}$$
$$= 23.991,37$$

5.3 Finanzierungsförderungen

Die wichtigsten Finanzierungsförderungen Österreichs sind in Tab. 5.3 dargestellt[13]. Abgesehen von den in 5.3.4 dargestellten Bürgschaften und Garantien können die Finanzierungsförderungen in

- steuerfreie

und

- steuerpflichtige

---

[13] Eine umfassende Übersicht über die Finanzierungsförderungen in Österreich bieten
Bundeswirtschaftskammer der gewerblichen Wirtschaft (Hrsg.), *Kreditmöglichkeiten für die gewerbliche Wirtschaft*, 12. Auflage, Wien 1992,
und
Bank Austria AG (Hrsg.), *Finanzierungen und Förderungen in der EU*, Wien 1995.

Institute	ERP	NÖBEG Niederösterreichische Kapitalbeteiligungs GmbH	OeKB Österreichische Kontrollbank
		Bürgschaftsübernahme	**Beteiligungsmodell**	
Ziel	innov. Investitionen in Regionalfördergebieten	Markterschließung, Umsetzung von F&E ergebnissen, Schaffung organisatorischer Voraussetzungen, Beratungsmaßnahmen	Betriebsgründung, Betriebsübernahme, Strukturverbesserungsmaßnahmen, innerbetriebliche Entwicklung, Betriebsgrößenoptimierung und Errichtung saisonverlängernder Freizeit-Infrastruktureinrichtungen	Exportservice, Versicherung wirtschaftliches & politisches Risiko
Gegenstand	innovationsreiche Projekte von KMU's	interessante Geschäftsideen, die realisierbar sind, nicht rein innovative Ideen (z.B. auch Standortverlagerung)	interessante Geschäftsideen, die realisierbar sind, nicht rein innovative Ideen (z.B. auch Standortverlagerung)	einzelne Exporte oder Pauschale
Umfang	Gewährung von Krediten, deren Investition höher ist als bei Bürgesinvestition	_1. Investitionskredit:_ Haftungsübernahme von Projekten mit einem Kreditbetrag von ATS 200.000,- bis ATS 10 Mio (Euro 726.728,-), 10 Jahre Laufzeit	_stille Beteiligung:_ mind. 1 Mio ATS bis zu ATS 10 Mio mit einer Laufzeit von bis zu 15 Jahren,	keine Ober- und Untergrenze
	in der Regel ab ATS 5 Mio (Euro 0,36 Mio) bis max. ATS 100 Mio (Euro 7,27 Mio). Bei Projekten im Ziel 1-Gebiet gilt keine Obergrenze	_2. Betriebsmittelkredit:_ Haftungsübernahme von Projekten mit einem Kreditrahmen bis 3 Mio ATS (Euro 218.019,-), 5 Jahre Laufzeit	_Kosten:_ a) Festvergütung ab d 4. Beteiligungsjahr b) variable gewinnabhängige Zusatzvergütung c) 0,5% bis 1,5 % Betreuungsentgelt ab Beteiligungserwerb	
Art der Förderung	Zinsenzuschuss	Haftungsübernahme		Versicherung & Haftungsübernahme
Höhe der Förderung	abhängig von Regionalfördergebiet: max. 15 % EFRE Zuschuss, 5 % ERP Kredit	max. 80 % des Kredites und 20 % der Zinsen und Kosten	max. 20 % der Gesamtinvestitionskosten	
link	http://www.erp-fonds.at	http://www.noebeg-noekbg.at		http://www.oekb.co.at

Institute	FFF	FGG	BÜRGES	Landesregierung	AMS
	Forschungsförderungsfonds für die gewerbliche Wirtschaft	Finanzierungsgarantie - GmbH			Arbeitsmarktservice
Ziel	Förderung zur Erschließung innovatorisch und technologischen Potentials, Know-How Transfer, Technologie	Incentive für Investitionen	Förderung von kleinen und mittleren Unternehmen (KMU)	Beitrag zur a) Erreichung eines optimalen Wirtschaftswachstum b) Stärkung des Wettbewerbes c) Schaffung und Sicherung von Arbeitsplätzen	Qualifizierung und Weiterbildung von Arbeitnehmer
Gegenstand	risikoreiche Projekte mit gehobenem Innovationsgrad	wirtschaftliches Risiko, Mobilisierung von Risikokapital	a) Investitionsfinanzierung & Innovationen b) Jungunternehmer c) Internationalisierung d) Patente e) Eigenkapitalausstattung	a) Strukturverbesserung, Neugründung und Betriebsansiedlung b) F&E, Innovation c) Markterschließung d) Kooperation e) Nahversorgung	Ausbildung von Lehrlingen und Weiterbildungsaktivitäten von ArbeitnehmerInnen
Umfang	Investition von ATS 400.000 aufwärts	Rahmen von 10 Mrd. ATS	bis zu 20 Mio ATS je nach Förderung	Erstinvestitionen, bauliche & masch. Investitionen, Baukosten, betriebsnotwendiges Lager, Marktdatenerhebung, Reisekosten	*Lehrlingsausbildung:* regional unterschiedlich Förderungsvoraussetzungen möglich!
	Projektkosten wie Personalkosten, Forschungseinrichtungen, Versuchsanordnungen und sonstiger Sachaufwand ist förderbar	1. *Inlandsgarantien* als zusätzliche Garantie für Bank 2. *OWF-Garantie* für Auslandsinvestitionen zur Abdeckung des wirtschaftlichen Risikos 3. *Kapitalgarantien* für Venture Fonds	De-minimis Förderungen (Bagatellförderungen)	direkt zurechenbare Kosten wie Personalkosten, sonstige Betriebskosten, Instrumente & Ausrüstung, Beratung, Weiterbildung, De-minimis Förderungen, *Förderung abhängig von Region und Zielgebiet!*	*Weiterbildung* wird nur nach Vorlage eines sinnvollen Bildungsplanes gewährt!
Art der Förderung	zinsengünstiges Darlehen, Zinsenzuschuß für Kredite und Haftungsübernahme für Kredite	Garantien	Zuschüsse zu Darlehen und Zinsen und Haftungsübernahme	Zuschüsse zu Darlehen und Zinsen, aber auch Kosten	Kostenzuschuß
Höhe der Förderung	max. 50 % der Projektkosten	35 - 40 % Risksharing quote	je nach Förderung		2/3 der Kursgebühren, 50 % der Kosten der Lehrlings-ausbildung
link	http://www.fff.co.at	http://www.fgg.at	http://www.buerges.com	http://www.wirtschaftsfoerderung.at http://www.wwff.gv.at	http://www.ams.or.at

Tab. 5.3: Finanzierungsförderungen in Österreich (Stand Mai 2001) (Quelle: Hübner & Hübner, www.huebner.at)

	Investitionszulage	Investitionszuschuß	
		erfolgswirksam	erfolgsneutral
EStG/KStG	steuerfrei	steuerpflichtig	
Förderung erhöht als Ertrag die Steuerbasis	nein	ja	nein
Basis für die bilanzielle Abschreibung und steuerliche Investitionsbegünstigung	Anschaffungs- kosten	Anschaffungs- kosten	Anschaffungs- kosten minus (Barwert der) Förderung

Tab. 5.4: Steuerliche Behandlung von Investitionszulagen und –zuschüssen

Förderungen unterteilt werden (vgl. auch Tab. 5.1 und 5.4). In beiden Fällen erfolgen Zuflüsse an Geldmitteln von außen in die Unternehmung, jedoch muß eine unterschiedliche steuerliche Behandlung dieser Zuflüsse bei der Unternehmung berücksichtigt werden. Bei den steuerfreien Finanzierungsförderungen (Investitionszulagen inklusive Investitionsprämie) werden diese Zuflüsse steuerlich ignoriert. D.h. daß diese Förderungen die Steuerbasis nicht erhöhen und daß die steuerliche Abschreibung von den Anschaffungskosten erfolgen darf. Bei den steuerpflichtigen Finanzierungsförderungen (Investitionszuschüsse, zinsbegünstigte Kredite, Zins- und Annuitätenzuschüsse) sind zwei Arten der steuerlichen Behandlung zu unterscheiden:

- Erfolgswirksame Behandlung

und

- erfolgsneutrale Behandlung.

Bei der erfolgswirksamen Behandlung von Investitionszuschüssen erhöht diese Förderung im Zeitpunkt der Zahlung die Steuerbasis der Unternehmung. Dafür bilden jedoch die gesamten Anschaffungskosten die Grundlage für die steuerlichen Abschreibungen. Bei der erfolgsneutralen Behandlung von Investitionszuschüssen wird die Steuerbasis durch diese Förderung nicht erhöht. Dafür darf jedoch für die Ermittlung der steuerlichen Abschreibungen nur der Differenzbetrag aus Anschaffungskosten abzüglich (des Barwertes) der Förderung herangezogen werden.

Bei Zinszuschüssen erfolgt stets eine erfolgswirksame Behandlung. D.h. daß bei Zinszuschüssen die Förderungen jährlich als Ertrag die Steuerbasis erhöhen und somit nur die im Endeffekt tatsächlich von der Unternehmung geleisteten Zinsaufwendungen in die Berechnung der Steuerbasis eingehen. Bei Annuitätenzuschüssen muß eine Aufteilung der jährlichen Förderung in den Zins- und Tilgungsanteil erfolgen. Die Zinsanteile des Annuitätenzuschusses werden steuerlich stets erfolgswirksam behandelt. Die Tilgungsanteile jedoch können wiederum entweder erfolgswirksam oder aber erfolgsneutral behandelt werden, was die oben dargestellten steuerlichen Konsequenzen mit sich zieht.

Bei zinsbegünstigten Krediten erfolgt eine erfolgswirksame Behandlung in der Form, daß selbstverständlich nur die tatsächlich geleisteten Zinskosten als Aufwendungen in die Berechnung der Steuerbasis eingehen.

5.3.1 Investitionszulagen

Investitionszulagen sind steuerfreie Zahlungen. Sie können entweder in allgemeiner Form als einmaliger absoluter Förderungsbetrag im Anschaffungsjahr der Unternehmung überwiesen oder als Sonderform durch eine Investitionsprämie als Prozentsatz der Anschaffungsauszahlungen als Forderung gegenüber dem Finanzamt geltend gemacht werden.

5.3.1.1 Allgemeine Darstellung

Lösung von Aufgabe 33 (a):

Die Beihilfe der Arbeitsmarktverwaltung führt zu einer Einzahlung zu t = 0 in der Höhe von 50.000, die man demnach zum Kapitalwert der Aufgabe 30 (b1) addiert:

$$
\begin{aligned}
K_0 &= -2.389,96 + 50.000 \\
    &= 47.610,04
\end{aligned}
$$

Lösung von Aufgabe 33 (c):

Die 50.000 Beihilfe der Arbeitsmarktverwaltung werden zum Kapitalwert der Aufgabe 31 (b1) addiert.

$$
\begin{aligned}
K_0 &= 13.049,29 + 50.000 \\
    &= 63.049,29
\end{aligned}
$$

5.3.1.2 Sonderform: Investitionsprämie

Investitionsprämien sind laut § 3 (1) Z 3 EStG (in der Fassung vor 1988) als Beihilfe aus öffentlichen Mitteln steuerbefreit. Die Prämienhöhe beträgt 4 bzw. 8 % der Anschaffungs– bzw. Herstellungskosten. Die Behaltefrist für Investitionsprojekte, für die eine Investitionsprämie beansprucht wird, ist mindestens fünf Jahre. Die Prämie muß bei Fristverletzung steuerwirksam aufgelöst werden. Sie schließt sonstige steuerliche Investitionsbegünstigungen aus.

Lösung von Aufgabe 33 (b):

Investitionsprämie:

$$386.900 \cdot 0,08 = 30.952$$

Steuern aus dem Investitionsprojekt:

	1	2	3	4	5
Cash Flow vor Zinsen und Steuern	120.000	0	150.000	120.000	130.000
+ Restwert					25.000
− AfA_t	−193.450	−193.450			
− Zinsen	−10.000	−8.362,03	−6.560,25	−4.578,30	−2.398,16
= Gewinn aus dem Investitionsprojekt	−83.450	−201.812,03	143.439,75	115.421,70	152.601,84
Steuern (s = 40 %)	−33.380	−80.724,81	57.375,90	46.168,68	61.040,75

Net Cash Flows (inklusive Restwert nach Steuern):

		1	2	3	4	5
	Cash Flow vor Zinsen und Steuern	120.000	0	150.000	120.000	130.000
+	Restwert					25.000
−	Zinsen	−10.000	−8.362,03	−6.560,25	−4.578,30	−2.398,16
−	Steuern	33.380	80.724,81	−57.375,90	−46.168,68	−61.040,75
+	Investitionsprämie (8 %)	30.952				
=		174.332	72.362,78	86.063,85	69.253,01	91.561,11

Zahlungen an die Eigenkapitalgeber:

		1	2	3	4	5
		174.332	72.362,78	86.063,85	69.253,01	91.561,11
−	Tilgung	−16.379,75	−18.017,72	−19.819,50	−21.801,44	−23.981,59
=		157.952,25	54.345,06	66.244,35	47.451,57	67.579,52

Alternativrendite des Eigenkapitals nach Steuern:

$$k_E = 0,1$$

Kapitalwert:

$$K_0 = -386.900 + 100.000 + \frac{157.952,25}{1,1} + \frac{54.345,06}{1,1^2} + \frac{66.244,35}{1,1^3}$$
$$+ \frac{47.451,57}{1,1^4} + \frac{67.579,52}{1,1^5}$$
$$= 25.748,22$$

Lösung von Aufgabe 33 (c):

Die Steuerberechnung erfolgt wie in Aufgabe 31 (b1).
Operating Cash Flow (inklusive Restwert):

		1	2	3	4	5
	Cash Flow vor Zinsen und Steuern	120.000	0	150.000	120.000	130.000
+	Restwert					25.000
−	Steuern	29.380	77.380	−60.000	−48.000	−52.000
+	Investitionsprämie (8 %)	30.952				
=		180.332	77.380	90.000	72.000	103.000

Kalkulationszinsfuß:

$$k_G = 7,2 \text{ \% p.a.}$$

Kapitalwert:

$$K_0 = -386.900 + \frac{180.332}{1,072} + \frac{77.380}{1,072^2} + \frac{90.000}{1,072^3}$$
$$+ \frac{72.000}{1,072^4} + \frac{103.000}{1,072^5}$$
$$= 41.922,43$$

5.3.2 Investitionszuschüsse

Investitionszuschüsse sind steuerpflichtige Zahlungen, die steuerlich entweder erfolgswirksam oder erfolgsneutral zu behandeln sind (vgl. Tab. 5.4).

Lösung von Aufgabe 34:

(a) **Erfolgswirksam:**

Der Zuschuß sei zu $t = 0$ erfolgswirksam. Er erhöht die Steuerbasis der Unternehmung im Anschaffungsjahr des Aggregats; der Kapitalwert aus Aufgabe 30 (b1) erhöht sich um die um die Steuerzahlungen verkürzte Zuschußsumme von 50.000, d.h. um 30.000.

$$K_0 = -2.389,96 + (1 - 0,4)50.000$$
$$= 27.610,04$$

(b) **Erfolgsneutral:**

Der Zuschuß vermindert die steuerliche Abschreibungsbasis um den Zuschußbetrag in der Höhe von 50.000.

Abschreibung:

$$AfA = \frac{386.900 - 50.000}{2}$$
$$= 168.450$$

Steuern aus dem Investitionsprojekt:

	1	2	3	4	5
Cash Flow vor Zinsen und Steuern	120.000	0	150.000	120.000	130.000
+ Restwert					25.000
− AfA_t	−168.450	−168.450			
− Zinsen	−10.000	−8.362,03	−6.560,25	−4.578,30	−2.398,16
= Gewinn aus dem Investitionsprojekt	−58.450	−176.812,03	143.439,75	115.421,70	152.601,84
Steuern ($s = 40\%$)	−23.380	−70.724,81	57.375,90	46.168,68	61.040,75

Net Cash Flow (inklusive Restwert nach Steuern):

	1	2	3	4	5
Cash Flow vor Zinsen und Steuern	120.000	0	150.000	120.000	130.000
+ Restwert					25.000
− Zinsen	−10.000	−8.362,03	−6.560,25	−4.578,30	−2.398,16
− Steuern	23.380	70.724,81	−57.375,90	−46.168,68	−61.040,75
=	133.380	62.362,78	86.063,85	69.253,01	91.561,11

Zahlungen an die Eigenkapitalgeber:

	1	2	3	4	5
	133.380	62.362,78	86.063,85	69.253,01	91.561,11
− Tilgung	−16.379,75	−18.017,72	−19.819,50	−21.801,44	−23.981,59
=	117.000,25	44.345,06	66.244,35	47.451,57	67.579,52

Alternativrendite des Eigenkapitals nach Steuern:

$$k_E = 0,1$$

Kapitalwert:

$$K_0 = -386.900 + 100.000 + 50.000 + \frac{117.000,25}{1,1} + \frac{44.345,06}{1,1^2} + \frac{66.244,35}{1,1^3}$$
$$+ \frac{47.451,57}{1,1^4} + \frac{67.579,52}{1,1^5}$$
$$= 30.254,67$$

(c) Bruttomethode mit expliziter Berücksichtigung der Steuern und sofortigem Verlustausgleich:

Erfolgswirksame Behandlung:

$$K_0 = 13.049,29 + (1 - 0,4)50.000$$
$$= 43.049,29$$

Erfolgsneutrale Behandlung:
Steuern aus dem Investitionsprojekt:

	1	2	3	4	5
Cash Flow vor Zinsen und Steuern	120.000	0	150.000	120.000	130.000
+ Restwert					25.000
− AfA_t	−168.450	−168.450			
= Gewinn aus dem Investitionsprojekt	−48.450	−168.450	150.000	120.000	155.000
Steuern ($s = 40\ \%$)	−19.380	−67.380	60.000	48.000	52.000

Operating Cash Flow (inklusive Restwert nach Steuern):

	1	2	3	4	5
Cash Flow vor Zinsen und Steuern	120.000	0	150.000	120.000	130.000
+ Restwert					25.000
− Steuern	19.380	67.380	−60.000	−48.000	−52.000
=	139.380	67.380	90.000	72.000	103.000

Kalkulationszinsfuß:

$$k_G = 7,2\ \%\ \text{p.a.}$$

Kapitalwert:

$$K_0 = -386.900 + 50.000 + \frac{139.380}{1,072} + \frac{67.380}{1,072^2} + \frac{90.000}{1,072^3}$$
$$+ \frac{72.000}{1,072^4} + \frac{103.000}{1,072^5}$$
$$= 45.019,11$$

5.3.3   Zinsbegünstigte Kredite, Zins– und Annuitätenzuschüsse

Lösung von Aufgabe 35:

(a) Darlehen in der Höhe von 30.000 zu 4 % p.a.:

Zins– und Tilgungsplan:

$$Ann = 30.000 \cdot \frac{0,04 \cdot (1 + 0,04)^5}{(1 + 0,04)^5 - 1}$$
$$= 6.738,81$$

	1	2	3	4	5
Ausstehendes Nominale zu Periodenbeginn	30.000	24.461,19	18.700,82	12.710,04	6.479,63
Annuität	6.738,81	6.738,81	6.738,81	6.738,81	
davon Zinsen	1.200	978,45	748,03	508,40	259,15
davon Tilgung	5.538,81	5.760,37	5.990,78	6.230,41	6.479,63

Steuern aus dem Investitionsprojekt:

	1	2	3	4	5
Cash Flow vor Zinsen und Steuern	120.000	0	150.000	120.000	130.000
+ Restwert					25.000
− AfA_t	−193.450	−193.450			
− Zinsen des Bankkredits	−10.000	−8.362,03	−6.560,25	−4.578,30	−2.398,16
− Zinsen des Landeskredits	−1.200	−978,45	−748,03	−508,40	−259,15
= Gewinn aus dem Investitionsprojekt	−84.650	−202.790,47	142.691,71	114.913,30	152.342,66
Steuern (s = 40 %)	−33.380	−80.724,81	57.375,90	46.168,68	60.937,06

Net Cash Flows (inklusive Restwert nach Steuern):

	1	2	3	4	5
Cash Flow vor Zinsen und Steuern	120.000	0	150.000	120.000	130.000
+ Restwert					25.000
− Zinsen des Bankkredits	−10.000	−8.362,03	−6.560,25	−4.578,30	−2.398,16
− Zinsen des Landeskredits	−1.200	−978,45	−748,03	−508,40	−259,15
− Steuern	33.380	80.724,81	−57.375,90	−46.168,68	−60.937,06
=	142.660	71.775,72	85.615,03	68.947,97	101.405,50

Zahlungen an die Eigenkapitalgeber:

	1	2	3	4	5
	142.660	71.775,72	85.615,03	68.947,97	101.405,50
− Tilgung des Bankkredits	−16.379,75	−18.017,72	−19.819,50	−21.801,44	−23.981,59
− Tilgung des Landeskredits	−5.538,81	−5.760,37	−5.990,78	−6.230,41	−6.479,63
=	120.741,44	47.997,63	59.804,75	40.916,12	70.944,38

Alternativrendite des Eigenkapitals nach Steuern:[14]

$$k_E = 0,1$$

Kapitalwert:

$$K_0 = -386.900 + 100.000 + 30.000 + \frac{120.741,44}{1,1} + \frac{47.997,63}{1,1^2} + \frac{59.804,75}{1,1^3}$$
$$+ \frac{40.916,12}{1,1^4} + \frac{70.944,38}{1,1^5}$$
$$= 3.252,52$$

(b) Zinszuschuß von 40 %:

Steuern aus dem Investitionsprojekt:

	1	2	3	4	5
Cash Flow vor Zinsen und Steuern	120.000	0	150.000	120.000	130.000
+ Restwert					25.000
− AfA_t	−193.450	−193.450			
− Zinsen	−10.000	−8.362,03	−6.560,25	−4.578,30	−2.398,16
+ Zinszuschuß	4.000	3.344,81	2.624,10	1.831,32	959,26
= Gewinn aus dem Investitionsprojekt	−79.450	−198.467,85	146.063,85	117.253,02	153.561,10
Steuern (s = 40 %)	−31.780	−79.386,89	58.425,54	46.901,21	61.424,44

---

[14] Hierbei wird unterstellt, daß der Kapitalkostensatz trotz der nun höheren Verschuldung gleich groß bleibt.

Net Cash Flow (inklusive Restwert nach Steuern):

		1	2	3	4	5
	Cash Flow vor Zinsen und Steuern	120.000	0	150.000	120.000	130.000
+	Restwert					25.000
–	Zinsen	–10.000	–8.362,03	–6.560,25	–4.578,30	–2.398,16
+	Zinszuschuß	4.000	3.344,81	2.624,10	1.831,32	959,26
–	Steuern	31.780	79.386,89	–58.425,54	–46.901,21	–61.424,44
=		145.780	74.369,67	87.638,31	70.351,81	92.136,66

Zahlungen an die Eigenkapitalgeber:

		1	2	3	4	5
		145.780	74.369,67	87.638,31	70.351,81	92.136,66
–	Tilgung	–16.379,75	–18.017,72	–19.819,50	–21.801,44	–23.981,59
=		129.400,25	56.351,95	67.818,81	48.550,37	68.155,07

Alternativrendite des Eigenkapitals nach Steuern:

$$k_E = 0,1$$

Kapitalwert:

$$K_0 = -386.900 + 100.000 + \frac{129.400,25}{1,1} + \frac{56.351,95}{1,1^2} + \frac{67.818,81}{1,1^3}$$
$$+ \frac{48.550,37}{1,1^4} + \frac{68.155,07}{1,1^5}$$
$$= 3.741,22$$

(c) **Annuitätenzuschuß in der Höhe von 10 %:**

Zins- und Tilgungsplan des Annuitätenzuschusses:

$$Ann = 10.000 \cdot \frac{0,1 \cdot (1+0,1)^5}{(1+0,1)^5 - 1}$$
$$= 2.637,975$$

t	1	2	3	4	5
Ausstehendes Nominale zu Periodenbeginn	10.000	8.362,025	6.560,253	4.578,303	2.398,159
Annuität	2.637,975	2.637,975	2.637,975	2.637,975	2.637,975
davon Zinsen	1.000	836,203	656,025	457,830	239,816
davon Tilgung	1.637,975	1.801,772	1.981,950	2.180,144	2.398,159

Der über den Annuitätenzuschuß gewährte Zuschuß bei den Zinszahlungen muß versteuert werden. Die über den Zuschuß erhaltenen Tilgungsanteile können steuerlich erfolgswirksam oder erfolgsneutral behandelt werden.

– **Erfolgswirksame Behandlung des Tilgungsanteils:**

Steuern aus dem Investitionsprojekt:

		1	2	3	4	5
	Cash Flow vor Zinsen und Steuern	120.000	0	150.000	120.000	130.000
+	Restwert					25.000
–	AfA_t	–193.450	–193.450			
–	Zinsen	–10.000	–8.362,03	–6.560,25	–4.578,30	–2.398,16
+	Zinszuschuß	1.000	836,203	656,025	457,830	239,816
+	Tilgungszuschuß	1.637,97	1.801,77	1.981,95	2.180,14	2.398,16
=	Gewinn aus dem Investitionsprojekt	–82.812,03	–199.174,05	146.077,72	118.059,67	155.239,82
	Steuern (s = 40 %)	–32.324,81	–79.669,62	58.431,09	47.223,87	62.095,93

Net Cash Flow (inklusive Restwert nach Steuern):

		1	2	3	4	5
	Cash Flow vor Zinsen und Steuern	120.000	0	150.000	120.000	130.000
+	Restwert					25.000
−	Zinsen	−10.000	−8.362,03	−6.560,25	−4.578,30	−2.398,16
+	Zinszuschuß	1.000	836,203	656,025	457,830	239,816
−	Steuern	32.324,81	79.669,62	−58.431,09	−47.223,87	−62.095,93
=		143.324,81	72.143,80	85.664,68	68.655,66	90.745,73

Zahlungen an die Eigenkapitalgeber:

		1	2	3	4	5
		143.324,81	72.143,80	85.664,68	68.655,66	90.745,73
−	Tilgung	−16.379,75	−18.017,72	−19.819,50	−21.801,44	−23.981,59
+	Tilgungszuschuß	1.637,97	1.801,77	1.981,95	2.180,44	2.398,16
=		128.583,04	55.927,85	67.827,14	49.034,36	69.162,30

Alternativrendite des Eigenkapitals nach Steuern:

$$k_E = 0,1$$

Kapitalwert:

$$\begin{aligned}
K_0 &= -386.900 + 100.000 + \frac{128.583,04}{1,1} + \frac{55.927,85}{1,1^2} + \frac{67.827,14}{1,1^3} \\
&\quad + \frac{49.034,36}{1,1^4} + \frac{69.162,30}{1,1^5} \\
&= 3.610,04
\end{aligned}$$

− Erfolgsneutrale Behandlung des Tilgungsanteils:

Bei der erfolgsneutralen Behandlung des Tilgungsanteils verringert sich die Abschreibungsbasis um den Barwert des Tilgungsanteils (für $k = 10\,\%$ p.a.):

	Anschaffungsauszahlungen		386.900,–
−	Barwert des Tilgungsanteils	−	7.445,34
=	Neue Abschreibungsbasis		379.454,66

Steuern aus dem Investitionsprojekt:

		1	2	3	4	5
	Cash Flow vor Zinsen und Steuern	120.000	0	150.000	120.000	130.000
+	Restwert					25.000
−	AfA_t	−189.727,33	−189.727,33			
−	Zinsen	−10.000	−8.362,03	−6.560,25	−4.578,30	−2.398,16
+	Zinszuschuß	1.000	836,203	656,025	457,830	239,816
=	Gewinn aus dem Investitionsprojekt	−78.727,33	−197.253,15	144.095,77	115.879,53	152.841,66
	Steuern ($s = 40\,\%$)	−31.490,93	−78.901,26	57.638,31	46.351,81	61.136,66

Net Cash Flow (inklusive Restwert nach Steuern):

		1	2	3	4	5
	Cash Flow vor Zinsen und Steuern	120.000	0	150.000	120.000	130.000
+	Restwert					25.000
−	Zinsen	−10.000	−8.362,03	−6.560,25	−4.578,30	−2.398,16
+	Zinszuschuß	1.000	836,203	656,025	457,830	239,816
−	Steuern	31.490,93	78.901,26	−57.638,31	−46.351,81	−61.136,66
=		142.490,93	71.375,44	86.457,46	69.527,72	91.704,99

Zahlungen an die Eigenkapitalgeber:

		1	2	3	4	5
		142.490,93	71.375,44	86.457,46	69.527,72	91.704,99
−	*Tilgung*	−16.379,75	−18.017,72	−19.819,50	−21.801,44	−23.981,59
+	*Tilgungszuschuß*	1.637,97	1.801,77	1.981,95	2.180,44	2.398,16
=		127.749,16	55.159,49	68.619,92	49.906,42	70.121,56

Alternativrendite des Eigenkapitals nach Steuern:

$$k_E = 0,1$$

Kapitalwert:

$$K_0 = -386.900 + 100.000 + \frac{127.749,16}{1,1} + \frac{55.159,49}{1,1^2} + \frac{68.619,92}{1,1^3}$$
$$+ \frac{49.906,42}{1,1^4} + \frac{70.121,56}{1,1^5}$$
$$= 4.003,84$$

(d) Bruttomethode mit expliziter Berücksichtigung der Steuern und sofortigem Verlustausgleich:

Landesdarlehen in der Höhe von 30.000 zu einer Nominalverzinsung von 4 % p.a.:

Steuern aus dem Investitionsprojekt:

		1	2	3	4	5
	Cash Flow vor Zinsen und Steuern	120.000	0	150.000	120.000	130.000
+	Restwert					25.000
−	AfA_t	−193.450	−193.450			
=	Gewinn aus dem Investitionsprojekt	−73.450	−193.450	150.000	120.000	155.000
	Steuern (s = 40 %)	−29.380	−77.380	60.000	48.000	62.000

Operating Cash Flows (inklusive Restwert nach Steuern):

		1	2	3	4	5
	Cash Flow vor Zinsen und Steuern	120.000	0	150.000	120.000	130.000
+	Restwert					25.000
−	Steuern	29.380	77.380	−60.000	−48.000	−62.000
=		149.380	77.380	90.000	72.000	93.000

Gewichteter durchschnittlicher Kapitalkostensatz nach Steuern:

Um den neuen durchschnittlichen gewichteten Kapitalkostensatz ermitteln zu können, muß man die Kapitalstruktur des Investitionsprojekts betrachten. Hierbei kann man entweder annehmen, daß das für das Projekt bereitgestellte Eigenkapital oder das Fremdkapital durch das Landesdarlehen substituiert wird.

Eigenkapitalsubstitution:[15]

Der Verschuldungsgrad von 70 % bedeutet, daß 270.830 der 386.900 Fremdkapital zu einem Nominalzinssatz von 10 % sind; 30.000 oder 7,7539 % des Investitionsprojekts werden durch den Landeskredit und die verbleibenden 86.070 oder 22,2461 % mit Eigenkapital finanziert. Daraus ergibt sich ein neuer durchschnittlicher Kapitalkostensatz unter Berücksichtigung der Zinsabsetzbarkeit der Fremdkapitalkosten von

$$k_G = 0,22461 \cdot 0,1 + 0,7 \cdot (1 - 0,4) \cdot 0,1 + 0,077539 \cdot (1 - 0,4) \cdot 0,04$$
$$= 6,6107 \% \ p.a.$$

---

[15] vgl. Fußnote 14, S. 147.

Kapitalwert:

$$K_0 = -386.900 + \frac{149.380}{1,066106} + \frac{77.380}{1,066106^2} + \frac{90.000}{1,066106^3}$$
$$+ \frac{72.000}{1,066106^4} + \frac{93.000}{1,066106^5}$$
$$= 18.835,42$$

Fremdkapitalsubstitution:

70 %, das sind 270.830, des Investitionsprojekts sind fremdfinanziert, davon 30.000 (7,7539 %) mit einer Nominalverzinsung von 4 % p.a. und 240.830 (62,2461 %) mit einer Nominalverzinsung von 10 % p.a. Die restlichen 30 % bleiben eigenfinanziert.

$$k_G = 0,3 \cdot 0,1 + 0,622461 \cdot (1 - 0,4) \cdot 0,1 + 0,077539 \cdot (1 - 0,4) \cdot 0,04$$
$$= 6,9209 \% \text{ p.a.}$$

Kapitalwert:

$$K_0 = -386.900 + \frac{149.380}{1,069209} + \frac{77.380}{1,069209^2} + \frac{90.000}{1,069209^3}$$
$$+ \frac{72.000}{1,069209^4} + \frac{93.000}{1,069209^5}$$
$$= 15.772,41$$

Zinszuschuß im Ausmaß von 40 %:

Steuern aus dem Investitionsprojekt:

		1	2	3	4	5
	Cash Flow vor Zinsen und Steuern	120.000	0	150.000	120.000	130.000
+	Restwert					25.000
−	AfA_t	−193.450	−193.450			
=	Gewinn aus dem Investitionsprojekt	−73.450	−193.450	150.000	120.000	155.000
	Steuern (s = 40 %)	−29.380	−77.380	60.000	48.000	62.000

Operating Cash Flow (inklusive Restwert nach Steuern):

		1	2	3	4	5
	Cash Flow vor Zinsen und Steuern	120.000	0	150.000	120.000	130.000
+	Restwert					25.000
−	Steuern	29.380	77.380	−60.000	−48.000	−62.000
=		149.380	77.380	90.000	72.000	93.000

Gewichteter durchschnittlicher Kapitalkostensatz nach Steuern:

Da 40 % der Zinsen als Zuschuß gewährt werden, beträgt die Effektivverzinsung vor Steuern des Kredits nur noch 6 % p.a.

$$k_G = 0,3 \cdot 0,1 + 0,7 \cdot (1 - 0,4) \cdot 0,06$$
$$= 5,52 \% \text{ p.a.}$$

Kapitalwert:

$$K_0 = -386.900 + \frac{149.380}{1,0552} + \frac{77.380}{1,0552^2} + \frac{90.000}{1,0552^3}$$
$$+ \frac{72.000}{1,0552^4} + \frac{93.000}{1,0552^5}$$
$$= 28.981,09$$

5.3.4 Bürgschaften und Garantien

Lösung von Aufgabe 36:

(a) **Nettomethode mit expliziter Berücksichtigung der Steuern und sofortigem Verlustausgleich:**

Zins– und Tilgungsplan:

$$Ann = 100.000 \cdot \frac{0,09 \cdot (1+0,09)^5}{(1+0,09)^5 - 1}$$

$$= 25.709,25$$

t	1	2	3	4	5
Ausstehendes Nominale zu Periodenbeginn	100.000	83.290,75	65.077,68	45.225,42	23.586,46
Annuität	25.709,25	25.709,25	25.709,25	25.709,25	25.709,25
davon Zinsen	9.000	7.496,17	5.856,99	4.070,29	2.122,78
davon Tilgung	16.709,25	18.213,08	19.852,25	21.638,96	23.586,46

Steuern aus dem Investitionsprojekt:

		1	2	3	4	5
+	Cash Flows vor Zinsen und Steuern	120.000	0	150.000	120.000	130.000
	Restwert					25.000
−	AfA_t	−193.450	−193.450			
−	Zinsen	−9.000	−7.496,17	−5.856,99	−4.070,29	−2.122,78
=	Gewinn aus dem Investitionsprojekt	−82.450	−200.946,17	144.143,01	115.929,71	152.877,22
	Steuern ($s = 40\%$)	−32.980	−80.378,47	57.657,20	46.371,88	61.150,89

Net Cash Flow (inklusive Restwert nach Steuern):

		1	2	3	4	5
+	Cash Flows vor Zinsen und Steuern	120.000	0	150.000	120.000	130.000
	Restwert					25.000
−	Zinsen	−9.000	−7.496,17	−5.856,99	−4.070,29	−2.122,78
−	Steuern	32.980	80.378,47	−57.657,20	−46.371,88	−61.150,89
=		143.980	72.882,30	86.485,81	69.557,83	91.726,33

Zahlungen an die Eigenkapitalgeber:

		1	2	3	4	5
		143.980	72.882,30	86.485,81	69.557,83	91.726,33
−	Tilgung	16.709,25	18.213,08	19.852,25	21.638,96	23.586,46
=		127.270,75	54.669,22	66.633,55	47.918,87	68.139,87

Alternativrendite des Eigenkapitals nach Steuern:

$$k_E = 0,1$$

Kapitalwert:

$$K_0 = -386.900 + 100.000 + \frac{127.270,75}{1,1} + \frac{54.669,22}{1,1^2} + \frac{66.633,55}{1,1^3}$$

$$+ \frac{47.918,87}{1,1^4} + \frac{68.139,87}{1,1^5}$$

$$= -916,64$$

Nachdem der Kapitalwert des Aggregats negativ ist, hängt der Wert der Ausfallsbürgschaft davon ab, ob es sich um eine Kann– oder um eine Mußinvestition handelt. Bei einer Kanninvestition wird das Aggregat nicht durchgeführt, demzufolge wird die Ausfallsbürgschaft nicht in Anspruch genommen. Daher ist auch der Wert der Ausfallsbürgschaft null. Im Fall einer Mußinvestition ist der Wert der Ausfallsbürgschaft die Differenz zwischen dem Kapitalwert des Investitionsprojekts mit Gewährung der Ausfallsbürgschaft und jenem ohne Gewährung der Ausfallsbürgschaft:

$$Wert\ der\ Ausfallsbürgschaft\ =\ -916,64 - (-2.389,96)$$
$$=\ 1.473,32.$$

(b) **Bruttomethode mit expliziter Berücksichtigung der Steuern und sofortigem Verlustausgleich:**[16]

Steuern aus dem Investitionsprojekt:

	1	2	3	4	5
Cash Flow vor Zinsen und Steuern	120.000	0	150.000	120.000	130.000
+ Restwert					25.000
− AfA_t	−193.450	−193.450			
Gewinn aus dem Investitionsprojekt	−73.450	−193.450	150.000	120.000	155.000
Steuern (s = 40 %)	−29.380	−77.380	60.000	48.000	62.000

Operating Cash Flows (inklusive Restwert nach Steuern):

	1	2	3	4	5
Cash Flow vor Zinsen und Steuern	120.000	0	150.000	120.000	130.000
+ Restwert					25.000
− Steuern	29.380	77.380	−60.000	−48.000	−62.000
=	149.380	77.380	90.000	72.000	93.000

Gewichteter durchschnittlicher Kapitalkostensatz nach Steuern:

$$k_G = 0,3 \cdot 0,1 + 0,7 \cdot (1 - 0,4) \cdot 0,09$$
$$= 6,78\ \%\ p.a.$$

Kapitalwert:

$$K_0 = -386.900 + \frac{149.380}{1,0678} + \frac{77.380}{1,0678^2} + \frac{90.000}{1,0678^3}$$
$$+ \frac{72.000}{1,0678^4} + \frac{93.000}{1,0678^5}$$
$$= 17.158,57$$

Das Investitionsprojekt wird auf jeden Fall realisiert. Damit ist der Wert der Ausfallsbürgschaft, unabhängig davon, ob es sich um eine Kann– oder Mußinvestition handelt,

$$Wert\ der\ Ausfallsbürgschaft\ =\ 17.158,57 - 13.049,29$$
$$=\ 4.109,28.$$

---

[16] Hierbei wird unterstellt, daß die Ausfallsbürgschaft der Stadt Wien für alle Kredite der Unternehmung gilt.

6 Finanzwirtschaft und Rechnungswesen

Sowohl für die Praxis der betrieblichen Finanzwirtschaft als auch für die empirische Kapitalmarktforschung sind Kenntnisse des internen und externen Rechnungswesens von großer Wichtigkeit. In der Praxis dient die Kosten- und Erlösplanung einerseits zur Herleitung von Plan–GuVs und Plan–Bilanzen und andererseits zur Herleitung von geplanten Cash Flows. Diese Informationen sind sowohl für die Investitionsplanung als auch für die Finanz- und Finanzierungsplanung notwendig. Aber auch die historischen Ergebnisse des Rechnungswesens werden in der Praxis dazu verwendet, um daraus finanzwirtschaftliche Informationen zu prognostizieren, Kennzahlen zu ermitteln, Bewertungen vorzunehmen und Entscheidungen treffen zu können.

Die im ersten Abschnitt dargestellte Finanzanalyse wird in der langfristigen Finanzierungsplanung (vgl. Fischer (1996), Abschnitt 4.3), in der integrierten Finanz- und Erfolgsplanung (Abschnitt 6.3) und in der Wertpapieranalyse angewendet. Die im zweiten Abschnitt behandelte Finanzplanung ist das wesentliche Instrumentarium des kurzfristigen Finanzmanagements und besteht aus drei hierarchischen und rollierenden Teilgebieten (Kapitalbedarfs- und Kapitaldeckungsplanung, Finanzplan und Liquiditätsplanung).

6.1 Finanzanalyse

6.1.1 Gliederung und Ablauf

Die Finanzanalyse dient der Beurteilung der finanziellen Lage einer Unternehmung. Stehen dem Finanzanalysten nur öffentlich zugängliche Informationen wie Geschäftsberichte (mit Jahresabschlüssen) und Börsenkurse zur Verfügung, so handelt es sich um die *externe Finanzanalyse*. Verfügt der Finanzanalyst über Daten aus der Kostenrechnung, der betrieblichen Finanzwirtschaft und weitere Betriebsstatistiken, so spricht man von der *internen Finanzanalyse*, die mit Istdaten *retrospektiv* und mit Plandaten *prospektiv* durchgeführt werden kann.

Ablauf der Finanzanalyse:

- Datenquellen:
    - Jahresabschlüsse (*Bilanzanalyse*) und Börsenkurse
    - Ist- und Plandaten der Finanzwirtschaft, des Rechnungswesens und der Betriebsstatistik
- Datenaufbereitung:
    - Absolute Kennzahlen:
      Jahresüberschuß, Bilanzsumme, Umsätze, ...
    - Verhältniskennzahlen:
      ROI, *ROE* (Return On Equity), Verschuldungsgrad, ...

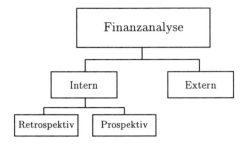

Abb. 6.1: Gliederung der Finanzanalyse

- Datenanalyse:

  - Zeitvergleich
    Beim Zeitvergleich wird für eine Unternehmung die Entwicklung der aufbereiteten
    Kennzahlen im Zeitablauf betrachtet und qualifiziert.

  - Betriebsvergleich
    Beim Betriebsvergleich werden für eine Unternehmung deren Kennzahlen mit den
    durchschnittlichen Kennzahlen der Branche verglichen und qualifiziert.

  - Soll–Ist–Vergleich bei der internen Analyse
    Hierbei werden die aus den Plandaten einer Unternehmung ermittelten Plan–
    Kennzahlen mit den aus den Istdaten ermittelten Soll–Kennzahlen verglichen, qual-
    ifiziert und einer Abweichungsanalyse zugeführt.

6.1.2 Die Finanzierungs- und Liquiditätsregeln in der Bilanzanalyse[1]

Abb. 6.2: Finanzierungsregeln

---

[1] Diese Regeln werden gerne in der Praxis, insbesondere von Banken bei der Kreditwürdigkeitsprüfung,
angewendet, sie sind jedoch (derzeit noch) nicht wissenschaftlich fundiert.

- Vertikale („Goldene") Finanzierungsregel[2]:

$$\frac{FK}{EK} \leq 2$$

- Horizontale Finanzierungsregel:

  In drei verschieden strengen Ausprägungen:

$$
\begin{array}{rcl}
AV & \leq & EK \\
AV & \leq & EK + \text{Langfristiges FK} \\
AV + \text{Langfristiges UV} & \leq & EK + \text{Langfristiges FK} \qquad (\text{„Goldene" Bankregel})
\end{array}
$$

- Liquiditätsregeln:

  Liquidität 1. Grades (*Cash Ratio*):

$$\frac{\text{Liquide Mittel}}{\text{Kurzfristiges FK}} \geq \frac{1}{5}$$

  Liquidität 2. Grades (*Acid Test Ratio, Quick Ratio*):

$$\frac{UV - \text{Vorräte}}{\text{Kurzfristiges FK}} \geq 1$$

  Liquidität 3. Grades (*Current Ratio*):

$$\frac{(\text{Kurzfristiges}) \; UV}{\text{Kurzfristiges FK}} \geq 2$$

Alle angeführten Regeln der Bilanzanalyse haben letztendlich zum Ziel, die Positionen der Unternehmung derartig zu steuern, daß ein Ausgleich bzw. ein Konkurs verhindert wird. Bei den drei Ausprägungen der horizontalen Finanzierungsregel wird hierfür auf eine Kongruenz bei den Fristigkeiten der Vermögens– und Kapitalpositionen Wert gelegt. Durch Einhaltung der vertikalen Finanzierungsregel soll eine Überschuldung der Unternehmung und durch Befolgung der Liquiditätsregeln eine permanente Zahlungsunfähigkeit vermieden werden.

6.2 Finanzplanung

Der Aufbau der hierarchisch und rollierend durchgeführten Finanzplanung ist in Abb. 6.3 dargestellt. Die dafür benötigten abgestimmten Teilpläne der Unternehmung sind (vgl. Abb. 6.4):

- die Investitions– und Finanzierungsplanung für das Folgejahr:

  - Investitionsplanung für das Folgejahr:

    * Investitionen und Desinvestitionen von Sach– und Finanzanlagevermögen

  - Finanzierungsplanung für das Folgejahr:

    * Eigenkapitalerhöhung
    * Aufnahme und Tilgung von langfristigem Fremdkapital

---

[2] Dies entspricht einem maximalen Verschuldungsgrad zu Buchwerten von 67 %.

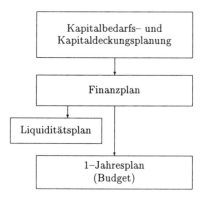

Abb. 6.3: Aufbau der Finanzplanung

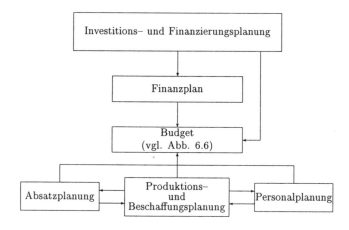

Abb. 6.4: Abgestimmte Vorplanungen für das Budget

* Ausschüttung
* Zinsen für langfristiges Fremdkapital

● andere Teilpläne:

   – Absatzplanung, Produktions– und Beschaffungsplanung, Personalplanung, ...

6.2.1 Kapitalbedarfs– und Kapitaldeckungsplanung

Die Kapitalbedarfs– und Kapitaldeckungsplanung ermittelt den Kapitalüberschuß bzw. den –fehlbetrag für das Folgejahr:

● **Kapitalbedarf:**

   – Auszahlung für Investitionen

     * Sachanlagevermögen
     * Finanzanlagevermögen

   – Auszahlung für Kapitalgeber

     * Ausschüttung
     * Tilgung von langfristigen Krediten
     * Zinszahlungen für langfristige Kredite

   – Bereits festgelegte Auszahlungen für NWC
     (Zahlungswirksame Kapitalbindung in NWC)

     * Erhöhung Kassa/Bank
     * Erhöhung Wertpapiere des Umlaufvermögens
     * Senkung von kurzfristigen Krediten
     * Zinszahlungen für kurzfristige Kredite

● **Kapitaldeckung:**

   – Einzahlungen aus Desinvestitionen

     * Sachanlagevermögen
     * Finanzanlagevermögen

   – Einzahlungen von Kapitalgebern

     * Kapitalerhöhungen
     * Aufnahme langfristiger Kredite

   – Einzahlungsüberschuß aus dem Geschäftsbereich

     * Cash Flow vor Zinsen und Steuern
      abzüglich Steuervorauszahlung und –nachzahlung

   – Bereits festgelegte Einzahlungen aus NWC
     (Zahlungswirksame Kapitalfreisetzung aus NWC)

     * Senkung Kassa/Bank
     * Senkung Wertpapiere des Umlaufvermögens
     * Erhöhung der kurzfristigen Kredite

Exkurs 11: Cash Flow in der Finanzplanung

Da die Investitionsplanung langfristig ausgerichtet ist, konnte bei der Darstellung der Ermittlung des Cash Flows in Exkurs 9 vereinfachend unterstellt werden, daß die jährlichen Ein– und Auzahlungen aus den Geschäftsbereichen gleichzeitig Erträge bzw. Aufwendungen darstellen. Die Finanzplanung hingegen weist nur einen kurzfristigen Planungshorizont auf, der bis auf Tagesgenauigkeit untergliedert wird, und benötigt daher eine klare Unterscheidung zwischen Einzahlungen und Erträgen bzw. Auszahlungen und Aufwendungen (vgl. Exkurs 1).

- **Originäre Cash Flow–Berechnung:**
  Die originäre Cash Flow–Berechnung überprüft alle geplanten Geschäftsvorgänge auf deren Zahlungswirksamkeit und ermittelt somit direkt die Ein– und Auszahlungen der Periode aus den Geschäftsbereichen:
  Einzahlungen:
  Hierbei ist bei den geplanten Umsätzen das unterschiedliche Zahlungsverhalten der Kunden (Barverkäufe, Zielverkäufe, Anzahlungsverkäufe) zu unterscheiden.

	Umsätze der Periode (laut Absatzplan), die in der Periode bezahlt werden	Einzahlungen aus dem Betriebsbereich
+	Begleichung von Lieferforderungen in der Periode	
+	Erhaltene Anzahlungen in der Periode	
+	Einzahlungen von Zinsen, Dividenden und ausgeschütteten Beteiligungserträgen	Einzahlungen aus dem Finanzbereich

Auszahlungen:
Hierbei ist bei den geplanten Beschaffungen das unterschiedliche Zahlungsverhalten der Unternehmung in Bezug auf ihre Lieferanten (Bareinkäufe, Zieleinkäufe, Anzahlungseinkäufe) zu unterscheiden.

	Auszahlungen für Einkäufe an Roh–, Hilfs– und Betriebsstoffen (laut Beschaffungsplan), die in der Periode bezahlt werden
+	Begleichung von Lieferverbindlichkeiten in der Periode
+	Geleistete Anzahlungen in der Periode
+	Auszahlungen für Löhne und Gehälter (laut Personalplan)
+	Sonstige Auszahlungen (Mieten, Pensionen, ...)

- **Derivative Cash Flow–Berechnung:**
  Die derivative Cash Flow–Berechnung benutzt die Ergebnisse der Kostenrechnung und des externen Rechnungswesens und ermittelt somit indirekt den Einzahlungsüberschuß der Periode (vgl. Abb. 6.5):

	Jahresüberschuß
+	Aufwendungen, die nicht Auszahlungen der Periode sind
–	Erträge, die nicht Einzahlungen der Periode sind
+	Einzahlungen, die nicht Erträge der Periode sind
–	Auszahlungen, die nicht Aufwendungen der Periode sind
=	Cash Flow

Die originäre Berechnung des Cash Flows ist sowohl im Rahmen der Finanzplanung als auch bei der Ist–Finanzrechnung möglich. Hingegen kann die derivative Cash Flow–Berechnung sinnvollerweise nur im Rahmen der Ist–Finanzrechnung durchgeführt werden. Ein Einsatz der derivativen Berechnung des Cash Flows in

Cash Flow aus Produktion und Absatztätigkeit				
I. Jahresüberschuß				
II. + Aufwendungen, die nicht Auszahlungen der Periode sind				
(1) Abschreibungen, Wertberichtigungen				
(2) Zuführungen zu Rückstellungen				
– für Pensionen				
– für andere Zwecke				
(3) Verminderung der Bestände an RHB–Stoffen				
(4) Abschreibungen auf Bestände an Halb– und Fertigfabrikaten				
(5) Einstellung in die PWB zu Forderungen				
(6) Einstellung in SP mit Rücklagenanteil				
(7) Verluste aus dem Abgang von Gegenständen der AV und UV				
(8) Verminderung der RA–Posten der Aktivseite				
(9) Verminderung geleisteter Anzahlungen				
(10) Erhöhung des Bestandes an Lieferungen und Leistungen				
III. – Erträge, die nicht Einzahlungen sind				
(1) Erhöhung der Bestände an Halb– und Fertigfabrikaten				
(2) Erhöhung des Bestandes an Forderungen aus Lieferungen und Leistungen				
(3) Zuschreibungen zu Geg. aus AV und UV				
(4) Erträge aus anderen aktivierten Eigenleistungen				
(5) Erträge aus der Auflösung von Rückstellungen				
(6) Erträge aus der Auflösung von SP mit Rücklagenanteil				
(7) Erträge aus der Herabsetzung der PWB zu Forderungen				
(8) Verminderung von in Vorperioden erhaltenen Anzahlungen				
(9) Verminderung der RA–Posten der Passivseite				
IV. + Einzahlungen, die nicht Ertrag sind				
(1) Erhöhung des Bestandes an erhaltenen Anzahlungen				
(2) Verminderung des Bestandes an Forderungen aus Lieferungen u. Leistungen				
(3) Erhöhung der RA–Posten auf d. Passivseite				
V. – Auszahlungen, die nicht Aufwand sind				
(1) Erhöhungen der Bestände an RHB–Stoffen				
(2) Erhöhung des Bestandes an geleisteten Anzahlungen				
(3) Verminderung der Verbindlichkeiten aus Lieferungen und Leistungen				
(4) Auszahlungen zu Lasten früher gebildeter Rückstellungen				
(5) Erhöhung der RA–Posten der Aktivseite				
(6) Verminderung der PWB zu Forderungen durch Inanspruchnahme				
I. + II. + III. + IV. + V. Cash Flow i.S. betrieblicher Nettoeinzahlungen				

Abb. 6.5: Derivative Cash Flow–Berechnung (entnommen aus Drukarczyk (1991), S. 65)

*der Finanzplanung ist eigentlich nicht exakt möglich, weil zur Erstellung der Plan-
GuV und der Planbilanz die geplanten Anpassungsmaßnahmen aus dem NWC-
Management (siehe dazu Unterabschnitt 6.2.2) bekannt sein müssen. Diese können
jedoch vom Treasurer erst dann festgelegt werden, wenn er zuvor die Höhe der
geplanten Cash Flows ermittelt hat (siehe dazu Abschnitt 6.3).*

6.2.2 Der Finanzplan

Der Finanzplan dient, ebenso wie die Kapitalbedarfs- und Kapitaldeckungsplanung, zur Planung der Ein- und Auszahlungen für das Folgejahr, jedoch auf Monatsbasis sowie unter jew-
eiliger Saldierung der Ein- und Auszahlungen in jedem der vier wesentlichen Bereiche:

	Summe	Jänner ...
I. Geschäftsbereich		
Einzahlungen:		
Betriebsbereich		
Finanzbereich		
– Auszahlungen:		
Material		
Personal		
Steuern, ...		
Zwischensumme I		
II. (Des-)Investitionsbereich		
Einzahlungen aus Desinvestitionen:		
Sachanlagevermögen		
Finanzanlagevermögen		
– Auszahlungen für Investitionen:		
Sachanlagevermögen		
Finanzanlagevermögen		
Zwischensumme II		
III. Finanzierungsbereich		
Einzahlungen:		
Kapitalerhöhung (Einlagen)		
Aufnahme langfristiger Kredite		
– Auszahlungen:		
Ausschüttung (Entnahmen)		
Tilgung langfristiger Kredite		
Zinsen für langfristige Kredite		
Zwischensumme III		
IV. Bereits festgelegte zahlungswirksame Änderungen des NWC		
Änderung Kassa/Bank		
Änderung Wertpapiere des Umlaufvermögens		
Änderung kurzfristiger Kredite		
Zinsen für kurzfristige Kredite		
Zwischensumme IV		
Summe I bis IV: Überschuß/Fehlbetrag		

Net Working Capital–Management:
Um Überschüsse oder Fehlbeträge in den einzelnen Monaten ausgleichen zu können, müssen Anpassungsmaßnahmen bereits im voraus geplant werden:

- Anpassungsmaßnahmen bei Überschuß:

  - Senkung kurzfristiger Bankkredite
  - Erhöhung Wertpapiere des Umlaufvermögens
  - Erhöhung Kassa/Bank
  - Senkung Lieferverbindlichkeiten ⎫
  - Erhöhung Lieferforderungen   ⎪ Neue Cash Flow–Be-
  - Erhöhung geleisteter Anzahlungen ⎬ rechnung notwendig
  - Senkung erhaltener Anzahlungen ⎭

- Anpassungsmaßnahmen bei Fehlbetrag:

  - Senkung Kassa/Bank
  - Senkung Wertpapiere des Umlaufvermögens
  - Erhöhung kurzfristiger Bankkredite
  - Senkung Lieferforderungen   ⎫
  - Erhöhung Lieferverbindlichkeiten ⎪ Neue Cash Flow–Be-
  - Senkung geleisteter Anzahlungen ⎬ rechnung notwendig
  - Erhöhung erhaltener Anzahlungen ⎭

Fortsetzung des Finanzplans:

	Summe	Jänner ...
Summe I bis IV: Überschuß/Fehlbetrag		
V. Anpassungsmaßnahmen:		
Änderung Kassa/Bank		
Änderung Wertpapiere des Umlaufvermögens		
Änderung Lieferforderungen		
Änderung kurzfristige Verbindlichkeiten		
Änderung Einzahlungen aus Bank/Wertpapiere		
des Umlaufvermögens		
Änderung Zinszahlungen aus kurzfristigen		
Verbindlichkeiten		
Endsumme	0	

6.2.3 Liquiditätsplanung

Die Liquiditätsplanung schließt an den Finanzplan an und ermittelt Ein– und Auszahlungen, wenn möglich auf Tagesbasis, exakt nach Höhe und Tag des Anfalles. Die Liquidität soll durch Einsatz des nachfolgenden Instrumentariums gewährleistet werden:

Abteilungen	Objekte bzw. Maßnahmen	Ein- zahlungen	Aus- zahlungen	Termin	Hinweis auf Positionen anderer Pläne	Zeile im Liquidi- tätsplan
Anlagen	Investitionsprojekt Z		1.000	2.3.	Objektplan X, Pos.-Nr. 311	13
	Verkauf alter Maschinen	100		2.3.	Budget-Pos.- Nr. 36	4
Entwick- lung	verschiedene Projekte		1.000	im Laufe des Monats	Objektplan Z, Pos.-Nr. 43	15
Erzeugung	verschiedene Artikel		3.000	im Laufe des Monats	Budget-Pos.- Nr. 9	15
Beleg- schaft	Gehälter, Löhne, Pensionszahlungen, soziale Beiträge		3.000	5.3. 600 15.3. 600 25.3. 600 30.3. 1.200	Budget-Pos.- Nr. 82, 83, 84, 85	13
Material- wirtschaft	Material für verschiedene Artikel		3.000	2.3. 1.600 3.3. 200 10.3. 200 15.3. 750 20.3. 250	Budget-Pos.- Nr. 16, 19, 20	13
Absatz	Normal–Umsatz	20.000		1.-5.3. 4.000 10.3. 10.000 11.-20.3. 6.000	Absatzplan Pos.-Nr.1-9, 10-14, 21	3
	Sonstiger Umsatz	100		im Laufe des Monats		4
	Werbung		500	15.3. 300 31.3. 200		13
Finanz- bereich	Verschiedenes (u.a. Wechselsteuer)		50	im Laufe des Monats	Budget-Pos. 50	16
Neutraler Bereich	Mehrwertsteuer- rückvergütung	150		1.3.	Budget-Pos. 55-60	7
	verschiedene Steuern		1.500	10.3.		13
			3.100	15.3.		13
	Verschiedenes		50	10.3.		13
	Insgesamt	20.350	16.200			

Tab. 6.1: Muster eines Meldevordrucks für die Aufstellung einer Liquiditätsplanung für den Monat März (in 1000 öS)

- Kassa

- Girokonto

- Kontokorrentkredit.

Für die Liquiditätsplanung werden zunächst für alle Abteilungen der Unternehmung alle geplanten Ein- und Auszahlungen in ihren erwarteten Beträgen und Zahlungsterminen festgestellt (vgl. Tab. 6.1) und anschließend chronologisch geordnet. Mit Hilfe des geplanten Geldbestandes am Monatsbeginn können sodann die voraussichtlichen täglichen Geldbestände ermittelt werden. Aus den geplanten Fehlbeträgen kann man den Rahmen für einen Kontokorrentkredit festlegen und Beträge, die über einem Sicherheitsbestand an Geldmitteln liegen, für Veranlagungen disponieren (*Cash Management*).

6.3 Integrierte Finanz– und Erfolgsplanung

Die integrierte Finanz– und Erfolgsplanung besteht aus den in Abb. 6.6 dargestellten Planungsinstrumenten der Unternehmensrechnung und wird vom Treasurer und vom Controller (vgl. Abschnitt 1.3) durchgeführt. Der Treasurer überprüft alle für das Folgejahr geplanten

Geschäftsvorgänge auf deren Zahlungswirksamkeit und erstellt daraus die Finanzplanung (vgl. Abschnitt 6.2). Im Rahmen des NWC–Managements einschließlich des Cash Managements werden Positionen im Umlaufvermögen und bei den kurzfristigen Verbindlichkeiten geplant. Diese Planwerte sind dem Controller für die Erstellung der Planbilanz mitzuteilen. Der Controller überprüft alle für das Folgejahr geplanten Geschäftsvorgänge auf deren Kosten– und Erlöswirksamkeit und erstellt daraus die Plankostenrechnung. Auf Basis dieser Plankostenrechnung werden für die Plan–GuV die Kosten in Aufwendungen bzw. die Erlöse in Erträge übergeleitet. Mit Hilfe der Ergebnisse aus der Plan–GuV, der Investitions– und Finanzierungsplanung für das Folgejahr und den Planwerten aus dem NWC–Management des Treasurers erstellt der Controller anschließend die Planbilanz. Aus der Planbilanz (vgl. Abb. 6.7) werden dann die interessierenden Kennzahlen aus Abschnitt 6.1 ermittelt, und es erfolgt solange eine Rückkopplung zur Finanzplanung, Plankostenrechnung und Plan–GuV, bis die Kennzahlen aus der Planbilanz die vom Entscheidungsträger erwünschten Werte erreichen.

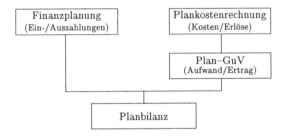

Abb. 6.6: Das Budget

Abb. 6.7: Planbilanz

Lösung von Aufgabe 39:

(a) **Kapitalbedarfs– und Kapitaldeckungsplan für 199X:**

Kapitalbedarf:

Auszahlung für Investitionen	*1.000,–*
Auszahlung für Kapitalgeber:	
Entnahme	*1.000,–*
bereits festgelegte Auszahlung für NWC:	
Erhöhung Sicherheitsbestand Kassa	*100,–*
Gesamter Kapitalbedarf	*2.100,–*

Kapitaldeckung:

Einzahlungen aus Desinvestitionen	*200,–*
Einzahlungen von Kapitalgebern:	
Einlage	*400,–*
Aufnahme lgfr. Kredit	*400,–*
Einzahlungsüberschuß aus Leistungsbereich	
Operating Cash Flow[3]	*1.300,–*
Gesamte Kapitaldeckung	*2.300,–*

	Kapitaldeckung	*2.300,–*
–	*Kapitalbedarf*	*–2.100,–*
=	*geplanter Kapitalüberschuß*	*200,–*

(b) **Finanzplan für 199X und alle Quartale:**

	Jahr 199X	I	II	III	IV
I. Geschäftsbereich:					
Einzahlungen	*3.300,–*				*3.300,–*
– Auszahlungen	*–2.000,–*		*–2.000,–*		
Zwischensumme I	*1.300,–*		*–2.000,–*		*3.300,–*
II. (Des-)Investitionsbereich:					
Desinvestitionseinzahlung	*200,–*	*200,–*			
– Investitionsauszahlung	*–1.000,–*	*–1.000,–*			
Zwischensumme II	*–800,–*	*–800,–*			
III. Finanzierungsbereich:					
Einzahlungen					
Einlage	*400,–*	*400,–*			
Aufnahme lgfr. Kredit	*400,–*	*400,–*			
– Auszahlungen					
Entnahme	*–1.000,–*				*–1.000,–*
Zwischensumme III	*–200,–*	*800,–*			*–1.000,–*
IV. NWC-Bereich:					
Erhöhung des Kassabestandes	*–100,–*				*–100,–*
Zwischensumme IV	*–100,–*				*–100,–*
Summe: Überschuß/Fehlbetrag	*200,–*	*0*	*–2.000,–*	*0*	*2.200,–*

---

[3] Originäre Cash Flow–Berechnung:

	Einzahlungen	3.300,–
	– Auszahlungen:	
	Material	–1.000,–
	Personal	–1.000,–
	= Operating Cash Flow	1.300,–

Anpassungsmaßnahmen:

	Jahr 199X	I	II	III	IV
Aufnahme kurzfristiger Kredit	2.000,–		2.000,–		
Tilgung des kurzfristigen Kredits	–2.000,–				–2.000,–
Zinszahlung für den kurzfristigen Kredit	–100,–				–100,–
Kauf von Bundesanleihen	–100,–				–100,–
Summe nach Anpassungsmaßnahmen	0	0	0	0	0

(c) **Plankostenrechnung für 199X:**

	Umsatzerlöse	100 Stk à 33,–	3.300,–
–	variable Kosten	100 Stk à 20,–	–2.000,–
=	Deckungsbeitrag		1.300,–
–	Fixkosten	100 Stk à 4,–	–400,–
=	Nettobetriebsergebnis		900,–

(d) **Buchungssätze, T–Konten und Jahresabschluß für 199X:**

Eröffnungsbuchungen

Eröffnungsbuchungen:

01.01.199X	Maschinen	/ EBK	100,–
01.01.199X	Kassa	/ EBK	50,–
01.01.199X	EBK	/ Eigenkapital	150,–

Laufende Buchungen
Verkauf der alten Nähmaschine:

31.03.199X	Kassa	/ Erlöse aus Anlagenverkäufen	200,–
31.03.199X	Buchwert verkaufter Anlagen	/ Maschinen	100,–

Aufnahme des langfristigen Kredites:

31.03.199X	Kassa	/ langfristiger Kredit	400,–

Kapitaleinlage:

31.03.199X	Kassa	/ Eigenkapital	400,–

Kauf der neuen Nähmaschine:

31.03.199X	Maschinen	/ Kassa	1.000,–

Materialeinkauf auf Ziel:

31.03.199X	Vorräte	/ Lieferverbindlichkeiten	1.000,–

Bezahlung des Materials:

30.06.199X	Lieferverbindlichkeiten	/ Kassa	1.000,–

Bezahlung der Heimarbeit:

30.06.199X	Personalaufwand	/ Kassa	1.000,–

Aufnahme des kurzfristigen Kredits:

30.06.199X	Kassa	/ Kurzfristiger Kredit	2.000,–

Verkauf der Badehosen auf Ziel:

30.09.199X	Lieferforderungen	/ Umsatzerlöse	3.300,–

Bezahlung der Badehosen:

31.12.199X	Kassa	/ Lieferforderungen	1.000,–

Kapitalentnahme:

31.12.199X	Eigenkapital	/ Kassa	1.000,–

Tilgung des kurzfristigen Kredits:

31.12.199X	kurzfristiger Kredit	/ Kassa	2.000,–

Zinsen für kurzfristigen Kredit:

31.12.199X	Zinsaufwand	/ Kassa	100,–

Kauf der Bundesanleihe:

31.12.199X	Wertpapiere des UV	/ Kassa	100,–

Wareneinsatz:

31.12.199X	Materialeinsatz	/ Vorräte	1.000,–

Abschlußbuchungen

Abschreibung der neuen Nähmaschine:

| 31.12.199X | AfA | / Maschinen | 100,– |

Rechnungsabgrenzung – Zinsen für langfristigen Kredit:

| 31.12.199X | Zinsaufwand | / sonstige Verbindlichkeiten | 30,– |

Kontenabschlüsse – Erfolgskonten:

31.12.199X	GuV	/ Materialeinsatz	1.000,–
31.12.199X	GuV	/ Personalaufwand	1.000,–
31.12.199X	GuV	/ Zinsaufwand	130,–
31.12.199X	GuV	/ Buchwert verkaufter Anlagen	100,–
31.12.199X	GuV	/ AfA	100,–
31.12.199X	Umsatzerlöse	/ GuV	3.300,–
31.12.199X	Erlöse a. Anlagenverkäufen	/ GuV	200,–

Jahresgewinn:

| 31.12.199X | GuV | / Eigenkapital | 1170,– |

Kontenabschlüsse – Bestandskonten:

31.12.199X	SBK	/ Maschinen	900,–
31.12.199X	SBK	/ Kassa	150,–
31.12.199X	SBK	/ Wertpapiere des UV	100,–
31.12.199X	langfristiger Kredit	/ SBK	400,–
31.12.199X	sonstige Verbindlichkeiten	/ SBK	30,–
31.12.199X	Eigenkapital	/ SBK	720,–

Eröffnungsbilanzkonto (EBK)

01.01.9X Eigenkapital	150,–	01.01.9X Kassa	50,–
		01.01.9X Maschinen	100,–
	150,–		150,–

Maschinen

01.01.9X EBK	100,–	31.03.9X BW verk. Anlagen	100,–
31.03.9X Kassa	1.000,–	31.12.9X AfA	100,–
		31.12.9X SBK	900,–
	1.100,–		1.100,–

Kassa

01.01.9X EBK	50,–	31.03.9X Maschinen	1.000,–
31.03.9X Erl. a. Anlagenverk.	200,–	30.06.9X Personalaufwand	1.000,–
31.03.9X Langfr. Kredit	400,–	30.06.9X Lieferverbindl.	1.000,–
31.03.9X Eigenkapital	400,–	31.12.9X Zinsaufwand	100,–
30.06.9X kurzfr. Kredit	2.000,–	31.12.9X kurzfr. Kredit	2.000,–
31.12.9X Lieferforderungen	3.300,–	31.12.9X WP des UV	100,–
		31.12.9X Eigenkapital	1.000,–
		31.12.9X SBK	150,–
	6.350,–		6.350,–

Vorräte

31.03.9X Kassa	1.000,–	31.12.9X Materialeinsatz	1.000,–
	1.000,–		1.000,–

Lieferforderungen

30.09.9X Umsatzerlöse	3.300,–	31.12.9X Kassa	3.300,–
	3.300,–		3.300,–

Kurzfristiger Kredit

30.06.9X Kassa	2.000,–	31.12.9X Kassa	2.000,–
	2.000,–		2.000,–

Langfristiger Kredit

31.12.9X SBK	400,–	31.03.9X Kassa	400,–
	400,–		400,–

Lieferverbindlichkeiten

30.06.9X Kassa	1.000,–	31.03.9X Vorräte	1.000,–
	1.000,–		1.000,–

Sonstige Verbindlichkeiten

31.12.9X SBK	30,–	31.12.9X Zinsaufwand	30,–
	30,–		30,–

Umsatzerlöse

31.12.9X GuV	3.300,–	30.09.9X Lieferforderungen	3.300,–
	3.300,–		3.300,–

Erlöse aus Anlagenverkäufen

31.12.9X GuV	200,–	31.03.9X Kassa	200,–
	200,–		200,–

Materialeinsatz

31.12.9X Vorräte	1.000,–	31.12.9X GuV	1.000,–
	1.000,–		1.000,–

Personalaufwand

30.06.9X Kassa	1.000,–	31.12.9X GuV	1.000,–
	1.000,–		1.000,–

AfA

31.12.9X Maschinen	100,–	31.12.9X GuV	100,–
	100,–		100,–

Buchwert verkaufter Anlagen

31.03.9X Maschinen	100,–	31.12.9X GuV	100,–
	100,–		100,–

Zinsaufwand

31.12.9X Kassa	100,–		
31.12.9X Sonstige Verb.	30,–	31.12.9X GuV	130,–
	130,–		130,–

GuV

31.12.9X Materialeinsatz	1.000,–	31.12.9X Umsatzerlöse	3.300,–
31.12.9X Personalaufwand	1.000,–	31.12.9X Erlöse aus	200,–
31.12.9X Zinsaufwand	130,–	Anlagenverkäufen	
31.12.9X BW verk. Anlagen	100,–		
31.12.9X Eigenkapital	1.170,–		
	3.500,–		3.500,–

Eigenkapital

31.12.9X Kassa	1.000,–	01.01.9X EBK	150,–
		31.03.9X Kassa	400,–
31.12.9X SBK	720,–	31.12.9X GuV	1.170,–
	1.720,–		1.720,–

Schlußbilanzkonto (SBK)

31.12.9X Maschinen	900,–	31.12.9X Eigenkapital	720,–
31.12.9X Kassa	150,–	31.12.9X Langfr. Kredit	400,–
31.12.9X WP des UV	100,–	31.12.9X Sonst. Verbindl.	30,–
	1.150,–		1.150,–

(e) **Planbilanzen und Plan–GuVs für alle Quartale:**

Anfangsbilanz 01.01.199X

Maschine	100,–	Eigenkapital	150,–
Kassa	50,–		
	150,–		150,–

GuV I. Quartal

Buchwert verkaufter Anlagen	100,–	Veräußerungserlös	200,–
Gewinn	100,–		
	200,–		200,–

Bilanz 31.03.199X

Maschine	1.000,–	Eigenkapital	650,–
Kassa	50,–	langfristiger Kredit	400,–
Vorräte	1.000,–	Lieferverbindlichkeiten	1.000,–
	2.050,–		2.050,–

GuV II. Quartal

Materialeinsatz	1.000,–	Lagerveränderungen	2.000,–
Personalaufwand	1.000,–	Verlust	44,–
AfA	34,–		
Zinsen für langfristigen Kredit	10,–		
	2.044,–		2.044,–

Bilanz 30.06.199X

Maschine	966,–	Eigenkapital	606,–
Kassa	50,–	langfristiger Kredit	400,–
Fertigfabrikate	2.000,–	kurzfristiger Kredit	2.000,–
		sonstige Verbindlichkeiten	10,–
	3.016,–		3.016,–

GuV III. Quartal

Lagerveränderungen	2.000,–	Umsatzerlöse	3.300,–
AfA	33,–		
Zinsen für langfristigen Kredit	10,–		
Zinsen für kurzfristigen Kredit	50,–		
Gewinn	1.207,–		
	3.300,–		3.300,–

Bilanz 30.09.199X

Maschine	933,–	Eigenkapital	1.813,–
Kassa	50,–	langfristiger Kredit	400,–
Lieferforderungen	3.300,–	kurzfristiger Kredit	2.000,–
		sonstige Verbindlichkeiten	70,–
	4.283,–		4.283,–

GuV IV. Quartal

AfA	33,–	Verlust	93,–
Zinsen für langfristigen Kredit	10,–		
Zinsen für kurzfristigen Kredit	50,–		
	93,–		93,–

Bilanz 31.12.199X

Maschine	900,–	Eigenkapital	720,–[4]
Kassa	150,–	langfristiger Kredit	400,–
Wertpapiere des Um-	100,–	sonstige	30,–
laufvermögens		Verbindlichkeiten	
	1.150,–		1.150,–

Jahres–GuV 199X

Material	1.000,–	Umsatzerlöse	3.300,–
Personalaufwand	1.000,–	Veräußerungserlös	200,–
Buchwert verkaufter	100,–		
Anlagen			
AfA	100,–		
Zinsen für langfristi-	30,–		
gen Kredit			
Zinsen für kurzfristi-	100,–		
gen Kredit			
Gewinn	1.170,–		
	3.500,–		3.500,–

Lösung von Aufgabe 40:

(a) **Cash Flows aus dem Leistungsbereich 199X:**

$$+ \ Einzahlungen:$$

380 Mützen à 100,–	38.000,–	
Cash Inflow		38.000,–

$$- \ Auszahlungen:$$

Personal: $400{\cdot}30,-$	$-12.000,-$	
Wolle: $\underbrace{280 \cdot 20}_{I.-III.} + \underbrace{120 \cdot 10}_{IV.}$	$-6.800,-$	
Dosen: $\underbrace{230 \cdot 5}_{I.-III.} + \underbrace{150 \cdot 2,5}_{IV.}$	$-1.525,-$	
Cash Outflow		$-20.325,-$
= Cash Flow operativer Bereich		17.675,–

Verbindlichkeiten am 31.12.199X:
Wolle: $120{\cdot}10 = 1.200,-$
Dose: $150{\cdot}2,50 = 375,-$

---

[4] Eigenkapital am 31.12.   =   Eigenkapital am 1.1. + Einlagen + Gewinn – Entnahmen
                 =   150 + 400 + 1.170 - 1.000
                 =   720,-

(b) Nettobetriebsergebnis für 199X:

Erlöse:

380 Mützen à 100,–	38.000,–	
		38.000,–

+ Bestandsveränderungen:

20 Mützen à 50,–	1.000,–	
		1.000,–

− variable Kosten:

Personal: 400·30,–	−12.000,–	
Wolle: 400·20,–	−8.000,–	
Dosen: 380·5,–	−1.900,–	
	−21.900,–	

= Deckungsbeitrag   17.100,–
− Fixkosten:

kalk. Abschreibung: 400·9,50	−3.800,–	
kalk. Zinsen: 400·3,10	−1.240,–	
kalk. Unternehmerlohn: 400·13,40	−5.360,–	
		−10.400,–

= Nettobetriebsergebnis   6.700,–

(c1) Finanzplan für 199X:

	Σ	I.	II.	III.	IV.
I. Geschäftsbereich:					
+ Einzahlungen	38.000	18.000	0	5.000	15.000
− Auszahlungen					
− Personal	−12.000	−3.000	−3.000	−2.400	−3.600
− Wolle	−6.800	−1.000	−2.000	−1.800	−2.000
− Dosen	−1.525	−450	−450	−125	−500
II. (Des−) Investitionsbereich:					
− Investitionsauszahlungen	−20.000	−20.000			
III. Finanzierungsbereich:					
+ Aufnahme lgfr. Kredit	+10.000	+10.000			
− Entnahme (Skripten)	−1.000			−1.000	
IV. Net Working Capital (NWC):					
Änderung Kassa	3.000				3.000
Σ I.–IV.	9.675	3.550	−5.450	−325	11.900

Ermittlung der notwendigen Anpassungsmaßnahmen:

Quartal	Kassabestand zu Quartalsbeginn	Einzahlungsüberschuß lt. Finanzplan	Kassabestand zu Quartalsende (vor Anpassungsmaßnahmen)	Anpassungsmaßnahme am Quartalsende
I	5.000,–	+3.550,–	8.550,–	keine
II	8.550,–	−5.450,–	3.100,–	Aufnahme 1. kurzfristiger Kredit mit Nominale 1.900,–
III	5.000,–	−325,–	4.675,–	Aufnahme 2. kurzfristiger Kredit mit Nominale 325,–
IV	5.000,–	+11.900,– (inklusive Senkung des Kassabestands um 3.000,–)	16.900,–	Tilgung 1. Kredit (1.900,–) Zinsen für 1. Kredit ($\frac{1}{2}$ · 0, 08 · 1900) Tilgung 2. Kredit (325,–) Zinsen für 2. Kredit ($\frac{1}{4}$ · 0, 08 · 325) Kauf Anleihen (9.592,50)

	Σ	I.	II.	III.	IV.
V. Anpassungsmaßnahmen:					
1. kurzfristiger Kredit	*1.900*		*1.900*		
– Tilgung 1. kzfr. Kredit	*–1.900*				*–1.900*
– Zinsen 1. kzfr. Kredit	*–76*				*–76*
2. kurzfristiger Kredit	*325*			*325*	
– Tilgung 2. kzfr. Kredit	*–325*				*–325*
– Zinsen 2. kzfr. Kredit	*–6,50*				*–6,50*
Kauf von Anleihen	*–9.592,50*				*–9.592,50*
Σ I.–V.	*0*	*3.550*	*–3.550*	*0*	*0*

(c2) Planbilanz für 199X:

Jahres–GuV 199X

Personal	*12.000,–*	*Erlöse*	*38.000,–*
Wolle	*8.000,–*	*Erhöhung des*	*1.000,–*
Dosen	*1.900,–*	*Lagerbestandes*	
AfA	*4.000,–*	*(400-380)·50*	
Zinsen lgfr. Kredit	*600,–*		
Zinsen 1. kzfr. Kredit	*76,–*		
Zinsen 2. kzfr. Kredit	*6,50*		
Gewinn	*12.417,50*		
	39.000		*39.000*

Schlußbilanz 31.12.199X

Maschine	*16.000,–*	*Eigenkapital*[5]	*21.417,50*
Kassa	*2.000,–*	*langfristiger Kredit*	*10.000,–*
Lager	*6.000,–*	*Verbindlichkeiten Wolle*	*1.200,–*
Anleihen	*9.592,50*	*Verbindlichkeiten Dosen*	*375,–*
		sonstige Verbindlichkeiten	*600,–*
		(Zinsen lgfr. Kredit)	
	33.592,50		*33.592,50*

---

[5] EK 31.12.   =   EK 1.1.   + Einlagen   – Entnahmen   + Gewinn
           =   10.000   + 0   – 1.000   + 12.417,50
           =   21.417,50.

7 Der Kapitalmarkt und seine Finanzierungstitel

Der Kapitalmarkt ist ein Teil des Finanzmarkts. Die Einteilung des Finanzmarkts erfolgt nach dem Kriterium der Dauer der Kapitalbindung bei Emission der Finanzierungstitel in Kapitalmarkt und Geldmarkt[1]:

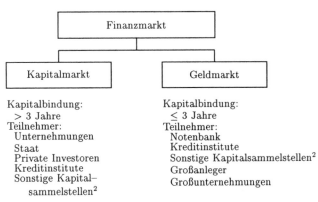

Abb. 7.1: Der Finanzmarkt

7.1 Der Kapitalmarkt

Das Aufeinandertreffen von Angebot und Nachfrage für Finanzierungstitel wird als Kapitalmarkt bezeichnet. Die Gegenleistung für Finanzierungstitel ist in der Regel Kapital in Geldform.

7.1.1 Gliederung des Kapitalmarkts

Der Kapitalmarkt kann nach verschiedenen Kriterien gegliedert werden:

- **Primär– und Sekundärmarkt:**
  Stehen sich am Kapitalmarkt Emittent und Kapitalgeber gegenüber, so spricht man vom Primärmarkt (Emissionsmarkt); bereits bestehende Finanzierungstitel werden von ihren jeweiligen Inhabern auf dem Sekundärmarkt (Zirkulationsmarkt) gehandelt. Beide Märkte sind je nach Finanzierungstitel in sehr unterschiedlichen Formen und

---

[1] In der Wirtschaftswissenschaft fällt der Geldmarkt in den Bereich der Volkswirtschaftslehre.

[2] Versicherungen, Pensionskassen und Kapitalanlagegesellschaften (Investmentfonds).

Ausprägungen anzutreffen. Während der Primärmarkt für Beteiligungstitel an Einzelunternehmungen als rein fiktiv anzusehen ist und der dazugehörige Sekundärmarkt ebenfalls nur latent vorhanden ist, finden auf den Märkten für Beteiligungen an Personengesellschaften, GesmbHs und Genossenschaften immerhin gelegentlich Transaktionen statt. Der am stärksten ausgeprägte Markt mit ständig beobachtbaren Preisen ist der Sekundärmarkt für verbriefte Finanzierungstitel (Börse), auf dem Beteiligungstitel an AGs und KGaAs[3] (Aktien), Forderungstitel in Form von Anleihen (Obligationen, Schuldverschreibungen) sowie Mischformen (Wandel– und Optionsanleihen) gehandelt werden.

Die Börse:
Die Börse ist ein hoch organisierter Kapitalmarkt für verbriefte Finanzierungstitel (Wertpapiere) mit niedrigen Transaktionskosten. Ursachen hierfür sind:

- Standardisierung der gehandelten Titel:
  Beispielsweise sind für Aktien die Rechte und Pflichten des Aktionärs im AktG geregelt.

- Beschränkte Haftung für die Inhaber der Titel

- Vereinfachung der Eigentumsübertragung

- Zeitliche und örtliche Konzentration des Handels

- Strenge Regelung des Preisermittlungsverfahrens (im Börsengesetz)

- Publizierung des Marktgeschehens (in der Börsenzeitung)

- Verpflichtung der Emittenten zur Publizität[4]:
  Jahresabschlüsse müssen veröffentlicht werden.

- Informationssymmetrie zwischen Anbietern und Nachfragern[5]

- **Kassa– und Terminmarkt:**
  Eine weitere Einteilung des Kapitalmarkts läßt sich nach der zeitlichen Frist zwischen Vertragsabschluß und beidseitiger Vertragserfüllung von Kapitalmarktgeschäften vornehmen:

  - **Kassageschäfte:**
    Vertragsabschluß und Erfüllung liegen zeitlich eng zusammen (maximal zwei Börsentage bzw. fünf Kalendertage, in Österreich der übernächste Montag).
    Derartige Kassageschäfte am Kapitalmarkt laufen hauptsächlich über Kassabörsen ab. Die Einteilung der Kassabörsen erfolgt nach dem Gegenstand des Börsengeschäftes:

    * Wertpapierbörsen (Effektenbörsen):
      Hier kann nach den Emittenten der Wertpapiere unterteilt werden in Wertpapiere von

      · *Kreditinstituten*:   Pfandbriefe, Kommunalobligationen, Anleihen der Spezialkreditinstitute (z.B. Kreditanstalt für Wiederaufbau in Deutschland) und sonstige Bankanleihen

      · *sonstigen Unternehmungen*: Aktien und Bezugsrechte, Genußscheine, Industrieanleihen, Wandelanleihen, Optionsanleihen und Optionsscheine

      · *der öffentlichen Hand*: Anleihen des Bundes, der Länder und der Städte (Kommunalanleihen) und der Sondervermögen des Bundes in Deutschland (Bundespost und Bundesbahn) und weitere Bundeswertpapiere

      · *Kapitalanlagegesellschaften*: Investmentzertifikate von Aktien–, Anleihen–, Immobilien–, Optionsscheine– und Geldmarktpapierefonds[6]

---

[3] Kommanditgesellschaften auf Aktien existieren nur in Deutschland.
[4] Die Börsenzeitungen sind *Wiener Zeitung* in Österreich und *Bundesanzeiger* in Deutschland.
[5] Ausnahmen bilden hier die *Insider*.
[6] In Deutschland werden Investmentzertifikate nicht an der Börse gehandelt.

* Devisenbörsen:
  In Deutschland auf 17 und in Österreich auf 16 Fremdwährungen
* Warenbörsen:
  Gegenstand sind Edelmetalle (Gold, Silber, Platin und Palladium), Nichtedelmetalle und landwirtschaftliche Produkte.
- **Termingeschäfte:**
  Vertragsabschluß und beidseitige Erfüllung sind zeitlich wesentlich getrennt.
  * Feste Termingeschäfte:
    Beide Vertragspartner müssen den Vertrag erfüllen.
    · *Forwards:*
      Forwardverträge sind unstandardisiert. Daher können die Vertragspartner den Vertragsinhalt frei gestalten.
    · *Futures:*
      Futures sind standardisierte Verträge (Festterminkontrakte) bezüglich Fälligkeitstermin, Kontraktumfang und Vertragspartner.
  * Bedingte Termingeschäfte (Optionen):
    Der Käufer der Option hat die Wahlmöglichkeit bezüglich der beidseitigen Vertragserfüllung. Der Verkäufer der Option erhält bei Vertragsabschluß den Optionspreis und muß auf Wunsch des Vertragspartners den Vertrag erfüllen.

Die Einteilung der Terminbörsen[7] erfolgt nach dem Gegenstand des Börsengeschäftes:[8]

* *Optionen und Futures auf den Gegenstand eines Kassageschäfts:*
  · Optionen auf Aktien, Zinstitel, Devisen, Indices und Waren
  · Futures auf Anleihen, Devisen, Indices (*Financial Futures*) und Waren (*Commodity Futures*)
* *Optionen auf den Gegenstand eines Festtermingeschäfts:*
  Optionen auf Aktienindexfutures, Zinsfutures, Devisenfutures und Warenfutures.

• **Präsenz- und Terminalbörsen**

7.1.2 Aufgaben der Kapitalmärkte

• **Primärmarkt:**

- Allokations- und Selektionsfunktion:
  Der Kapitalmarkt lenkt das Geld zu den Verwendern mit den attraktivsten Renditen; dies sind die Unternehmungen mit dem größten Erfolg auf den Leistungsmärkten. Verlustbringende Unternehmungen haben es schwer, Mittel für Investitionen zu beschaffen, und können daher nur in geringem Maße investieren. Tendenziell verhindert daher der Kapitalmarkt unrentable Investitionen und fördert die produktivste Kapitalverwendung und somit auch das gesamtwirtschaftliche Wachstum.
- Erweiterung der Handlungsmöglichkeiten für Kapitalanbieter und -nachfrager:
  Investoren können Finanzierungstitel mit unterschiedlichen Zahlungen, Risiken und Fristen auf dem Kapitalmarkt nachfragen. Dementsprechend können die Unternehmungen unterschiedliche Finanzierungstitel (Aktien, Anleihen, Wandel- und Optionsanleihen) auf dem Kapitalmarkt anbieten.

---

[7] Die wichtigsten Terminbörsen der Welt befinden sich in Chicago (CBOT, CBOE, CME mit IMM). In Europa gibt es u.a. folgende Terminbörsen: LIFFE/LTOM (London), EOE (Amsterdam), MATIF (Paris), EUREX (Deutschland und Schweiz), OM (Stockholm), ÖTOB (Österreich) und BELFOX (Belgien).

[8] Forwards und Over-the-Counter-(OTC)-Optionen sind nicht Gegenstand von Terminbörsen.

- **Sekundärmarkt:**

  - Verringerung der Informationskosten:
    Der Sekundärmarkt bringt Anbieter und Nachfrager ohne hohe Informationskosten zusammen. Es liegt oft Informationssymmetrie vor, d.h. Anbieter und Nachfrager haben den gleichen Informationsstand und deshalb auch gegenseitig weniger Mißtrauen.

  - Verringerung der Transaktionskosten:
    Durch die Standardisierung von Finanzierungstitel und Geschäftsabwicklung werden die Transaktionskosten niedrig gehalten. Rechte und Pflichten müssen dann nicht mehr in einem Vertrag festgehalten werden, sondern sie sind i.a. per Gesetz geregelt.

7.2   Finanzierungstitel

Überblick über die unterschiedlichen Finanzierungstitel:

- Aktien ($\rightarrow$ Unterabschnitt 7.2.1)

- Anleihen ($\rightarrow$ Unterabschnitt 7.2.2)

- Wandelanleihen ($\rightarrow$ Unterabschnitt 7.2.3)

- Optionsanleihen ($\rightarrow$ Unterabschnitt 7.2.4)

- Partizipationsscheine (Genußscheine) ($\rightarrow$ Unterabschnitt 7.2.5)

- Genußscheine im Sinne des Beteiligungsfondsgesetzes ($\rightarrow$ Unterabschnitt 7.2.6)

- Optionen ($\rightarrow$ Unterabschnitt 7.2.8)

- Futures ($\rightarrow$ Unterabschnitt 7.2.7)

- Investmentzertifikate[9]

7.2.1   Aktien

Eine Aktie ist ein verbriefter Beteiligungstitel an einer AG (oder an einer KGaA in Deutschland). Das Grundkapital (Nominalkapital, gezeichnetes Kapital, Aktienkapital) einer Aktiengesellschaft ist in Aktien zerlegt, die das Miteigentumsrecht der Aktionäre an der Gesellschaft verbriefen.

7.2.1.1   Einteilung der Aktien

- **Nach der Zerlegung des Grundkapitals:**
  Seit der Einführung des Euros am 1.1.1999 können in der Eurozone Aktien als Nennwertaktien oder als Quotenaktien ausgegeben werden. Beide Aktienarten dürfen jedoch in einer AG nicht nebeneinander bestehen.

---

[9] Diese Finanzierungstitel werden etwa in Fischer (2001) behandelt.

- Nennwertaktien:
  Bei dieser in Österreich und in Deutschland bis Ende 1998 vorgeschriebenen Form erfolgt eine Stückelung des Grundkapitals der AG nach der Anzahl der ausgegebenen Aktien. Das Nominale je Aktie ist der auf einer Aktie dargestellte Geldbetrag. In Deutschland wurde der Mindestnennbetrag in § 8 AktG mit 5 DM je Aktie festgesetzt; höhere Aktiennennbeträge mußten auf ein Vielfaches von 5 DM lauten. In Österreich hatte der Nennbetrag der Aktie auf 100, 500, 1.000 oder ein Vielfaches von 1.000 öS zu lauten[10]. Aktien mit einem niedrigeren Mindestnennbetrag[11] bzw. mit anderen Nennbeträgen[12] waren nichtig. Seit der Einführung des Euros muß eine Nennwertaktie auf mindestens einen € oder auf ein Vielfaches davon lauten.

  Ein gelegentlich gesehener Nachteil von Nennwertaktien ist, daß sie zur Auffassung verleiten können, der auf der Aktie aufgedruckte Nennbetrag sei ihr Wert und die Rendite ergebe sich aus der Relation von Dividende und Nennbetrag[13].

- Quotenaktien (Stückaktien):
  Diese gelegentlich in den USA, Kanada, und vor der Euro-Einführung in Italien und Belgien vorkommenden Aktien sind nennwertlose Aktien, die auf einen bestimmten Anteil an einer Unternehmung lauten. Sind z.B. 100.000 Aktien ausgegeben, lauten die Quotenaktien auf 1/100.000 des Eigenkapitals.

- **Nach den Übertragungsbestimmungen:**

  - Inhaberaktien:
    Eine Inhaberaktie ist ein Wertpapier, bei dem der auf der Aktie namentlich nicht genannte Inhaber des Papieres die Rechte geltend machen kann. Inhaberaktien werden wie bewegliche Sachen behandelt, d.h. ihre Übertragung geschieht nicht durch Zession, sondern durch Einigung und Übergabe des Papieres. Die Ausgabe von Inhaberaktien ist nur bei voller Einzahlung des Emissionsbetrages zulässig.

  - Namensaktien:
    Namensaktien sind auf den Namen des Aktionärs ausgestellt, und dieser ist mit Wohnort und Beruf in das Aktienbuch der AG einzutragen[14]. Nach § 24 deutsches AktG bzw. § 10 (3) österreichisches AktG sind die Aktien als Inhaberaktien auszugeben, wenn die Satzung nichts anderes bestimmt. Nicht voll eingezahlte Aktien dürfen nur als Namensaktien ausgegeben werden[15]. Es müssen mindestens 25 % und das volle Agio eingezahlt werden. Die Namensaktie kann durch Indossament (auch Blankoindossament oder Blankoabtretung) oder durch Abtretung des Rechts übertragen werden. Die Übergabe des Papieres ist bei der Übertragung unerläßlich. Die Eintragung ins Aktienbuch ist zur Übertragung der Namensaktie nicht erforderlich, wohl aber zur Ausübung der Rechte aus der Aktie (insbesondere Vermögens– und Stimmrechte).

    Vinkulierte Namensaktie:
    Namensaktien können durch die Satzung vinkuliert werden, d.h. ihre Übertragung erfordert die Zustimmung der Gesellschaft[16]. Durch die Vinkulierung wird die Namensaktie von einem Orderpapier zu einem Namens– bzw. Rektapapier. Der Vorteil besteht darin, daß dadurch unerwünschte Personengruppen (z.B.

---

[10] § 8 (1) österreichisches AktG.
[11] § 12 (1) deutsches AktG.
[12] § 12 (2) österreichisches AktG.
[13] Die Dividende wird gerne als Prozentsatz vom Nominale angegeben: Beträgt das Nominale 50 DM und die Dividende 10 DM, so ist der Dividenden*satz* 20 %. Ist der Kurs 200 DM, so beträgt die Dividenden*rendite* jedoch nur 10/200 = 5 %.
[14] § 67 deutsches AktG; §§ 10, 61 (1) österreichisches AktG.
[15] In beiden Staaten § 10 (2) AktG.
[16] § 68 (2) deutsches AktG bzw. § 62 österreichisches AktG.

Konkurrenten) nicht Aktionäre der AG werden können. Vinkulierte Namensaktien treten auch bei Familien–AGs auf, um zu verhindern, daß Familienangehörige ihre Anteile an Außenstehende veräußern.

In der Regel haben Inhaberaktien aufgrund ihrer einfacheren Übertragungsmöglichkeit einen höheren Kurs als Namensaktien.

- **Nach dem Umfang der Rechte:**

  - Stammaktien:
    Die wichtigsten Rechte der Stammaktie sind:

    * Stimmrecht in der Hauptversammlung,
    * Recht auf Anteil an der Ausschüttung,
    * Bezugsrecht[17] auf junge Aktien bei ordentlichen Kapitalerhöhungen, auf Titel mit Optionscharakter (Wandelanleihen, Optionsanleihen, Wandel– und Optionsgenußscheine) und auf Titel mit Gewinnansprüchen (Gewinnschuldverschreibungen und Genußscheine),
    * Recht auf Anteil am Liquidationserlös.

  - Vorzugsaktien:
    Nach § 11 AktG sind Vorzugsaktien Aktien besonderer Gattung, die meist mit bestimmten Vorrechten gegenüber der Stammaktie ausgestattet sind.
    Absolute Vorzugsaktien gewähren Vorzüge zu den übrigen Rechten im Gegensatz zu den *relativen Vorzugsaktien*, bei denen der Vorzug mit einem Nachteil verbunden ist. Das Gesetz weist namentlich auf Vorzüge bei der Verteilung des Gewinns oder des Liquidationserlöses hin. Als Nachteil der Vorzugsaktie kann eine Beschränkung des Stimmrechts vereinbart werden.
    Es gibt drei Arten von Vorzugsaktien:

    * *Vorzugsaktien ohne Stimmrecht[18]:*
      Vorzugsaktien ohne Stimmrecht sind ein beliebtes Instrument zur Eigenfinanzierung vor allem bei Gesellschaften, die den Kapitalmarkt in Anspruch nehmen wollen, ohne dadurch bestehende Herrschaftsverhältnisse in der Hauptversammlung zu verändern. Sie können bis zur Höhe des Gesamtnennbetrages der anderen Aktien ausgegeben werden. Wegen des fehlenden Stimmrechts müssen sie mit einem nachzuzahlenden Vorzug bei der Gewinnverteilung ausgestattet sein. Die Dividende wird daher auch als kumulative Vorzugsdividende bezeichnet. Dies bedeutet für den Aktionär, daß ihm die Dividende aus Geschäftsjahren, in denen die Gesellschaft keinen Gewinn ausschüttet, in späteren Jahren nachgezahlt werden muß, und zwar bevor eine Dividende an die Stammaktionäre verteilt wird. Erhält der Vorzugsaktionär in einem Jahr keine Dividende und wird diese im folgenden Jahr nicht nachgezahlt, fällt ihm das Stimmrecht bis zur vollständigen Nachzahlung der Rückstände zu.
      Die Ausstattung des Dividendenvorzugs kann vielfältiger Natur sein und unterliegt keiner gesetzlichen Vorschrift:
      · *Vorzugsaktien mit Vorabdividende (einfach prioritätische Dividende):*
        Bei der Vorabdividende wird den Vorzugsaktionären vorweg aus dem Gewinn eine feste Dividende zugesagt, bevor die Stammaktionäre eine Dividende in gleicher Höhe erhalten. Ein eventueller Restgewinn wird gleichmäßig auf alle Aktien verteilt (vgl. Abb. 7.2).
      · *Vorzugsaktien mit Überdividende (Superdividende):*
        Die Dividende der Vorzugsaktie überschreitet immer die Dividende der Stammaktie um eine bestimmte Höhe (vgl. Abb. 7.2).

---

[17] Nach §186 deutsches AktG bzw. §153 österreichisches AktG kann das Bezugsrecht auch ausgeschlossen werden.

[18] §§ 139–141 deutsches AktG bzw. §§ 12 (1), 115–117 österreichisches AktG.

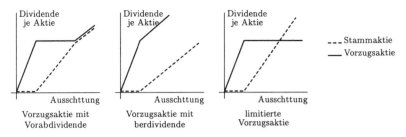

Abb. 7.2: Dividendenzahlungen bei Vorzugsaktien

· *Limitierte Vorzugsaktien:*
   Die Vorzugsdividende bei limitierten Vorzugsaktien ist auf einen bestimmten
   Höchstbetrag begrenzt. Der verbleibende Restgewinn wird nur auf die Stammaktien verteilt. Bei dieser Art von Vorzugsaktien kann es geschehen, daß
   der Vorzugsaktionär ab einer bestimmten Höhe der Dividende weniger als
   der Stammaktionär erhält (vgl. Abb. 7.2).

* *Vorzüge mit mehrfachem Stimmrecht (Mehrstimmrechtsaktien):*
   Sie sind nach § 12 (2) öAktG bzw.   nach § 12 (2) dAktG grundsätzlich
   unzulässig.[19]   In Deutschland kann allerdings die jeweils zuständige oberste
   Landesbehörde Ausnahmen zulassen, wenn sie zur Wahrung überwiegend
   gesamtwirtschaftlicher Belange erforderlich sind[20].

* *Vorzugsaktien mit einfachem Stimmrecht bzw.   Vorzüge am Liquidationserlös
   oder Vorzüge beim Bezugsrecht*[21]

Die Stammaktie steht im Vergleich zur Vorzugsaktie dann höher im Kurs, wenn die
Stimmrechte der Stammaktie aufgrund einer möglichen Übernahme der AG höher bewertet werden als die eventuellen Vorzüge einer stimmrechtslosen Vorzugsaktie.

7.2.1.2 Entstehung von Aktien

• **Gründung einer Aktiengesellschaft:**
   Zur Gründung einer AG sind in Deutschland gemäß § 2 AktG mindestens fünf, in Österreich gemäß § 2 (1) AktG mindestens zwei Personen erforderlich. Sie bestimmen die Höhe
   des Grundkapitals (mindestens € 70.000,–), das Nominale je Aktie sowie die Arten von
   Aktien und deren Ausgabepreis (= Nominale + Agio). Die Aufbringung des Grundkapitals erfolgt durch die Übernahme der Aktien durch die Gründer, wobei sämtliche Aktien
   durch die Gründer übernommen werden müssen. Sind die Gründer dazu nicht in der
   Lage, so wird in ihren Kreis eine Bank oder ein Bankenkonsortium aufgenommen. Dabei
   wird zwischen *Übernahmekonsortien*, welche die Gesamtheit der abzugebenden Effekten
   übernehmen und dann weitergeben (oder in den eigenen Bestand aufnehmen), und den
   Plazierungskonsortien, die die neuen Wertpapiere lediglich kommissionsweise unterzubrin-
   gen versuchen, unterschieden. Die von den Banken übernommenen Aktien werden später
   dem Publikum angeboten.[22]

---

[19] Umgekehrt jedoch sind in den Satzungen Stimmrechtsbeschränkungen (*Höchststimmrechte*) für Aktien-
pakete zulässig (z.B. bei der *VA-Tech*: von einem Aktionär dürfen maximal 25 % des Grundkapitals an
Stimmrechten ausgeübt werden).
[20] § 12 (1) deutsches AktG.
[21] Diese kommen in der Praxis selten vor.
[22] Werden die Aktien einer bestehenden Aktiengesellschaft der Öffentlichkeit angeboten, spricht man von
Going Public. Das Gegenteil ist *Going Private*. Dies geschieht meist durch einen *Leveraged Buyout*.

- **Aktiensplits:**
  Bei Aktiensplits bleibt das Grundkapital der AG unverändert, es ändert sich lediglich das Nominale je Aktie. Wird dieses beispielsweise von € 50,– auf € 5,– je Aktie herabgesetzt, so erfolgt der Split im Verhältnis 10 : 1.

- **Kapitalerhöhung:**
  Unter Kapitalerhöhung versteht man die Erhöhung des Grundkapitals der Aktiengesellschaft. Kapitalerhöhungen bedürfen im allgemeinen einer $^3/_4$ Mehrheit des auf der Hauptversammlung vertretenen Grundkapitals. Gibt es mehrere Aktiengattungen, so muß unter den Aktionären der jeweiligen Gattung gesondert nach den beschriebenen Grundsätzen abgestimmt werden.
  Unter *genehmigtem Kapital* versteht man den finanziellen Rahmen, den die Hauptversammlung dem Vorstand gewährt und innerhalb dessen er ohne weitere Zustimmung der Hauptversammlung – jedoch mit Genehmigung des Aufsichtsrats – innerhalb einer gegebenen Frist von maximal fünf Jahren Kapitalerhöhungen gegen neue Mittel durchführen kann.

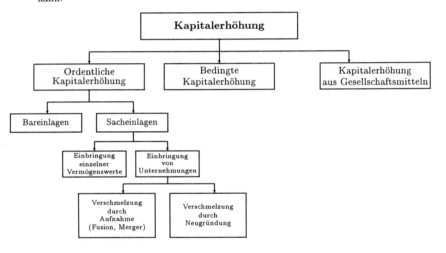

Abb. 7.3: Formen der Kapitalerhöhung

- Ordentliche Kapitalerhöhung:
  Bei einer ordentlichen Kapitalerhöhung fließt ein vorher festgelegter Wert von außen in die Unternehmung. Als Gegenleistung erhalten die Kapitalgeber junge Aktien. Der Betrag kann in Form von Bareinlagen oder Sacheinlagen geleistet werden.

  * *Gegen Bareinlagen:*
    Bei der ordentlichen Kapitalerhöhung gegen bar erfolgt eine Ausgabe junger Aktien gegen Einlagen. Aktionäre haben grundsätzlich entsprechend ihrem Anteil am bisherigen Grundkapital ein Bezugsrecht auf junge Aktien, das nur in bestimmten Fällen entzogen werden kann. Das Bezugsrecht[23] dient zum Schutz der Aktionäre vor Vermögensnachteilen, die durch das Absinken des Aktienkurses nach erfolgter Erhöhung entstehen, und vor Veränderungen der Stimmrechtsverhältnisse in der Hauptversammlung.
    Bei der ordentlichen Kapitalerhöhung sind festzulegen:

    · *Emissionsvolumen*

---

[23] vgl. auch Fußnote 17 auf S. 180.

- *Nominale je junger Aktie*
- *Gattung der jungen Aktien*
- *Bezugsverhältnis:*
  Das Bezugsverhältnis gibt an, wieviele alte Aktien und damit wieviele
  Bezugsrechte zum Bezug einer jungen Aktie notwendig sind.
  Das Bezugsverhältnis errechnet sich aus

$$\text{Nominelles Bezugsverhältnis} = \frac{\text{Grundkapital der Altaktien}}{\text{Gesamtes Nominale der ordentlichen Kapitalerhöhung}}$$

bzw.

$$\text{Stückmäßiges Bezugsverhältnis} = \frac{\text{Stück Altaktien}}{\text{Stück junge Aktien}}.$$

Falls die alten Aktien dasselbe Nominale je Stück wie die jungen Aktien
aufweisen, sind beide Bezugsverhältnisse gleich groß.
- *Bezugskurs:*
  Dabei handelt es sich um jenen Betrag, der zusätzlich zu den Bezugsrechten
  für den Erwerb einer jungen Aktie an die AG geleistet werden muß.
- *Bezugsfrist:*
  Die Altaktionäre können ihre Bezugsrechte ausüben oder am Kapitalmarkt
  verkaufen. Zu Beginn der mindestens zweiwöchigen Bezugsfrist notiert die
  alte Aktie ex Bezugsrecht (*exB*), und es beginnt der Handel der Bezugsrechte
  an der Börse.
- *Dividendenberechtigung der jungen Aktie:*
  Die junge Aktie kann im Emissionsjahr voll, teilweise oder nicht dividendenberechtigt sein.

Am Tag vor Beginn der Bezugsfrist werden noch Altaktien gehandelt, die das
Bezugsrecht auf junge Aktien beinhalten. Am Tag des Beginns der Bezugfrist
wird das Bezugsrecht von der Altaktie getrennt, und es werden die Altaktien
ohne Bezugsrecht und das Bezugsrecht allein gehandelt. Um eine junge Aktie er-
werben zu können, benötigt ein Investor eine dem stückmäßigen Bezugsverhältnis
entsprechende Anzahl von Bezugsrechten, und er hat zusätzlich je junger Aktie den
Bezugskurs an die Unternehmung zu leisten. Ist die junge Aktie im Emissionsjahr
nicht voll dividendenberechtigt, so notieren die jungen Aktien und die alten Aktien
bis zum nächsten ex–Dividendentag getrennt.

* Gegen Sacheinlagen:
  Auch mit *einzelnen Vermögensgegenständen* kann der Preis einer Aktie geleistet
  werden. Hierbei ergibt sich aber das Problem der Bewertung des eingebrachten
  Vermögensgegenstandes. Um eine Überbewertung zu vermeiden, hat der Geset-
  zgeber strenge Richtlinien erlassen.
  Eine besondere Form der Einlage ist die der Einbringung einer gesamten Un-
  ternehmung. Hier unterscheidet man zwei Formen der Verschmelzung:
  Bei der *Verschmelzung durch Aufnahme* (Fusion, Merger) wird die übernommene
  Unternehmung aufgelöst, und diese geht in die übernehmende Unternehmung
  ein.
  Bei der *Verschmelzung durch Neugründung* werden beide Unternehmungen
  aufgelöst und durch eine neue Unternehmung ersetzt.

– Bedingte Kapitalerhöhung:
  Eine bedingte Kapitalerhöhung ist notwendig, wenn die Unternehmung Finanzierungstitel mit Wandlungs– oder Bezugsoptionen emittiert. In diesem Fall

wird eine Erhöhung des Grundkapitals erst wirksam, wenn bestimmte Bedingungen, nämlich die Ausübung dieser Optionen auf junge Aktien bei Wandelanleihen, Optionsscheinen, Wandelgenußscheinen und Opionsgenußscheinen durch die Inhaber dieser Finanzierungstitel, eintreten.

– Kapitalerhöhung aus Gesellschaftsmitteln:
  Dabei handelt es sich um eine Erhöhung des Grundkapitals durch Umbuchung von Rücklagen. Es werden Berichtigungsaktien (Zusatzaktien, Gratisaktien) geschaffen, ohne daß der Gesellschaft Mittel von außen zugeführt werden. Der Sinn dieser Form der Kapitalerhöhung liegt in einer beabsichtigten Kurssenkung der Aktien, wenn diese sehr hoch notieren und dadurch für Kleinanleger unerschwinglich sind.
  Wie bei einer ordentlichen Kapitalerhöhung erfolgt i.d.R. ein Bezugsrechthandel, und der theoretische Aktienkurs exB sowie der rechnerische Wert des Bezugsrechts können mit den in Exkurs 12 angegebenen Formeln für einen Bezugskurs von $X = 0$ ermittelt werden.

Exkurs 12: Der rechnerische Kurs der Altaktie „ex–Bezugsrecht" und der rechnerische Wert eines Bezugsrechts

Im folgenden wird vereinfachend unterstellt, daß das Nominale je junger Aktie dem Nominale je Altaktie entspricht.

$t = 0$	...	*Beginn der Bezugsfrist*
S_0^{cumB}	...	*Aktienkurs vor der Kapitalerhöhung (zu $t = 0^-$)*
S_0^{exB}	...	*Kurs der Altaktie nach der Kapitalerhöhung (zu $t = 0$)*
c_0	...	*Rechnerischer Wert des Bezugsrechts (zu $t = 0$)*
X	...	*Bezugskurs je junger Aktie*
N	...	*Anzahl der alten Aktien*
n	...	*Anzahl der jungen Aktien*
s	...	*Dividendenberechtigung im Jahr der Emission in %*
Div	...	*Dividendenzahlung je Altaktie*
BV^{nom}	...	*nominelles Bezugsverhältnis*
BV^{stk}	...	*stückmäßiges Bezugsverhältnis*

Der rechnerische Wert des Bezugsrechts ergibt sich aus dem theoretischen Kursabschlag der alten Aktie am exB–Tag. Jene Altaktionäre, die von ihrem Bezugsrecht nicht Gebrauch machen wollen und eine Veräußerung des Bezugsrechts an der Börse vorziehen, werden genau für diese Wertminderung ihrer Aktie entschädigt.

Bei voller Dividendenberechtigung der jungen Aktien:

Marktwert des Eigenkapitals vor der Kapitalerhöhung: $\quad N \cdot S_0^{cumB}$
Marktwert des Eigenkapitals nach der Kapitalerhöhung: $\quad \underbrace{N \cdot S_0^{cumB} + n \cdot X}$
$$(N + n) \cdot S_0^{exB}$$

Daraus erhält man:

$$S_0^{exB} = \frac{N \cdot S_0^{cumB} + n \cdot X}{N + n}$$

bzw.

$$S_0^{exB} = \frac{\frac{N}{n} \cdot S_0^{cumB} + X}{\frac{N}{n} + 1}.$$

Der rechnerische Wert des Bezugsrechts ergibt sich daher als

$$c_0 = S_0^{cumB} - S_0^{exB}$$
$$= \frac{S_0^{cumB} - X}{\frac{N}{n} + 1}.$$

Bei teilweiser Dividendenberechtigung der jungen Aktien:

Sind die jungen Aktien im Jahr der Emission nicht voll dividendenberechtigt, so läßt sich der Dividendennachteil $(1-s) \cdot Div$ als fiktive Erhöhung des Bezugskurses interpretieren. Um trotzdem eine voll dividendenberechtigte junge Aktie theoretisch von der Unternehmung beziehen zu können, hätte ein Investor neben dem Bezugskurs auch den Dividendennachteil an die Unternehmung zu zahlen:

$$c_0 = \frac{S_0^{cumB} - [X + (1 - s) \cdot Div]}{\frac{N}{n} + 1}$$

Die rechnerischen exB–Aktienkurse sind in diesem Fall für die Altaktien

$$S_0^{exB,alt} = \frac{N \cdot S_0^{cumB} + n \cdot [X + (1 - s) \cdot Div]}{N + n}$$

bzw.

$$S_0^{exB,alt} = \frac{\frac{N}{n} \cdot S_0^{cumB} + X + (1 - s) \cdot Div}{\frac{N}{n} + 1}$$

und für die junge Aktie

$$S_0^{exB,jung} = S_0^{exB,alt} - (1 - s) \cdot Div.$$

Lösung von Aufgabe 41:

(a) Rahmen, in dem der Bezugskurs festgelegt werden kann:

$$
\begin{array}{ccccl}
\text{Nominale (laut AktG)} & \leq & X & \leq & \text{cum-Kurs der Altaktie} - \text{Dividendennachteil} \\
1.000 & \leq & X & \leq & 3.000 - (1 - 0,3) \cdot 60 \\
1.000 & \leq & X & \leq & 2.958
\end{array}
$$

(b) Nominale Grundkapital nach der Kapitalerhöhung:
Anzahl junger Aktien:

$$n = \frac{100.000.000}{2.000}$$
$$= 50.000$$

Nominale Kapitalerhöhung:

$$n \cdot \text{Nominale} = 50.000 \cdot 1.000$$
$$= 50.000.000$$

Nominale Grundkapital:

$$
\begin{aligned}
\text{Nominale Grundkapital} \\
\text{nach Kapitalerhöhung} &= \text{Nominale Grundkapital vor Kapitalerhöhung} \\
&\quad + \text{Nominale Kapitalerhöhung} \\
&= 1.000.000.000 + 50.000.000 \\
&= 1.050.000.000
\end{aligned}
$$

(c) In der Bilanz ist der restliche Teil des Emissionsvolumens als gesetzliche Rücklage auszuweisen.

(d) Nominelles und stückmäßiges Bezugsverhältnis:

$$BV^{\text{nom}} = \frac{\text{Nominale der Altaktien}}{\text{Nominale der Kapitalerhöhung}}$$

$$= \frac{1.000.000.000}{50.000.000}$$

$$= 20 : 1$$

$$BV^{\text{stk}} = \frac{N}{n}$$

$$= \frac{\frac{1.000.000.000}{1.000}}{\frac{50.000.000}{1.000}}$$

$$= 20 : 1$$

mit:

$$N = \frac{\text{Grundkapital vor der Kapitalerhöhung}}{\text{Nominale je Altaktie}}$$

(e) Rechnerischer Wert des Bezugsrechts:

$$c_0 = \frac{S_0^{cumB} - [X + (1 - s) \cdot Div]}{\frac{N}{n} + 1}$$

$$= \frac{3.000 - [2.000 + (1 - 0,3) \cdot 60]}{20 + 1}$$

$$= 45,62$$

(f) Notierung der Aktien am exB–Tag:
Altaktie:

$$S_0^{exB,alt} = \frac{N \cdot S_0^{cumB} + n \cdot [X + (1 - s) \cdot Div]}{N + n}$$

$$= \frac{1.000.000 \cdot 3.000 + 50.000 \cdot [2.000 + (1 - 0,3) \cdot 60]}{1.000.000 + 50.000}$$

$$= 2.954,38$$

Junge Aktie:

$$S_0^{exB,jung} = S_0^{exB,alt} - (1 - s) \cdot Div$$

$$= 2.954,38 - (1 - 0,3) \cdot 60$$

$$= 2.912,38$$

(g) Wert <u>vor</u> der Kapitalerhöhung: 100 Stk. à 3.000,– = 300.000,–

– *Ausübung aller Bezugsrechte:*
 $BV = 20 : 1 \rightarrow \frac{100}{20} = 5$ junge Aktien
 Bezugskurs 5 Stk. à 2.000,– = 10.000,–
 Wert <u>nach</u> der Kapitalerhöhung:

100 Altaktien à 2.954,38	*= 295.438,10*
5 junge Aktien à 2.912,38	*= 14.561,90*
	310.000,–
– Bezugskurs	*– 10.000,–*
	300.000,–

– *Verkauf aller Bezugsrechte (zu ihrem rechnerischen Wert):*

Verkaufserlös 100 Stk. à 45,62	*= 4.561,90*
+ 100 Altaktien	*= 295.438,10*
	300.000,–

(h) Kauf von y jungen Aktien, finanziert durch den Verkauf von z Bezugsrechten:
Die Einzahlungen aus dem Verkauf der Bezugsrechte $c_0 \cdot z$ müssen mindestens die Auszahlungen für den Kauf der jungen Aktien $X \cdot y$ decken:

$$c_0 \cdot z \geq X \cdot y.$$

Aufgrund des Bezugsverhältnisses von 20 : 1 kann die Investorin mit 20 Bezugsrechten eine Aktie kaufen. Insgesamt hat sie 10.000 Bezugsrechte zur Verfügung:

$$z + 20 \cdot y = 10.000$$
$$y = \frac{10.000 - z}{20}.$$

Durch Substitution dieser Gleichung in obige Ungleichung erhält man:

$$c_0 \cdot z \geq X \cdot \frac{10.000 - z}{20}$$
$$20 \cdot c_0 \cdot z + X \cdot z \geq 10.000 \cdot X$$
$$z \geq \frac{10.000 \cdot X}{20 \cdot c_0 + X}$$
$$z \geq \frac{10.000 \cdot 2.000}{20 \cdot 45,62 + 2.000}$$
$$z \geq 6.867,24$$

$$y = 156,64$$

Ganzzahligkeit von y und z:

$$y = 156$$
$$z = 10.000 - 20 \cdot y$$
$$= 10.000 - 20 \cdot 156$$
$$= 6.880$$

Zahlungsströme:

	Einzahlungen aus dem Verkauf der Bezugsrechte	$45,62 \cdot 6.880$ =	313.859,05
−	Auszahlungen für die jungen Aktien	$156 \cdot 2.000$ =	312.000,–
	Bargeldüberschuß		1.859,05

Vermögensverschiebung bei der Investorin:

	Wert der Altaktien vor Kapitalerhöhung	10.000 Stk. $\cdot$ 3.000 =	30.000.000,–
	Wert der Altaktien nach Kapitalerhöhung	10.000 Stk. $\cdot$ 2.954,38 =	29.543.809,52
+	Wert der jungen Aktien	156 Stk. $\cdot$ 2.912,38 =	454.331,43
+	Bargeld		1.859,05
	Vermögen nach Kapitalerhöhung		30.000.000,–

7.2.2   Anleihen

7.2.2.1   Einteilung der Anleihen

Anleihen (Schuldverschreibungen, Obligationen) sind verbriefte Forderungstitel gegenüber ihrem Emittenten. Emittenten sind:

- Gebietskörperschaften (Bund, Länder, Gemeinden)

- Kreditinstitute

- Sonstige Unternehmungen (*Industrieanleihen*[24])

7.2.2.2   Ausstattung von Anleihen

- **Gesamtes Nominale der Anleihe, Nominale je Stück und (maximale) Laufzeit:**
  In Österreich muß das Nominale je Anleihepapier, die ab dem 1.1.1999 begeben worden sind, mindestens € 1.000,– betragen.

- **Zinszahlungen:**
  Die Zinszahlungen (Kuponzahlungen) erfolgen zu im voraus fixierten Terminen (jährlich oder halbjährlich) und ergeben sich aus

$$\frac{\text{nomineller Zinssatz in \% p.a.} \cdot \text{Nominale}}{\text{Anzahl der jährlichen Zinszahlungen}}$$

Folgende Regelungen sind möglich:

- – <u>Fester Zinssatz</u> (festverzinsliche Anleihen, Renten, *Straight Bonds*)
- – Variabler Zinssatz (*Floating Rate Notes*):
  Hier orientiert sich der Zinssatz der Anleihe an Referenzzinssätzen[25] für drei oder sechs Monate für eine vereinbarte Währung.
  Bei *Reverse Floating Rate Notes* wird der variable Zinssatz der Anleihe aus der Differenz eines vereinbarten festen Zinssatzes und eines Referenzzinssatzes berechnet.
- – Ohne laufende Verzinsung (Nullkuponanleihen (*Zero-Bonds*)):
  Bei dieser Form von Anleihe, die erstmals 1981 in den USA emittiert worden ist, unterscheidet man zwei Gestaltungsmöglichkeiten:

  - * *Abzinsungsanleihen:*
    Dies sind ohne Kupon ausgestattete Anleihen, die deutlich unter dem Nominale emittiert werden. Die Tilgung erfolgt zu pari am Ende der Laufzeit.
  - * *Aufzinsungsanleihen (Prämienanleihen):*
    Aufzinsungsanleihen haben ebenfalls keine laufende Verzinsung. Im Unterschied zu den Abzinsungsanleihen werden sie jedoch zu 100 % emittiert, und die Rückzahlung erfolgt dann deutlich überpari.

---

[24] Eine besondere Form der Industrieanleihen sind die besonders im Zuge eines Leveraged Buyouts emittierten Junk Bonds. Sie sind aufgrund der hohen Konkurswahrscheinlichkeit der Unternehmung überdurchschnittlich hoch nominell verzinst, aber dafür riskant.

[25] Folgende Referenzzinssätze können herangezogen werden: LIBOR (London Interbank Offered Rate), EURIBOR (Euro Interbank Offered Rate), SMR (Sekundärmarktrendite), ...

– Gewinnabhängiger Zinssatz (Gewinnschuldverschreibungen):
  Gewinnschuldverschreibungen verbriefen statt des Zinsanspruches oder zusätzlich zum Zinsanspruch einen Anspruch auf einen Anteil am Gewinn der ausgebenden Gesellschaft. Die meisten Gewinnschuldverschreibungen sind mit fester Grundverzinsung und dividendenabhängiger Zusatzverzinsung ausgestattet.

• **Ausgabekurs:**

  – Unterpari (mit Disagio)

  – Pari

  – Überpari (mit Agio)

  Da die Nominalverzinsung bereits Wochen vor der Emission festgelegt werden muß, kann durch kurzfristige Festlegung des Ausgabekurses eine Anpassung an die bei der Emission herrschende Sekundärmarktrendite für Anleihen erfolgen.

• **Rückzahlungskurs:**

  – Pari

  – Überpari

  Anleihen werden nicht unterpari zurückgezahlt.

• **Tilgung:**

  – Volle Rückzahlung am Ende der Laufzeit (gesamtfällige Anleihen)

  – Ratenweise Tilgung durch Auslosung nach Ablauf von Freijahren (Tilgungsanleihen und Annuitätenanleihen)

  – Freihändiger Rückkauf über die Börse (Sinking–Fund–Tilgung):
    Der Anleiheschuldner zahlt in einen von einem Treuhänder verwalteten Fonds die Tilgungsraten ein, aus dem der Treuhänder Teile der Anleihe vom Markt zurückkauft.

• **Laufzeit:**
  Sie beträgt in Österreich und in Deutschland in der Regel zwischen fünf und zehn Jahren, in den USA auch bis zu 40 Jahre. Anleihen mit unendlicher Laufzeit werden als *ewige Anleihen* (*Console Bonds, Perpetuals*) bezeichnet. Letztere sind dann zumeist vom Emittenten kündbar.

• **Kündbarkeit:**
  Vor allem amerikanische Industrieanleihen sind meistens nach Ablauf von Freijahren von den Unternehmungen kündbar, um deren Flexibilität für den Emittenten (z.B. bei Senkung des Zinsniveaus) zu erhöhen. Für die Einräumung dieser Option wird der Anleger jedoch vom Emittenten eine entsprechend höhere Effektivverzinsung fordern. Sind Anleihen vom Emittenten kündbar[26], so sind bei der vorzeitigen Kündigung von der Unternehmung neben dem Nominale oft auch Kündigungsprämien zu zahlen, die nach der bereits verstrichenen Laufzeit gestaffelt sein können[27].

---

[26] Eine Fälligstellung der gesamten Anleihe kann durch den Gläubiger stets dann erfolgen, wenn eine vereinbarte Zins- oder Tilgungszahlung des Schuldners ausbleibt, jedoch wird dann vorher oft eine einmonatige Nachfrist gewährt.

[27] Sind Anleihen vom Gläubiger kündbar, so spricht man von der *Degussa–Klausel*. Die erste mit einem solchen Kündigungsrecht ausgestattete Industrieanleihe war die 1953 aufgelegte Anleihe der Deutschen Gold- und Silberscheideanstalt (Degussa). Die Unternehmung wollte die steuerlich benachteiligten Industrieanleihen gegenüber den öffentlichen Anleihen attraktiv ausstatten und bediente sich dazu der damals für Deutschland völlig neuartigen Einräumung eines Kündigungsrechtes an die Gläubiger.

- **Besicherung:**
Bei öffentlichen Anleihen liegt die Sicherheit im Vermögen und der Steuerkraft der emittierenden Gebietskörperschaft. Bei Pfandbriefen[28] dienen Hypotheken und bei Kommunalobligationen[29] die Darlehen an die Kommunen als Deckung. Bei Industrieanleihen sind dingliche Sicherheiten durch Eintragung von Hypotheken und Grundschulden üblich. Es wird dann eine Bank (Emissionsbank) für die Gläubiger als Grundbuchvertreter bestellt und ins Grundbuch eingetragen (Anleihetreuhänder). Seltener sind Bürgschaften oder Garantien von Muttergesellschaften oder Gebietskörperschaften. Manchmal wird auf besondere Sicherheiten verzichtet, jedoch werden dann zumindest Negativklauseln vereinbart:

Die Negativklausel
Die Negativklausel stellt keine selbständige Sicherheitsleistung dar. Mit der Negativklausel verpflichtet sich der Anleiheschuldner, bis zur vollständigen Tilgung der Anleihe

* eine künftige Anleihe höchstens gleichrangig zu besichern, oder

* den Gläubiger einer ohne dingliche Sicherheit ausgegebenen Anleihe nachträglich eine gleichrangige Sicherheit einzuräumen, wenn künftige Anleihen oder Kredite besichert werden, oder

* wesentliche Teile seines Vermögens nur mit ausdrücklicher Zustimmung der Treuhänder der Gläubiger der Anleihe zu belasten oder zu veräußern, oder

* weitere Anleihen nur mit Zustimmung der Treuhänder zu begeben.

7.2.3   Wandelanleihen

Das Aktienrecht (§ 221 dAktG bzw. § 174 öAktG) kennt Anleihen, deren Inhaber innerhalb einer im Anleihevertrag bestimmten Frist das Recht haben,

- die Anleihe in einem bestimmten Verhältnis in junge Aktien umzutauschen

oder

- junge Aktien in einer bestimmten Höhe zu einem festgesetzten Preis zu beziehen.

Erstere gewähren eine Wandlungsoption und werden daher in der Literatur und in der Praxis als „Wandelanleihen" bezeichnet. Im zweiten Fall beinhalten die Anleihen eine Bezugsoption (ohne Hergabe der Anleihe); diese als „Optionsanleihen" bekannten Wertpapiere werden im Detail im nächsten Unterabschnitt besprochen. Sowohl Wandel– als auch Optionsanleihen sind i.d.R. mit einem festen nominellen Zinssatz ausgestattet und können auch vom Emittenten kündbar sein. Für die Ausübung der Wandel– bzw. Bezugsoption kann auch eine Sperrfrist vereinbart sein.

Die Ausgabe von Wandelanleihen ist nur aufgrund eines Beschlusses der Hauptversammlung mit $^3/_4$ Mehrheit des vertretenen Grundkapitals zulässig, falls die Satzung nichts anderes bestimmt (§ 221 (1) dAktG). Den Aktionären steht ein Bezugsrecht auf Wandelanleihen zu, das jedoch durch Hauptversammlungsbeschluß ausgeschlossen werden kann. Bei der Ausgabe von Wandelanleihen ist die Bildung einer bedingten Kapitalerhöhung notwendig. Erst mit Ausgabe

---

[28] Pfandbriefe sind Anleihen von Hypothekenbanken und öffentlich–rechtlichen Kreditanstalten.

[29] Bei Kommunalobligationen ist ein Kreditinstitut, das einer Kommune ein Darlehen gewährt, der Emittent der Schuldverschreibung. Kommunalanleihen werden von der Kommune selbst, unter Heranziehung der Emissionstätigkeit eines Kreditinstituts, emittiert.

der jungen Aktien nach einer Wandlung wird das Grundkapital rechtswirksam erhöht. Mit dem Umtausch der Wandelanleihen in junge Aktien erlöschen deren Forderungsrechte auf Zins- und Tilgungszahlungen. Nicht-gewandelte Wandelanleihen werden gemäß den Anleihebedingungen getilgt.

Bei der Ausgabe einer Wandelanleihe sind in den Anleihebedingungen u.a. festzulegen:

- **Gesamtes Nominale der Wandelanleihe, Nominale je Stück und (maximale) Laufzeit**

- **Bezugsverhältnis**
  dient zur Festlegung der Bezugsrechte der Aktionäre auf die Wandelanleihe:

$$\text{Nominelles Bezugsverhältnis} = \frac{\text{Grundkapital der Altaktien}}{\text{Gesamtes Nominale der Wandelanleihe}}$$

$$\text{Stückmäßiges Bezugsverhältnis} = \frac{\text{Stück Altaktien}}{\text{Stück Wandelanleihen}}$$

- **Umtauschverhältnis (Wandlungsverhältnis)**
  dient zur Festlegung des Umtauschs der Wandelanleihe in junge Aktien:

$$\text{Nominelles Wandlungsverhältnis} = \frac{\text{Gesamtnominale der Wandelanleihe}}{\text{Nominale der bedingten Kapitalerhöhung}}$$

$$\text{Stückmäßiges Wandlungsverhältnis} = \frac{\text{Stück Wandelanleihen}}{\text{Stück junge Aktien}}$$

- **Umtauschfrist**
  Nach Ablauf einer Sperrfrist ist die Wandlung i.d.R. jederzeit möglich. Ausgeschlossen werden oft kurze Zeiträume um das Ende des Wirtschaftsjahres. Der Grund für diese Vereinbarung ist die Erleichterung des Jahresabschlusses.

- **Wandlungspreis (Zuzahlung)**
  Zusätzlich zur Hingabe der Wandelanleihe kann der Inhaber noch zu einer Zuzahlung verpflichtet sein, falls er von seiner Umtauschoption Gebrauch macht[30].

  Durch die Festlegung des Zuzahlungsschemas (steigende oder fallende Zuzahlungen) kann die Unternehmung in einem gewissen Ausmaß den Wandlungszeitpunkt beeinflussen.

- **(Kapital-) Verwässerungsschutzklausel**
  Sie soll den Inhaber der Wandelanleihe vor Vermögensnachteilen schützen, die durch ordentliche oder bedingte Kapitalerhöhungen gegen Einlagen oder Kapitalerhöhungen aus Gesellschaftsmitteln entstehen. In diesen Fällen erfolgt nämlich bei der Aktie ein Kursabschlag (exB, $exBA$), und die Ausübung der Wandeloption wäre für den Inhaber ohne diese Klausel weniger attraktiv. Der Schutz erfolgt durch eine der folgenden Maßnahmen:

  - Kürzung der Zuzahlung um den (durchschnittlichen) Kurs des Bezugsrechts je Altaktie

---

[30] Beispielsweise können bei Wandlung neben der Hingabe der Wandelanleihe noch folgende Zuzahlungen je junger Aktie verlangt werden:

1.-4. Jahr:	keine Zuzahlung
5. Jahr:	Zuzahlung 35 DM
6. Jahr:	Zuzahlung 100 DM
7. Jahr:	Zuzahlung 150 DM
ab 8. Jahr:	Zuzahlung 180 DM

oder

– Änderung des Wandlungsverhältnisses durch Erhöhung des bedingten Kapitals.

Ein Schutz vor Kursabschlägen infolge von Dividenden (exD) ist i.d.R. nicht vorgesehen.

- **Dividendenberechtigung**
  der jungen Aktien im Jahr der Wandlung

- Die Regelung über die seit der letzten Kuponzahlung aufgelaufenen **Zinsen** zum Zeitpunkt der Wandlung
  I.d.R. erhält der Inhaber der Wandelanleihe bei Wandlung keine Zinsabgeltung.

Beispiel 7.1:

Das Nominale je Aktie betrage 50 und das Grundkapital 180 Mio. Es soll eine Wandelanleihe mit Nominale je Stück von 100 und einem Gesamtnominale von 30 Mio ausgegeben werden, die insgesamt in junge Aktien mit Nominale 10 Mio umgetauscht werden kann.
Bezugsverhältnis:

$$\text{nominell:} \quad \frac{180 \text{ Mio}}{30 \text{ Mio}} \quad = \quad 6:1$$

$$\text{stückmäßig:} \quad \frac{3,6 \text{ Mio}}{300.000} \quad = \quad 12:1$$

Somit berechtigen 12 Altaktien zum Bezug eines Stückes Wandelanleihe, wobei das Nominale dieser 12 Aktien 600 und das der Wandelanleihe 100 beträgt.
Wandlungsverhältnis:

$$\text{nominell:} \quad \frac{30 \text{ Mio}}{10 \text{ Mio}} \quad = \quad 3:1$$

$$\text{stückmäßig:} \quad \frac{300.000}{200.000} \quad = \quad 3:2$$

Für 3 Stück Wandelanleihen mit Nominale je Stück von 100 erhält man 2 junge Aktien mit Nominale von 50 je Aktie.

7.2.4 Optionsanleihen

Optionsanleihen sind Schuldverschreibungen, deren Inhaber innerhalb einer festgesetzten Frist eine Option auf den Bezug von jungen Aktien in einem bestimmten, vor Ausgabe der Optionsanleihen festgesetzten Verhältnis gegen Zahlung eines Basispreises haben. Die Optionsanleihe besteht aus einem Anleiheteil und aus Optionsscheinen. Die Optionsanleihen werden im AktG mit den Wandelanleihen im engeren Sinne, bei denen den Gläubigern ein Umtauschrecht auf Aktien eingeräumt ist, in dem Oberbegriff *Wandelschuldverschreibung* zusammengefaßt (§ 221 dAktG bzw. § 174 öAktG). Im Unterschied zur Wandelanleihe besteht bei Optionsanleihen der Anleiheteil nach Ausübung der Option weiter. Die Optionsscheine können nach einer festgelegten Frist von der Optionsanleihe verselbständigt und getrennt gehandelt werden. Optionsscheine auf eigene junge Aktien ohne zugehörigen Anleiheteil dürfen in Deutschland nicht emittiert werden.

Die Ausgabe von Optionsanleihen ist nur aufgrund eines Beschlusses der Hauptversammlung (wenn die Satzung der Gesellschaft nichts anderes vorsieht, $^3/_4$ des vertretenen Grundkapitals) zulässig und bedarf einer besonderen staatlichen Genehmigung. Auf Optionsanleihen haben die Aktionäre ein Bezugsrecht, das durch Hauptversammlungsbeschluß ausgeschlossen werden kann.

Bei Ausgabe einer Optionsanleihe sind in den Anleihebedingungen u.a. festzulegen:

- **Gesamtes Nominale der Optionsanleihe, Nominale je Stück und (maximale) Laufzeit**

- **Gesamtanzahl**
  der Optionsscheine und Optionsscheine je Stück Optionsanleihe

- **Bezugsverhältnis**
  dient zur Festlegung der Bezugsrechte der (Alt–) Aktionäre auf die Optionsanleihe:

$$\text{Nominelles Bezugsverhältnis} \ = \ \frac{\text{Grundkapital der Altaktien}}{\text{Gesamtes Nominale der Optionsanleihe}}$$

$$\text{Stückmäßiges Bezugsverhältnis} \ = \ \frac{\text{Stück Altaktien}}{\text{Stück Optionsanleihen}}$$

- **Optionsverhältnis**
  dient zur Festlegung des Umtauschs der Optionsscheine in junge Aktien:

$$\text{Optionsverhältnis} \ = \ \frac{\text{Stück junge Aktien}}{\text{Optionsscheine}}$$

- **Optionsfrist**
  Nach dem Ablauf einer Sperrfrist ist die Optionsausübung jederzeit möglich. Ausgeschlossen werden oft kurze Zeiträume um das Ende des Wirtschaftsjahres. Der Grund für diese Vereinbarung ist die Erleichterung des Jahresabschlusses.

- **Basispreis**
  ist jener Betrag, den der Optionsscheininhaber bei Ausübung des Optionsscheines zu zahlen hat.

- **(Kapital–) Verwässerungsschutzklausel**
  Sie soll den Inhaber des Optionsscheines vor Vermögensnachteilen schützen, die durch ordentliche oder bedingte Kapitalerhöhungen gegen Einlagen oder Kapitalerhöhungen aus Gesellschaftsmitteln entstehen. In diesen Fällen erfolgt nämlich bei der Aktie ein Kursabschlag (exB, $exBA$), und die Ausübung des Optionsscheines wäre für den Inhaber ohne diese Klausel weniger attraktiv. Der Schutz erfolgt durch eine der folgenden Maßnahmen:

  – Kürzung der Basispreise um den (durchschnittlichen) Kurs des Bezugsrechts je Altaktie

  oder

  – Änderung des Optionsverhältnisses durch Erhöhung des bedingten Kapitals.

  Ein Schutz vor Kursabschlägen infolge von Dividenden (exD) ist i.d.R. nicht vorgesehen ((Dividenden–) ungeschützte Optionsscheine).

- **Dividendenberechtigung**
  der jungen Aktien im Jahr der Optionsausübung

7.2.5   Partizipationsscheine (Genußscheine)[31]

Zur Ausgabe von Partizipationsscheinen (Genußscheinen im Sinne des Aktienrechts) bei Aktiengesellschaften ist ein Beschluß mit einer $^3/_4$–Mehrheit in der Hauptversammlung notwendig. Genußscheine unterliegen in ihrer Ausstattung keinerlei gesetzlichen Regelungen. Dies fördert zwar die Gestaltungsmöglichkeiten der Vertragsparteien, ist aber am Sekundärmarkt für potentielle Käufer recht hinderlich, da sich die Investoren stets über die konkreten Vereinbarungen jedes einzelnen Genußscheines informieren müssen.

Folgende allgemeine Merkmale von Genußscheinen können trotzdem festgehalten werden:

- keine Stimmrechte, manchmal Recht auf Teilnahme an der Hauptvesammlung

- Anspruch auf Anteil am Gewinn oder auf eine (meist) variable Ausschüttung

- Beteiligung am Verlust

- zumeist Anspruch auf Anteil am Liquidationserlös

- oft mit Kündigungsoption
  für den Emittenten und/oder den Titelinhaber. In diesem Fall muß auch der Rückzahlungsbetrag bei Kündigung geregelt werden.

- manchmal mit Wandel– oder Bezugsoptionen

  - Wandelgenußscheine mit Wandeloptionen auf junge Aktien

  - Optionsgenußscheine mit Bezugsoption auf junge Genußscheine oder auf junge Aktien.

In Deutschland und Österreich werden Genußscheine i. S. des Aktienrechts oftmals von Kreditinstituten ausgegeben. Dies hat seine Ursache im Kreditwesengesetz (KWG), das die Banken verpflichtet hat, ihr Haftkapital ihrem Geschäftsumfang entsprechend zu erhöhen. Zu diesem Haftkapital zählt neben dem Eigenkapital (einschließlich der Rücklagen) und dem Ergänzungskapital[32] eben auch das Partizipationsscheinkapital.   Da manche Kreditinstitute nicht die Rechtsform einer AG aufweisen, ist ihnen nur über die Ausgabe von Genußscheinen die Möglichkeit gegeben, Eigenkapital vom Kapitalmarkt zu bekommen. Ein weiterer Grund für die Ausgabe von Partizipationsscheinen liegt in deren Stimmrechtslosigkeit, die, im Unterschied zu den meisten Vorzugsaktien, auch bei Ausbleiben von Ausschüttungen bestehen bleibt. In der Schweiz werden Partizipationsscheine als Ersatz für die dort nicht emittierbaren Vorzugsaktien ausgegeben.

Aktionären steht ein Bezugsrecht auf Genußscheine zu. Bei Ausgabe von Genußscheinen sind analog zur Emission von jungen Aktien das Nominale der Genußscheine, das Bezugsverhältnis, der Bezugskurs usw. festzulegen.

---

[31] In Deutschland ist die Verwendung des Begriffs *Genußschein*, in der Schweiz *Partizipationsschein* üblich. In Österreich werden beide Begriffe verwendet, zumeist jedoch *Partizipationsschein*, wenn der Emittent ein Kreditinstitut ist, und sonst *Genußschein* (oder auch *Kapitalanteilschein* und *Gewinnschein*). Um jedoch eine klare Abgrenzung von den *Genußscheinen i. S. des Beteiligungsfondsgesetzes* zu erzielen, setzt sich immer mehr der Begriff *Partizipationsschein* durch.

[32] Ergänzungskapital sind Forderungstitel mit beschränktem Eigenkapitalcharakter (z. B. Ergänzungskapitalanleihen).

7.2.6 Genußscheine im Sinne des Beteiligungsfondsgesetzes

Genußscheine i. S. des Beteiligungsfondsgesetzes sind ein österreichisches Spezifikum. Sie sind ähnlich den Investmentzertifikaten, jedoch wird das Fondsvermögen nicht in Wertpapiere oder in Immobilien, sondern in mindestens zehnjährige Beteiligungen an inländischen Unternehmungen, die zumeist keine Aktiengesellschaften sind, investiert.

Sinn und Zweck des Beteiligungsfondsgesetzes von 1982 ist es gewesen, nicht börsennotierten heimischen Klein- und Mittelbetrieben eine Stärkung der Eigenkapitalbasis zu ermöglichen. Um viele Anleger für den Erwerb von Genußscheinen zu interessieren, sind mit dem Kauf eines Genußscheines einige hohe steuerliche Anreize verbunden gewesen. Da diese Anreize jedoch mit der Steuerreform 1988 größtenteils verschwunden sind, ist der Genußschein im Aussterben begriffen.

7.2.7 Futures

Ebenso wie Optionsgeschäfte sind auch Festtermingeschäfte keine Erfindung der Siebziger-jahre. Bereits im 19. Jht. gab es Warenterminbörsen in Deutschland[33]. Sie wurden 1931 eingestellt und 1954 wiedereröffnet, sind aber in der Zwischenzeit wieder eingestellt worden. Eigene Derivatenbörsen als Segment der Finanzmärkte gibt es seit 1973 in den USA (Chicago) und seit 1990 auch im deutschsprachigen Raum (DTB, SOFFEX, ÖTOB).

Derzeit gibt es fünfzehn Financial Futures an der EUREX (siehe Tab. 7.1). In Österreich gibt es an der ÖTOB einen ATX-Future und mehrere Indexfutures auf osteuropäische Aktienindizes (siehe Tab. 7.2).

Futures sind Festtermingeschäfte mit standardisierten Verträgen (*Kontrakten*) und Sekundärhandel an einer Futuresbörse. Festtermingeschäfte stellen eine beidseitige Verpflich-tung der Vertragsparteien dar:

- **Verpflichtung des Verkäufers**
  Der Verkäufer des Festtermingeschäfts verpflichtet sich, zu einem im voraus vereinbarten Termin eine bestimmte Anzahl von Basisobjekten an den Käufer des Festtermingeschäfts gegen Erhalt eines im voraus bestimmten Betrags (Terminpreis) zu liefern.

- **Verpflichtung des Käufers**
  Der Käufer des Festtermingeschäfts verpflichtet sich, zu einem im voraus vereinbarten Termin eine bestimmte Anzahl von Basisobjekten vom Verkäufer des Festtermingeschäfts gegen Zahlung eines im voraus bestimmten Betrags zu übernehmen.

Durch den Kauf eines Futures geht der Investor eine *long position*, der Verkäufer eine *short position* im Future ein. Bei Abschluß des Futures sind zwischen den Vertragspartnern keinerlei Zahlungen zu leisten.[34]

Die Standardisierung der Futures erfolgt bezüglich

- **Kontraktvolumen**
  = Anzahl der einen Kontrakt betreffenden Einheiten von Basisobjekten

---

[33] Damals gab es Terminbörsen für Getreide in Berlin, Kaffee in Hamburg, Baumwolle in Bremen und Zucker in Hamburg und Magdeburg.

[34] Nach den Usancen von Futuresbörsen sind jedoch Einschuß- und Nachschußzahlungen an die Börse zu leisten.

- **Fälligkeitstermin und maximale Laufzeit eines Kontrakts**

- **Vertragspartner**
  Um ein Bonitätsrisiko für den Kunden auszuschließen, ist der offizielle Vertragspartner
  die Terminbörse (*Clearing House*). Die Terminbörse hat für jeden Käufer eines Kontrakts
  auf der anderen Seite auch einen Verkäufer desselben Kontrakts, sodaß der inoffizielle
  Vertragspartner ein anderer Kunde der Terminbörse ist.

- **Lieferungsmodalitäten**

  - tatsächliche Lieferung

    * des Basisobjekts
    * eines Gegenstandes aus einer Liste von Basisobjekten (Future mit Lieferungsoption[35])

  - Zahlung der Differenz zwischen dem Futures–Preis am Fälligkeitstag und dem
    Futures–Preis am Abschlußtag (*Cash Settlement*).

7.2.8 Optionen

Optionen sind keine Erfindung der Siebzigerjahre, sondern waren bereits vor dem ersten
Weltkrieg in Deutschland von großer Bedeutung. So gab es damals etwa an der Berliner Börse
88 Aktienoptionen, davon ca. die Hälfte auf ausländische Aktien. 1914 wurde der Optionshandel verboten und 1925 wieder zugelassen. 1931 wurde der Optionshandel im Rahmen
der Weltwirtschaftskrise eingestellt und erst 1970 wieder mit Aktienoptionen aufgenommen.
1986 begann der Handel mit Rentenoptionen, der aber zur Zeit wegen mangelnden Interesses
ruht. Seit 26. Jänner 1990 verfügt Deutschland über eine eigene Terminbörse (DTB). Ende
der Neunziger Jahre wurde die DTB mit der schweizer SOFFEX zur EUREX fusioniert. Die
Österreichische Termin– und Optionenbörse ÖTOB nahm am 4. Oktober 1990 den Handel auf.
Ende der Neunziger Jahre wurde die ÖTOB mit der Wiener Börse in die Wiener Börse AG
eingebracht.

Nach der Wahlmöglichkeit des Optionsinhabers unterscheidet man zwei Arten von Options-
geschäften:

- **Kaufoptionen** (*Calls*)
  Bei einer Kaufoption erwirbt der Optionskäufer (*Optionsinhaber, Optionshalter*) das
  Recht, eine bestimmte Anzahl von Vermögensgegenständen (*Basisobjekten, underly-
  ing assets*) jederzeit innerhalb einer festgelegten Frist (*Amerikanischer Call*) bzw. zu
  einem bestimmten Zeitpunkt (*Europäischer Call*) vom Verkäufer der Option (*Stillhalter, Schreiber*) gegen Zahlung eines vereinbarten Betrags (*Basispreis, Ausübungspreis*)
  fordern zu können.[36]

- **Verkaufsoptionen** (*Puts*)
  Bei einer Verkaufsoption erwirbt der Optionskäufer das Recht, eine bestimmte Anzahl
  von Vermögensgegenständen jederzeit innerhalb einer festgelegten Frist (*Amerikanischer
  Put*) bzw. zu einem bestimmten Zeitpunkt (*Europäischer Put*) an den Verkäufer der
  Option gegen Erhalt eines vereinbarten Betrags liefern zu können.

---

[35] Bei manchen (Waren–) Futures versteht man unter der Lieferungsoption auch die Wahlmöglichkeit des
Liefertages im Fälligkeitsmonat bzw. des Lieferorts.

Typ	Basisobjekt	Bezeichnung
Futures		
Indexfuture	DAX	DAX-Future
	Dow Jones STOXX 50	Dow Jones STOXX 50 Future
	Dow Jones Euro STOXX 50	Dow Jones Euro STOXX 50 Future
	Dow Jones Nordic STOXX 30	Dow Jones Nordic STOXX 30 Future
	FOX	FOX-Future
	SMI	SMI-Future
	NEMAX 50	NEMAX 50-Future
	Dow Jones Global Titans	DJ Global Titans 50 Index Future
Anleihenfuture	Bundesanleihen mit	
	Laufzeit 8 – 13 Jahre	CONF-Future
	Laufzeit $8\frac{1}{2} - 10\frac{1}{2}$ Jahre	Euro-BUND-Future
	Laufzeit $3\frac{1}{2} - 5$ Jahre	Euro-BOBL-Future
	Laufzeit $20 - 30\frac{1}{2}$ Jahre	Euro-BUXL-Future
	Laufzeit $1\frac{3}{4} - 2\frac{1}{4}$ Jahre	Euro-SCHATZ-Future
Zinssatzfuture	Termingeld für EURIBOR	
	Laufzeit 3 Monate	3 Monats–Euribor–Future
	Laufzeit 1 Monat	1 Monats–Euribor–Future
Optionen		
Aktienoption	verschiedene (deutsche,	Aktienoption auf Basistitel[¶] und
	schweizerische, holländische,	Low Exercise Price Option
	finnische und italienische) Aktien	
Indexoption	DAX	DAX–Option
	Dow Jones STOXX 50	Dow Jones STOXX 50 Option
	Dow Jones Euro STOXX 50	Dow Jones Euro STOXX 50 Option
	Dow Jones Nordic STOXX 30	Dow Jones Nordic STOXX 30 Option
	FOX	FOX-Option
	SMI	SMI-Option
	Dow Jones Global Titans	Dow Jones Global Titans Option
Anleihenfutureoption	CONF-Future	Option auf den CONF–Future
	Euro-BUND-Future	Option auf den Euro-BUND–Future
	Euro-BOBL-Future	Option auf den Euro-BOBL–Future
	Euro-SCHATZ-Future	Option auf den Euro-SCHATZ–Future
Zinssatzfutureoption	3 Monats–Euribor–Future	Option auf den
		3 Monats–Euribor–Future

¶ Laufzeit je nach Gruppe bis zu 24 Monate.

Tab. 7.1: Futures und Optionen an der EUREX (Stand Juni 2001)

Typ	Basisobjekt	Bezeichnung
Futures		
Indexfuture	ATX	ATX–Future
	HTX, CTX, PTX, RTX, RDX	HTX–, CTX–, PTX–, RTX–, RDX–Future*
	CECE†	CECE–Future
Optionen		
Aktienoption	18 verschiedene Aktien	Aktienoption
Indexoption	ATX	ATX–Option
	HTX, CTX, PTX, RTX, RDX	HTX–, CTX–, PTX–, RTX–, RDX–Option
	CECE	CECE–Option

* Notierung in USD.
† Der CECE–Index besteht aus dem HTX, CTX, PTX, RTX und dem RDX.

Tab. 7.2: Futures und Optionen an der Wiener Börse (Stand Juni 2001)

Für die Gewährung des Rechts hat der Optionskäufer bei Abschluß des Optionsgeschäfts an den Verkäufer den Optionspreis (*Prämie*) zu zahlen. Der Inhaber einer Option kann von seiner Option Gebrauch machen, sie gegebenenfalls, bei Existenz eines Sekundärmarktes für Optionen, weiterverkaufen oder sie verfallen lassen. Der Stillhalter hat keinerlei Wahlmöglichkeiten (vgl. Tab. 7.3). Durch den Kauf einer Option geht der Investor eine *long position* ein und der Stillhalter eine *short position*.

Bei Abschluß eines Optionsgeschäfts sind somit festzulegen:

- **Basisobjekt und Anzahl von Basisobjekten je Optionsgeschäft**

- **Art der Option**
  Call oder Put

- **Typ der Option**
  Europäisch oder Amerikanisch

- **Fälligkeitstermin**

- **Basispreis[37] und Währung des Basispreises**

- **Lieferungsmodalitäten**

  - tatsächliche physische Lieferung

  - Zahlung der Differenz zwischen Kassapreis des Basisobjekt am Ausübungstag und Basispreis (*Barausgleich, Cash Settlement*)

---

[36] Die Terminologie *Amerikanische* und *Europäische* Option hat nichts mit den in diesen Kontinenten gehandelten Optionstypen zu tun; tatsächlich sind die Mehrzahl der in Europa und in Nordamerika gehandelten Optionen vom Amerikanischen Typ.

[37] Bei Zinsoptionen wird der Basis*kurs* festgelegt. Der Basispreis ergibt sich dann aus dem Basiskurs und den aufgelaufenen Zinsen für das Basisobjekt vom letzten Kupontermin bis zum Ausübungszeitpunkt.

		Call	**Put**
Inhaber	Rechte	Kauf des Basisobjekts (bis) zum Verfallstag gegen Zahlung des Basispreises	Verkauf des Basisobjekts (bis) zum Verfallstag gegen Erhalt des Basispreises
	Pflichten	Zahlung des Optionspreises bei Vertragsabschluß	Zahlung des Optionspreises bei Vertragsabschluß
Stillhalter	Rechte	Erhalt des Optionspreises bei Vertragsabschluß	Erhalt des Optionspreises bei Vertragsabschluß
	Pflichten	Verkauf des Basisobjekts (bis) zum Verfallstag gegen Erhalt des Basispreises (auf Wunsch des Inhabers)	Kauf des Basisobjekts (bis) zum Verfallstag gegen Zahlung des Basispreises (auf Wunsch des Inhabers)

Tab. 7.3: Rechte und Pflichten des Käufers und des Stillhalters von Optionen

A Anhang: Grundzüge der Finanzmathematik

A.1 Mathematische Grundlagen

A.1.1 Potenzrechnung

Potenzen sind definiert als das n–fache Produkt einer reellen Zahl x, wobei x Basis und n Exponent heißt:

$$x^n = \underbrace{x \cdot x \cdot x \cdot \ldots \cdot x \cdot x}_{n-\text{mal}}$$

$$x^n \cdot x^m = x^{n+m}$$

$$\frac{1}{x^n} = x^{-n}$$

$$\frac{x^n}{x^m} = x^{n-m}$$

$$x^n \cdot y^n = (x \cdot y)^n$$

$$(x^n)^m = x^{n \cdot m}$$

mit: $m, n \in N_0$
$\quad x, y \neq 0$

Spezialfall:

$$x^0 = 1$$

A.1.2 Wurzel– und Logarithmusrechnung

Die Verknüpfung in Potenzform hat zwei Arten der Umkehrung:

Das <u>Wurzelziehen</u> dient der Berechnung der Basis bei gegebenem Exponenten und gegebener Potenz.

Durch <u>Logarithmieren</u> erhält man bei gegebener Basis und gegebener Potenz den Exponenten: <u>Der Logarithmus ist eine Hochzahl.</u>

- **Wurzelrechnung:**

$$y = \underbrace{y^{\frac{1}{n}} \cdot y^{\frac{1}{n}} \cdot \ldots \cdot y^{\frac{1}{n}}}_{n-\text{mal}}$$

$$\sqrt[n]{y} = y^{\frac{1}{n}}$$

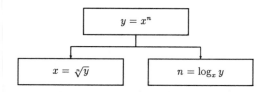

Abb. A.1: Ableitungen aus der Potenzformel

Dadurch, daß man jede Wurzel in eine Potenz verwandeln kann, ergeben sich folgende Ableitungen:

$$\sqrt[n]{y} \cdot \sqrt[n]{z} = \sqrt[n]{y \cdot z}$$

$$\frac{\sqrt[n]{y}}{\sqrt[n]{z}} = \sqrt[n]{\frac{y}{z}}$$

$$\sqrt[n]{\sqrt[m]{y}} = \sqrt[n \cdot m]{y}$$

mit: $y, z > 0$
        $n, m \in \mathbb{N}$

Zu beachten:

$$\sqrt[n]{y + z} \neq \sqrt[n]{y} + \sqrt[n]{z}$$

- **Logarithmusrechnung:**

$$n = \log_x y$$

Der Logarithmus zur Basis $\log_{10} = \lg$ heißt dekadischer Logarithmus.
Der Logarithmus zur Basis $\log_e = \ln$ heißt logarithmus naturalis.[1]

Für den Logarithmus gelten folgende Rechenregeln:

$$\log(y \cdot z) = \log y + \log z$$

$$\log\left(\frac{y}{z}\right) = \log y - \log z$$

$$\log y^n = n \cdot \log y$$

$$\log \sqrt[n]{y} = \frac{1}{n} \log y$$

mit: $y, x, z > 0$
        $n, m \neq 0$

Zu beachten:

$$\log(y + z) \neq \log(y) + \log(z)$$

---

[1] e ist die Euler'sche Zahl:
$$e = \lim_{n \to \infty} \left(1 + \frac{1}{n}\right)^n$$
$$= 2,7182818\ldots$$
und
$$e^x = \lim_{n \to \infty} \left(1 + \frac{x}{n}\right)^n$$

A.1.3 Summen und Produkte

- **Summen:**
Die Summendarstellung dient der verkürzten Darstellung einer Addition mit $(n - k + 1)$ Summanden:

$$a_k + a_{k+1} + \ldots + a_n = \sum_{i=k}^{n} a_i \quad \text{für } n \geq k$$

Für das Rechnen mit Summen gelten folgende Regeln:

$$\sum_{i=k}^{n} a_i = 0 \quad \text{für } n < k$$

$$\sum_{i=k}^{n} c \cdot a_i = c \cdot \sum_{i=k}^{n} a_i$$

$$\sum_{i=k}^{n} (a_i + b_i) = \sum_{i=k}^{n} a_i + \sum_{i=k}^{n} b_i$$

$$\sum_{i=k}^{n} c = (n - k + 1) \cdot c$$

Wichtig:

$$\sum_{i=k}^{n} (a_i \cdot b_i) \neq \sum_{i=k}^{n} a_i \cdot \sum_{i=k}^{n} b_i$$

Entwicklung einer Doppelsumme:

$$
\begin{array}{ccccccc}
 & a_{11} & + & a_{12} & + \ldots + & a_{1m} \\
+ & a_{12} & + & a_{22} & + \ldots + & a_{2m} \\
 & \vdots & & \ldots & + \ a_{ij} & \vdots \\
+ & a_{1n} & & \ldots & & + \ a_{nm} \\
\hline
\end{array}
$$

$$= \sum_{i=1}^{n} a_{i1} + \sum_{i=1}^{n} a_{i2} + \ldots + \sum_{i=1}^{n} a_{im} = \sum_{j=1}^{m} \sum_{i=1}^{n} a_{ij}$$

$$= \sum_{i=1}^{n} \sum_{j=1}^{m} a_{ij}$$

- **Produkte:**
Die entsprechende Verkürzung für Produkte hat folgendes Aussehen:

$$a_k \cdot a_{k+1} \cdot \ldots \cdot a_n = \prod_{i=k}^{n} a_i \quad \text{für } n \geq k$$

Rechenregeln für Produkte:

$$\prod_{i=k}^{n} a_i = 1 \quad \text{für } n < k$$

$$\prod_{i=k}^{n} c \cdot a_i = c^{(n-k+1)} \cdot \prod_{i=k}^{n} a_i$$

$$\prod_{i=k}^{n} (a_i \cdot b_i) = \left(\prod_{i=k}^{n} a_i \right) \cdot \left(\prod_{i=k}^{n} b_i \right)$$

$$\prod_{i=k}^{n} c = c^{(n-k+1)}$$

Wichtig:

$$\prod_{i=k}^{n}(a_i + b_i) \ \neq \ \prod_{i=k}^{n}a_i + \prod_{i=k}^{n}b_i$$

A.1.4 Folgen und Reihen

Unter einer Zahlenfolge versteht man eine Menge von Zahlen

$$a_1, \ a_2, \ a_3, \ \dots , a_n, \ \dots ,$$

die in einer bestimmten Reihenfolge angeordnet sind. Die zur Folge gehörenden Zahlen heißen Glieder. Ist die Anzahl der Glieder endlich, spricht man von einer endlichen Folge, andernfalls von einer unendlichen Folge.

Ein Ausdruck der Form

$$a_1 + a_2 + a_3 + \dots + a_i + \dots ,$$

bei der die Zahlen

$$a_1, \ a_2, \ a_3, \ \dots , a_i, \ \dots$$

eine Folge bilden, heißt Reihe. Ist die Folge endlich, spricht man von einer endlichen Reihe, andernfalls von einer unendlichen Reihe.

- **Arithmetische Folgen und Reihen:**
  Ist die Differenz aller benachbarten Glieder konstant, liegt eine arithmetische Folge vor:

  $$a_i - a_{i-1} \ = \ d \ = \ \text{const.}$$

  - Arithmetische Folgen:
    Durch Umformung der letzten Gleichung kann man sämtliche Glieder berechnen:

    $$\begin{aligned}
    a_2 &= \ a_1 + d \\
    a_3 &= \ a_2 + d \ = \ a_1 + 2d \\
    &\ \ \vdots \\
    a_i &= \ a_{i-1} + d \ = \ a_1 + (i-1)d
    \end{aligned}$$

  - Arithmetische Reihen:
    Der Zahlenwert einer arithmetischen Reihe ist:

    $$\begin{aligned}
    S_n &= \ a_1 + a_2 + a_3 + \dots + a_n \\
    &= \ \sum_{i=1}^{n} a_i.
    \end{aligned}$$

Der Wert einer arithmetischen Reihe kann nur dann bestimmt werden, wenn die Reihe endlich ist. Zur Herleitung einer Formel schreibt man die Reihen einmal mit steigenden und einmal mit fallenden Gliedern untereinander:

$$\left.\begin{array}{rccccccc}
S_n &=& a_1 &+& a_1 + d &+& \dots &+& a_1 + (n-1)d \\
S_n &=& a_1 + (n-1)d &+& a_1 + (n-2)d &+& \dots &+& a_1 \\
\hline
2S_n &=& 2a_1 + (n-1)d &+& 2a_1 + (n-1)d &+& \dots &+& 2a_1 + (n-1)d
\end{array}\right\} +$$

$$\underbrace{\qquad\qquad\qquad\qquad\qquad\qquad\qquad\qquad}_{n \text{ identische Glieder}}$$

$$\begin{aligned}
2S_n &= \ n[2a_1 + (n-1)d] \\
S_n &= \ \tfrac{n}{2}[2a_1 + (n-1)d] \\
&= \ \tfrac{n}{2}[a_1 + \underbrace{a_1 + (n-1)d}_{a_n}] \\
&= \ \tfrac{n}{2}[a_1 + a_n].
\end{aligned}$$

Durch Umformen der Gleichung

$$S_n = \frac{n}{2}[2a_1 + (n-1)d]$$
$$= \frac{n}{2}[a_1 + a_n]$$

kann man die Reihe bei gegebenen übrigen Parameter n, a_1, d bzw. a_n berechnen.

- **Geometrische Folgen und Reihen:**
  Ist der Quotient aller benachbarter Glieder konstant, so heißt die Folge geometrisch:

$$\frac{a_i}{a_{i-1}} = q = \text{const.}$$

– <u>Geometrische Folgen:</u>

$$a_1 = a_1 \cdot q^0$$
$$a_2 = a_1 \cdot q^1$$
$$a_3 = a_2 \cdot q^1 = a_1 \cdot q^2$$
$$\vdots$$
$$a_i = a_{i-1} \cdot q^1 = a_1 \cdot q^{i-1}$$

– <u>Geometrische Reihen:</u>
  Der Zahlenwert einer endlichen geometrischen Reihe ist:

$$S_n = a_1 + a_2 + a_3 + \ldots + a_n$$
$$= \sum_{i=1}^{n} a_1 \cdot q^{i-1}$$

Um S_n berechnen zu können, bildet man $S_n - S_n q$:

$$\left.\begin{array}{llllllll}
S_n & = & a_1 & + & a_1 q & + & a_1 q^2 & + & \ldots & + & a_1 q^{n-1} \\
S_n q & = & & & a_1 q & + & a_1 q^2 & + & a_1 q^3 & + & \ldots & + & a_1 q^n \\
\hline
S_n(1-q) & = & a_1 & & & & & & & & -a_1 q^n
\end{array}\right\} -$$

$$S_n = \frac{a_1 - a_1 q^n}{1-q}$$
$$= a_1 \cdot \frac{1-q^n}{1-q}$$
$$= a_1 \cdot \frac{q^n - 1}{q-1}.$$

Den Wert einer unendlichen geometrischen Reihe erhält man durch:

$$S_\infty = \sum_{i=1}^{\infty} a_1 q^{i-1}$$
$$= \lim_{n\to\infty} a_1 \cdot \frac{q^n - 1}{q-1}$$

Entscheidend hierbei ist das Verhalten von q^n für $n \to \infty$:

$$\lim_{n\to\infty} q^n = \begin{cases} \infty & \text{für } q > 1 \\ 0 & \text{für } |q| < 1 \\ \not\exists & \text{für } q \leq -1 \end{cases}$$

Damit ergibt sich S_∞ als:

$$S_\infty = \begin{cases} \infty & \text{für } q > 1 \\ a_1 \cdot \frac{1}{1-q} & \text{für } |q| < 1 \\ \not\exists & \text{für } q \leq -1 \end{cases}$$

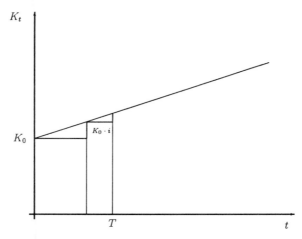

Abb. A.2: Einfache Verzinsung

A.2 Zinsrechnung

Zinsen sind Entgelt für überlassenes Kapital. Der Zinssatz bestimmt die Höhe dieses Entgelts.

Folgende Symbole werden verwendet:

K_t ...   Kapitalwert zu $t = 0, \ldots, T$
K_0 ...   Kapitalwert zu $t = 0$ (Barwert)
K_T ...   Kapitalwert zu $t = T$ (Endwert)
i ...   Zinssatz p.a.
T ...   Verzinsungsdauer in Jahren
$\lfloor T \rfloor$ ...   Ganzperiodiger Anteil an der Verzinsungsdauer

A.2.1 Einfache Zinsrechnung

Bei der einfachen Zinsrechnung werden die Zinsen pro Periode immer vom Anfangskapital K_0 berechnet. Somit sind die Zinsen pro Periode konstant. Die Kapitalvermehrung erfolgt nach einer arithmetischen Folge (vgl. Abb. A.2):

$$\begin{aligned}
K_1 &= K_0 + i \cdot K_0 \\
K_2 &= K_0 + 2 \cdot i \cdot K_0 \\
&\vdots \\
K_T &= K_0 + T \cdot \underbrace{i \cdot K_0}_{\hat{=}\, d} \\
&= K_0(1 + i \cdot T).
\end{aligned}$$

Diese Art der Zinsrechnung erfolgt oft bei unterjähriger Verzinsungsdauer.[2]

---

[2] So z.B. bei Geldmarktgeschäften, Interbankenhandel und Bankkrediten.

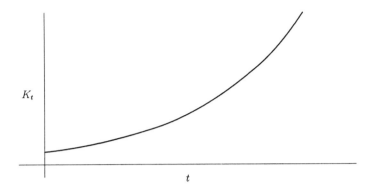

Abb. A.3: Kapitalentwicklung bei Zinseszinsen

Formt man die obige Gleichung um, so kann man auch die übrigen Parameter berechnen:

$$i = \frac{1}{T}\left(\frac{K_T}{K_0} - 1\right)$$

$$T = \frac{1}{i}\left(\frac{K_T}{K_0} - 1\right)$$

$$K_0 = \frac{K_T}{1 + i \cdot T}.$$

A.2.2 Zinseszinsrechnung

Bei der Zinseszinsrechnung geht man davon aus, daß während der Kapitalanlage durch die Zinsen zum Zinssatz wiederangelegt werden. Zinsen werden jeweils am Ende einer Verzinsungsperiode gutgeschrieben. Sie vermehren das überlassene Kapital, und dieses ist Ausgangspunkt zur Zinsberechnung für die nächste Periode. Damit folgt die Zinseszinsrechnung einer geometrischen Folge (siehe Abb. A.3):

$$\begin{aligned}
K_1 &= K_0(1 + i) \\
K_2 &= K_1(1 + i) \\
&= K_0(1 + i)^2 \\
&\vdots \\
K_T &= K_{T-1}(1 + i) \\
&= K_0(1 + i)^T.
\end{aligned}$$

Diese Art der Berechnung erfolgt oft für Veranlagungen über ein Jahr am Geldmarkt und im Interbankenhandel und für Bankguthaben.

Berechnung der übrigen Parameter:

$$i = \sqrt[T]{\frac{K_T}{K_0}} - 1$$

$$T = \frac{\ln \frac{K_T}{K_0}}{\ln(1 + i)}$$

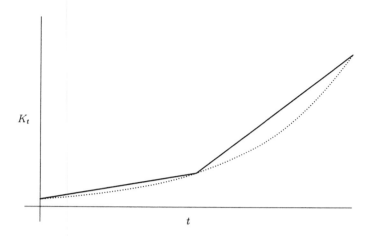

Abb. A.4: Kapitalentwicklung bei gemischter Verzinsung

$$K_0 = \frac{K_T}{(1+i)^T}.$$

A.2.3   Gemischte Zinsrechnung

Die gemischte Zinsrechnung ist eine Mischung aus den beiden vorangegangenen Zinsrechungen. Sie wird meist zur Berechnung von nicht ganzzahligen Zinsperioden verwendet. Dabei wird für den ganzzahligen Anteil die Zinseszinsrechnung, für den unterperiodigen Rest die einfache Zinsrechnung angewendet (siehe Abb. A.4).

Bezeichnet man mit $\lfloor T \rfloor$ den ganzzahligen Teil der Laufzeit T, so kann man T aufteilen in

$$T = \underbrace{\lfloor T \rfloor}_{\substack{\text{Zinseszins-}\\\text{rechnung}}} + \underbrace{(T - \lfloor T \rfloor)}_{\substack{\text{Einfache}\\\text{Zinsrechnung}}}.$$

$$K_T = \underbrace{K_0(1+i)^{\lfloor T \rfloor}}_{\text{Sparbetrag zu } \lfloor T \rfloor} + \underbrace{K_0(1+i)^{\lfloor T \rfloor}(T - \lfloor T \rfloor)i}_{\text{Zinsen für den Zeitraum } \lfloor T \rfloor \text{ bis T}}$$

$$= K_0(1+i)^{\lfloor T \rfloor}[1 + (T - \lfloor T \rfloor)i].$$

Die Umformung nach K_0 ergibt

$$K_0 = \frac{K_T}{(1+i)^{\lfloor T \rfloor} \cdot (1 + i \cdot (T - \lfloor T \rfloor))}.$$

Zur Berechnung der Parameter i und T verwendet man meist das Newton'sche Iterationsverfahren oder die entsprechenden Funktionen von Softwarepaketen.

Beispiel A.1:

Auf einem festverzinslichen Sparbuch mit einer Verzinsung von 10 % p.a. befinden sich 1.000,–.
Wie groß ist der Sparbetrag nach $2\frac{1}{2}$ Jahren bei

(a) einfacher Zinsrechnung?

(b) Zinseszinsrechnung?

(c) gemischter Zinsrechnung?

Lösung:

(a) $K_{2,5} = 1.000 \cdot (1 + 0,1 \cdot 2,5) = 1.250,-$.

(b) $K_{2,5} = 1.000 \cdot (1 + 0,1)^{2,5} = 1.269,06$.

(c) $K_{2,5} = 1.000 \cdot (1 + 0,1)^2 \cdot (1 + 0,1 \cdot 0,5) = 1.270,50$.

Beispiel A.2:

Auf einem festverzinslichen Sparbuch mit einer Verzinsung von 10 % p.a. befinden sich 1.000,–.
Nach welcher Veranlagungsdauer beträgt der Sparbetrag 5.000,–, falls

(a) einfache Zinsrechnung

(b) Zinseszinsrechnung

(c) gemischte Zinsrechnung

vereinbart worden ist?

Lösung:

(a) $T = \frac{1}{0,1} \cdot \left(\frac{5.000}{1.000} - 1 \right) = 40$ Jahre.

(b) $T = \frac{\ln\left(\frac{5.000}{1.000}\right)}{\ln(1+0,1)} = 16,89$ Jahre.

(c) Die Sparbeträge nach 16 bzw. 17 Jahren Veranlagung sind
$$K_{16} = 1.000 \cdot 1,1^{16} = 4.594,97 \quad < 5.000$$
$$K_{17} = 1.000 \cdot 1,1^{17} = 5.054,47 \quad > 5.000.$$
Der ganzzahlige Teil der gesuchten Veranlagung beträgt daher $\lfloor T \rfloor = 16$.
Aus der Gleichung zur Berechnung des Endwerts
$$5.000 = 1.000 \cdot (1 + 0,1)^{16} \cdot (1 + (T - 16) \cdot 0,1)$$
erhält man
$$T = \frac{1}{0,1} \cdot \left(\frac{5.000}{1.000 \cdot (1+0,1)^{16}} + 16 \cdot 0,1 - 1 \right)$$
$$T = 16,88 \text{ Jahre.}$$

Beispiel A.3:

Auf einem festverzinslichen Sparbuch mit einer Verzinsung von 10 % p.a. soll sich nach $2\frac{1}{2}$ Jahren ein Sparbetrag von 5.000,– befinden.
Welcher Sparbetrag muß heute auf diesem Sparbuch eingezahlt sein, falls

(a) einfache Zinsrechnung

(b) Zinseszinsrechnung

(c) gemischte Zinsrechnung

vereinbart wird?

Lösung:

(a) $K_0 = \frac{5.000}{1+0,1 \cdot 2,5} = 4.000,-$

(b) $K_0 = \frac{5.000}{(1+0,1)^{2,5}} = 3.939,93$

(c) $K_0 = \frac{5.000}{(1+0,1)^2 \cdot (1+0,1 \cdot 0,5)} = 3.935,46.$

Beispiel A.4:

Auf einem festverzinslichen Sparbuch befinden sich 1.000,–.
Welcher Zinssatz in % p.a. muß bei

(a) einfacher Zinsrechnung

(b) Zinseszinsrechnung

(c) gemischter Zinsrechnung

vereinbart werden, damit der Sparbetrag nach $2^1\!/_2$ Jahren 1.500,– beträgt?

Lösung:

(a) $i = \frac{1}{2,5} \cdot \left(\frac{1.500}{1.000} - 1 \right) = 20$ % p.a.

(b) $i = \left(\frac{1.500}{1.000} \right)^{\frac{1}{2,5}} - 1 = 17,61$ % p.a.

(c) Für unterschiedliche Verzinsungen i in % p.a. beträgt der Sparbetrag nach $2^1\!/_2$ Jahren

i in % p.a.	$K_{2,5}$
17,60	1.504,68
17,50	1.501,43
17,45	1.499,81
17,46	1.500,13

Der gesuchte Zinssatz beträgt daher ca. 17,46 % p.a.

A.2.4 Unterjährige Zinsrechnung

Von unterjähriger Verzinsung spricht man, wenn entweder die Zinsperiode oder der Zinssatz nicht per annum gegeben sind. Hierbei gibt es zwei Möglichkeiten der Berechnung: entweder paßt man die Zinsperiode dem Zinssatz an, oder den Zinssatz an die Zinsperiode. Entspricht der Zinssatz der Zinsperiodendauer, können alle bisher genannten Formeln analog angewendet werden. Anstelle des Jahreszinssatzes i ist dann jedoch der unterjährige Zinssatz je Teilperiode und anstelle der in Jahren gemessenen Verzinsungsdauer T die Anzahl der in Teilperioden (Quartale, Monate, Wochen, ...) gemessenen Verzinsungsdauer heranzuziehen.

- **Anpassung der Zinsperiode:**
  Anstelle des Jahreszinssatzes i ist ein unterjähriger (relativer) Zinssatz i_m pro Zinsperiode gegeben, wobei m die Anzahl der Zinsperioden pro Jahr ist.

  Wird die Verzinsungsdauer T weiterhin in Jahren angegeben, so kann mit Hilfe

$$M = T \cdot m$$

  die Anzahl der Zinsperioden M berechnet werden.

- **Anpassung des Zinssatzes:**
Die zweite Möglichkeit ist, den relativen Zinssatz i_m pro Zinsperiode zu annualisieren. Zur Herleitung der Umrechnungsformeln muß man zwischen einfacher Zinsrechnung und Zinseszinsrechnung unterscheiden:

  - Einfache Zinsrechnung:

$$\begin{aligned} K_M &\stackrel{!}{=} K_T \\ K_0(1 + i_m M) &\stackrel{!}{=} K_0(1 + iT) \\ i_m M &\stackrel{!}{=} iT \\ i_m T \cdot m &\stackrel{!}{=} iT \\ i &= m \cdot i_m \end{aligned}$$

  i heißt *nomineller Jahreszinssatz*, i_m heißt relativer Jahreszinssatz.

  - Zinseszinsrechnung:

$$\begin{aligned} K_M &\stackrel{!}{=} K_T \\ K_0(1 + i_m)^M &\stackrel{!}{=} K_0(1 + i^*)^T \\ (1 + i_m)^M &\stackrel{!}{=} (1 + i^*)^T \\ (1 + i^*) &\stackrel{!}{=} \sqrt[T]{(1 + i_m)^{Tm}} \\ i^* &= (1 + i_m)^m - 1 \end{aligned}$$

  i^* heißt *konformer Jahreszinssatz.*

Nicht immer ist aber der relative Zinssatz gegebenen, sondern der konforme oder nominelle, und man möchte die korrespondierenden Zinssätze berechnen. Abb. A.5 enthält alle Umrechnungsformeln.

gegeben \ gesucht	Relativer Zinssatz	Nomineller Zinssatz	Konformer Zinssatz
Relativer Zinssatz	i_m	$m \cdot i_m$	$(1 + i_m)^m - 1$
Nomineller Zinssatz	$\frac{i}{m}$	i	$\left(1 + \frac{i}{m}\right)^m - 1$
Konformer Zinssatz	$\sqrt[m]{1 + i^*} - 1$	$m \cdot \left(\sqrt[m]{1 + i^*} - 1\right)$	i^*

Abb. A.5: Umrechnungstabelle der Zinssätze (nach Kruschwitz (1995))

Anmerkung:
Läßt man Banken bei der Zinsberechnungsmethode freie Wahl, so werden sie bei der Umrechnung

- eines gegebenen Jahreszinssatzes in einen unterjährigen Zinssatz

  – bei Einlagen die Zinseszinsrechnung
  – bei Krediten die einfache Zinsrechnung

präferieren,

- eines gegebenen unterjährigen Zinssatzes in einen Jahreszinssatz

  – bei Einlagen die einfache Zinsrechnung
  – bei Krediten die Zinseszinsrechnung

bevorzugen.

Beispiel A.5:

Auf einem festverzinslichen Sparbuch mit einer Verzinsung von 6 % p.a. befinden sich 1.000,–.

Wie groß ist die Verzinsung pro Quartal bei

(a) einfacher Zinsrechnung,

(b) Zinseszinsrechnung

und welcher Sparbetrag befindet sich jeweils am Quartalsende am Sparbuch?

Lösung:

(a) $i_m = \frac{0,06}{4} = 1,5$ % pro Quartal.

t	$K_t = 1.000 \cdot (1 + 0,015 \cdot 4 \cdot t)$
0	1.000,–
$^1/_4$	1.015,–
$^1/_2$	1.030,–
$^3/_4$	1.045,–
1	1.060,–

(b) $i^* = (1 + 0,06)^{1/4} - 1 = 1,4674$ % pro Quartal.

t	$K_t = 1.000 \cdot (1 + 0,014674)^{4 \cdot t}$
0	1.000,–
$^1/_4$	1.014,67
$^1/_2$	1.029,56
$^3/_4$	1.044,67
1	1.060,–

Beispiel A.6:

Ein Kreditinstitut verrechnet monatliche Zinsen in der Höhe von 1 %. Welchem Jahreszinssatz entspricht dies bei

(a) einfacher Zinsrechnung,

(b) Zinseszinsrechnung

und wie groß sind die Schulden für einen Kredit von 1.000,– nach einem halben Jahr?

Lösung:

(a) $i \;=\; 12 \cdot 0,01 = 12 \ \%$ p.a.

      $K_{1/2} \;=\; 1.000 \cdot (1 + 0,01 \cdot 6) = 1.000 \cdot (1 + 0,12 \cdot {}^{1}\!/_{2}) = 1.060,-$

(b) $i^* \;=\; (1 + 0,01)^{12} - 1 = 12,6825 \ \%$ p.a.

      $K_{1/2} \;=\; 1.000 \cdot (1 + 0,01)^6 = 1.000 \cdot (1 + 0,126825)^{1/2} = 1.061,52.$

Ein Spezialfall der unterjährigen Verzinsung ist die **stetige Verzinsung**, bei der die Verzinsung zu jedem Augenblick erfolgt (d.h. $m \to \infty$). Man geht dabei von folgender Gleichung aus:

$$i^* \;=\; \left(1 + \frac{i}{m}\right)^m - 1.$$

Diesen Zinssatz setzt man in die Endwertformel ein:

$$
\begin{aligned}
K_T \;&=\; K_0(1 + i^*)^T \\
&=\; K_0 \left[1 + \left(1 + \frac{i}{m}\right)^m - 1\right]^T \\
&=\; K_0 \left[\left(1 + \frac{i}{m}\right)^m\right]^T.
\end{aligned}
$$

Wegen

$$\lim_{m \to \infty} \left(1 + \frac{i}{m}\right)^m = e^i$$

folgt

$$K_T = K_0 e^{iT}.$$

Berechnung der übrigen Parameter:

$$i \;=\; \frac{\ln\left(\frac{K_T}{K_0}\right)}{T}$$

$$T \;=\; \frac{\ln\left(\frac{K_T}{K_0}\right)}{i}$$

$$K_0 \;=\; K_T \cdot e^{-iT}.$$

A.2.5   Vorschüssige Verzinsung

Bisher ist still vorausgesetzt worden, daß die Zinsen vom Wert zu Periodenbeginn zu berechnen sind und am Periodenende gutgeschrieben werden (nachschüssige Zinsen):

$$\underbrace{K_t}_{\substack{\text{Wert zu} \\ \text{Periodenende}}} \;=\; \underbrace{K_{t-1}}_{\substack{\text{Wert zu} \\ \text{Periodenbeginn}}} \;+\; \underbrace{i \cdot K_{t-1}}_{\substack{\text{Zinsen der} \\ \text{Periode}}}$$

$$K_t \;=\; K_{t-1} \cdot (1 + i).$$

In Ausnahmefällen sind die Zinsen vom Wert zu Periodenende zu berechnen und zu Periodenbeginn gutzuschreiben (vorschüssige Zinsen):

$$\underbrace{K_{t-1}}_{\substack{\text{Wert zu} \\ \text{Periodenbeginn}}} \;=\; \underbrace{K_t}_{\substack{\text{Wert zu} \\ \text{Periodenende}}} \;-\; \underbrace{i_v \cdot K_t}_{\substack{\text{Zinsen der} \\ \text{Periode}}}$$

$$K_{t-1} \;=\; K_t \cdot (1 - i_v).$$

Ein nachschüssiger Zinssatz i ist somit für den Zeitraum zwischen $t = 0$ und $t = 1$ definiert als:

$$i = \frac{K_1 - K_0}{K_0}.$$

Dementsprechend erhält man den vorschüssigen Zinssatz i_v als:

$$i_v = \frac{K_1 - K_0}{K_1}.$$

Löst man diese Gleichung nach K_1 auf und wendet man die Erkenntnisse für geometrische Folgen an, so ergibt sich:

$$K_1 = \frac{K_0}{(1 - i_v)}$$

$$K_2 = \frac{K_0}{(1 - i_v)^2}$$

$$\vdots$$

$$K_T = \frac{K_0}{(1 - i_v)^T}.$$

Aus der letzten Gleichung kann man die Parameter i_v, T und K_0 berechnen:

$$i_v = 1 - \sqrt[T]{\frac{K_0}{K_T}}$$

$$T = \frac{\ln\left(\frac{K_0}{K_T}\right)}{\ln(1 - i_v)}$$

$$K_0 = K_T \cdot (1 - i_v)^T.$$

Als Zusammenhang zwischen i und i_v erhält man:

$$i = \frac{i_v}{1 - i_v}$$

und

$$i_v = \frac{i}{1 + i}.$$

Beispiel A.7:

Für einen Kredit mit einem Auszahlungsbetrag von 1.000,– müssen nach einem Jahr 1.250,– zurückbezahlt werden.
Berechnen Sie den

(a) nachschüssigen

(b) vorschüssigen

Zinssatz in % p.a.

Lösung:

(a) $i = \frac{1.250 - 1.000}{1.000} = 25$ % p.a.
    Die Zinsen in der Höhe von 250,– können als 25 % von 1.000,– interpretiert werden und sind am Jahresende zu bezahlen:

$$\text{Rückzahlung am Jahresende: } \underbrace{1.000}_{\text{Tilgung}} + \underbrace{0,25 \cdot 1.000}_{\text{Zinsen}} = 1.250, -.$$

(b) $i_v = \frac{1.250 - 1.000}{1.250} = 20 \% \text{ p.a.}$

Die Zinsen in der Höhe von 250,– können als 20 % von 1.250,– interpretiert werden und werden am Jahresanfang vom Kreditbetrag abgezogen:

$$\text{Auszahlung am Jahresanfang:} \quad \underbrace{1.250}_{\substack{\text{Kreditbetrag} \\ \text{(vor Abzug} \\ \text{der Zinsen)}}} - \underbrace{0,2 \cdot 1.250}_{\text{Zinsen}} = 1.000,-.$$

A.3 Rentenrechnung

Eine gleichbleibende Rente ist eine regelmäßig wiederkehrende, sichere Zahlung in einer konstanten Höhe.

Folgende Charakteristika sind bei Renten entscheidend:

- Rentendauer,

- Rentenperiode (Zeitraum zwischen zwei Rentenzahlungen)

- Terminierung:

  - zu Periodenanfang (vorschüssig)

  - zu Periodenende (nachschüssig),

- Zinsperiode

und

- Zinssatz.

Bei den folgenden Darstellungen wird unterstellt, daß die Rentenperiode und die Zinsperiode jeweils ein Jahr betragen und daß der Zinssatz als Jahreszinssatz gegeben ist. Bei unterjährigen Renten ist analog zu den Ausführungen in A.2.4 vorzugehen.

A.3.1 Nachschüssige Rentenrechnung

Veranlagt man die einzelnen Rentenzahlungen zu i % p.a., so ist das Vermögen zu den einzelnen Zeitpunkten folgendes wert:

$$
\begin{aligned}
\text{Zu } t = 1: &\quad \bar{C} \\
\text{Zu } t = 2: &\quad \bar{C}(1+i) \quad + \quad \bar{C} \\
\text{Zu } t = 3: &\quad \bar{C}(1+i)^2 \quad + \quad \bar{C}(1+i) \quad + \quad \bar{C} \\
\vdots \\
\text{Zu } t = T: &\quad \bar{C}(1+i)^{T-1} + \quad \ldots \quad + \quad \bar{C}(1+i)^2 \quad + \quad \bar{C}(1+i) \quad + \quad \bar{C}
\end{aligned}
$$

$$
\bar{C} \cdot \sum_{t=0}^{T-1} (1+i)^t
$$

$$
\bar{C} \cdot \underbrace{\frac{(1+i)^T - 1}{i}}_{REF_{T,i}}
$$

nachschüssiger
Rentenendwertfaktor

Beispiel A.8:

Auf ein festverzinsliches Sparbuch mit einer Verzinsung von 10 % p.a. werden zehn Jahre lang jeweils am Jahresende 1.000,– einbezahlt.

Wie groß ist der Sparbetrag am Ende des zehnten Jahres?

Lösung:

$$
K_{10} = 1.000 \cdot \frac{1,1^{10} - 1}{0,1} = 15.937,43.
$$

Will man wissen, wieviel der Rentenendwert K_T heute wert ist, so muß man den Rentenbarwert K_0 bestimmen. Diesen erhält man durch Abzinsen des Rentenendwerts auf $t = 0$ oder direkt über die Rente mit Hilfe des Rentenbarwertfaktors $RBF_{T,i}$:

$$
\begin{aligned}
K_0 &= \frac{K_T}{(1+i)^T} \\[2mm]
&= \frac{\bar{C} \cdot REF_{T,i}}{(1+i)^T} \\[2mm]
&= \bar{C} \cdot \underbrace{\frac{(1+i)^T - 1}{i \cdot (1+i)^T}}_{RBF_{T,i}}
\end{aligned}
$$

nachschüssiger
Rentenbarwertfaktor

$$
= \bar{C} \cdot RBF_{T,i}.
$$

Der Rentenbarwert ist jener Kreditbetrag, den man heute erhält, wenn man Kapital zu i % p.a. aufnimmt und über T Jahre jeweils am Jahresende $\bar{C}$ für Tilgung und Zinsen bezahlt.

Beispiel A.9:

Ein Kredit mit einer Verzinsung von 10 % p.a. soll durch zehn nachschüssige Jahreszahlungen in der Höhe von jeweils 1.000,– für Tilgung und Zinsen zurückbezahlt werden.

Welcher Kreditbetrag erfolgt zu Beginn des ersten Jahres zur Auszahlung?

Lösung:

$$K_0 = 1.000 \cdot \frac{1,1^{10} - 1}{0,1 \cdot 1,1^{10}} = 6.144,57.$$

Ist der Rentenbarwert gegeben und möchte man einen gleichbleibenden Geldbetrag aus diesem Kapital entnehmen, so erhält man die Rente, indem man den Rentenbarwert mit dem Annuitätenfaktor $AF_{T,i}$ multipliziert:

$$
\begin{aligned}
K_0 &= \bar{C} \cdot RBF_{T,i} \\
\bar{C} &= K_0 \cdot \frac{1}{RBF_{T,i}} \\
&= K_0 \cdot AF_{T,i}
\end{aligned}
$$

mit

$$
\begin{aligned}
AF_{T,i} &= \frac{1}{RBF_{T,i}} \\
&= \frac{i \cdot (1+i)^T}{(1+i)^T - 1}.
\end{aligned}
$$

Beispiel A.10:

Auf einem festverzinslichen Sparbuch mit einer Verzinsung von 10 % p.a. befinden sich 10.000,–. Von diesem Sparbuch sollen innerhalb der nächsten zehn Jahre jeweils am Jahresende gleich bleibende Beträge derart entnommen werden, sodaß am Ende der letzten Entnahme das Sparbuch leer ist.

Welcher Betrag kann jährlich vom Sparbuch entnommen werden?

Lösung:

$$\bar{C} = 10.000 \cdot \frac{0,1 \cdot 1,1^{10}}{1,1^{10} - 1} = 1.627,45.$$

Beispiel A.11:

Ein Kredit in der Höhe von 10.000,– und einer Verzinsung von 10 % p.a. soll durch zehn nachschüssige konstante Jahreszahlungen für Tilgung und Zinsen zurückbezahlt werden.

Wie groß ist die jährliche Kreditrückzahlung?

Lösung:

$$\bar{C} = 10.000 \cdot \frac{0,1 \cdot 1,1^{10}}{1,1^{10} - 1} = 1.627,45.$$

Für eine ewige Rente kann ein Rentenbarwert nur dann berechnet werden, wenn der Grenzwert des Rentenbarwertfaktors für $T \to \infty$ existiert:

$$
\begin{aligned}
\lim_{T \to \infty} RBF_{T,i} &= \lim_{T \to \infty} \frac{(1+i)^T - 1}{i \cdot (1+i)^T} \\
&= \lim_{T \to \infty} \left[\frac{(1+i)^T}{i \cdot (1+i)^T} - \frac{1}{i \cdot (1+i)^T} \right] \\
&= \lim_{T \to \infty} \left[\frac{1}{i} - \frac{1}{i \cdot (1+i)^T} \right].
\end{aligned}
$$

Der erste Term beinhaltet keinen von T abhängigen Ausdruck. Der zweite Term besitzt nur dann einen endlichen Grenzwert, wenn der Kalkulationszinssatz i positiv ist:

$$\lim_{T \to \infty} \frac{1}{i \cdot (1+i)^T} = 0 \quad \text{für } i > 0.$$

Verwendet man dieses Ergebnis für die obige Grenzwertbildung, so erhält man

$$\lim_{T \to \infty} RBF_{T,i} = \frac{1}{i} \quad \text{für } i > 0,$$

und den Rentenbarwert K_0^∞ für ewige Renten

$$K_0^\infty = \frac{\bar{C}}{i} \quad \text{für } i > 0.$$

A.3.2 Vorschüssige Rentenrechnung

Veranlagt man die einzelnen Rentenzahlungen zu i % p.a., so ist das Vermögen zu den einzelnen Zeitpunkten folgendes wert:

$$
\begin{array}{lllll}
\text{Zu } t = 0: & \bar{C} \\
\text{Zu } t = 1: & \bar{C}(1+i) & + & \bar{C} \\
\text{Zu } t = 2: & \bar{C}(1+i)^2 & + & \bar{C}(1+i) & + & \bar{C} \\
\quad\vdots \\
\text{Zu } t = T-1: & \bar{C}(1+i)^{T-1} & + & \cdots & + & \bar{C}(1+i) & + & \bar{C} \\
\text{Zu } t = T: & \bar{C}(1+i)^{T} & + & \cdots & + & \bar{C}(1+i)^2 & + & \bar{C}(1+i) & + & 0
\end{array}
$$

$$\bar{C} \cdot \sum_{t=1}^{T} (1+i)^t$$

$$\bar{C}(1+i) \cdot \sum_{i=0}^{T-1} (1+i)^i$$

$$\bar{C} \cdot \underbrace{(1+i) \frac{(1+i)^T - 1}{i}}_{REF_{T,i}^{\text{vor}}}$$

vorschüssiger
Rentenendwertfaktor

Die Formeln für die vorschüssige Rente $\bar{C}^{\text{vor}}$ unterscheiden sich von denen der nachschüssigen Rente nur um den Faktor $(1+i)$:

$$K_T^{\text{vor}} = K_T^{\text{nach}} \cdot (1+i) = \bar{C} \cdot (1+i) \cdot \frac{(1+i)^T - 1}{i},$$

$$K_0^{\text{vor}} = K_0^{\text{nach}} \cdot (1+i) = \bar{C} \cdot \underbrace{\frac{(1+i)^T - 1}{i \cdot (1+i)^{T-1}}}_{RBF_{T,i}^{\text{vor}}}$$

und

$$\bar{C}^{\text{vor}} = \frac{\bar{C}^{\text{nach}}}{(1+i)} = K_0^{\text{vor}} \cdot \underbrace{\frac{i \cdot (1+i)^{T-1}}{(1+i)^T - 1}}_{AF_{T,i}^{\text{vor}}}.$$

Beispiel A.12:

Auf ein festverzinsliches Sparbuch mit einer Verzinsung von 10 % p.a. werden zehn Jahre lang jeweils am Jahresanfang 1.000,– einbezahlt.

Wie groß ist der Sparbetrag am Ende des zehnten Jahres?

Lösung:

$$K_{10} = 1.000 \cdot 1,1 \cdot \frac{1,1^{10} - 1}{0,1} = 17.531,17.$$

Beispiel A.13:

Auf einem festverzinsliches Sparbuch mit einer Verzinsung von 10 % p.a. befinden sich 10.000,–. Von diesem Sparbuch sollen innerhalb der nächsten zehn Jahre jeweils am Jahresanfang gleichbleibende Beträge derart entnommen werden, sodaß am Ende der letzten Entnahme das Sparbuch leer ist.

Welcher Betrag kann jährlich vom Sparbuch entnommen werden?

Lösung:

$$\bar{C} = \frac{10.000}{1,1} \cdot \frac{0,1 \cdot 1,1^{10}}{1,1^{10} - 1} = 1.479,50.$$

A.3.3 Dynamische Rentenrechnung

Die dynamische Rentenrechnung beschäftigt sich mit dem Fall, daß sich Renten über die Zeit entweder um einen konstanten Betrag (arithmetisch) oder um einen konstanten Faktor (geometrisch) zur Vorperiode ändern.

A.3.3.1 Arithmetisch veränderliche Renten

Ändern sich die Renten von einer Periode zur nächsten um einen konstanten Betrag d, so bilden die einzelnen Rentenzahlungen eine arithmetische Folge. Für $d > 0$ wächst die Rente von Jahr zu Jahr, für $d = 0$ bleibt sie konstant und für $d < 0$ fällt sie.

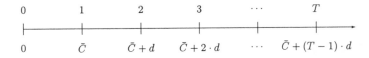

Somit läßt sich die Höhe der Rentenzahlung zum Zeitpunkt t mit

$$C_t = \bar{C} + (t - 1) \cdot d$$

bestimmen.

Betrachtet man nachschüssige Renten, die zum Kalkulationszinsfuß i % p.a. veranlagt werden, so berechnet man den Rentenendwert K_T mit:

$$
\begin{aligned}
K_T &= \bar{C} \cdot (1+i)^{T-1} + (\bar{C} + 1d) \cdot (1+i)^{T-2} + (\bar{C} + 2d) \cdot (1+i)^{T-3} + \cdots \\
&\quad \cdots + (\bar{C} + (T-2) \cdot d) \cdot (1+i) + (\bar{C} + (T-1) \cdot d) \\
&= \bar{C} \cdot \underbrace{\sum_{t=0}^{T-1}(1+i)^t}_{REF_{T,i}} + d \cdot \left[\sum_{t=1}^{T-1} T \cdot (1+i)^{t-1} - \sum_{t=1}^{T-1} t \cdot (1+i)^{t-1} \right] \\
&= \bar{C} \cdot REF_{T,i} + d \cdot \left[T \cdot \sum_{t=1}^{T-1}(1+i)^{t-1} - \sum_{t=1}^{T-1} t \cdot (1+i)^{t-1} \right] \\
&= \bar{C} \cdot REF_{T,i} + d \cdot \left[T \cdot \frac{(1+i)^{T-1} - 1}{i} - \left(T \cdot \frac{(1+i)^{T-1}}{i} - \frac{(1+i)^T - 1}{i^2} \right) \right] \\
&= \bar{C} \cdot REF_{T,i} + \frac{d}{i} \cdot \left[T \cdot (1+i)^{T-1} - T - T \cdot (1+i)^{T-1} + \underbrace{\frac{(1+i)^T - 1}{i}}_{REF_{T,i}} \right] \\
&= \bar{C} \cdot REF_{T,i} + \frac{d}{i} \cdot [REF_{T,i} - T] \\
&= \left(\bar{C} + \frac{d}{i} \right) REF_{T,i} - \frac{d}{i} \cdot T
\end{aligned}
$$

mit

$$\sum_{t=1}^{T-1} t \cdot (1+i)^{t-1} = T \cdot \frac{(1+i)^{T-1} - 1}{i} - \frac{(1+i)^T - 1}{i^2}.$$

Beispiel A.14:

Auf ein festverzinsliches Sparbuch mit einer Verzinsung von 10 % p.a. werden zehn Jahre lang jeweils am Jahresende Beträge einbezahlt, die jährlich um 100,– erhöht werden. Die erste Einzahlung beträgt 1.000,–.

Wie groß ist der Sparbetrag am Ende des zehnten Jahres?

Lösung:

$$K_{10} = \left(1.000 + \frac{100}{0,1} \right) \cdot \frac{1,1^{10} - 1}{0,1} - \frac{100}{0,1} \cdot 10 = 21.874,85.$$

Den Rentenbarwert K_0 von nachschüssigen Renten erhält man aus dem auf $t = 0$ abgezinsten Rentenendwert:

$$K_0 = \frac{K_T}{(1+i)^T}$$

$$= \bar{C} \cdot \underbrace{\frac{REF_{T,i}}{(1+i)^T}}_{RBF_{T,i}} + \frac{d}{i} \cdot \left[\underbrace{\frac{REF_{T,i}}{(1+i)^T}}_{RBF_{T,i}} - \frac{T}{(1+i)^T} \right]$$

$$= \bar{C} \cdot RBF_{T,i} + \frac{d}{i} \cdot \left[RBF_{T,i} - \frac{T}{(1+i)^T} \right]$$

$$= \left(\bar{C} + \frac{d}{i} \right) \cdot RBF_{T,i} - \frac{d \cdot T}{i \cdot (1+i)^T}.$$

Ist der Rentenbarwert gegeben und möchte man einen arithmetisch steigenden Geldbetrag von diesem Kapital entnehmen, so erhält man die Höhe der ersten Rentenzahlung durch:

$$\bar{C} = K_0 \cdot AF_{T,i} + \frac{d \cdot T}{(1+i)^T - 1} - \frac{d}{i}.$$

Beispiel A.15:

Auf einem festverzinslichen Sparbuch mit einer Verzinsung von 10 % p.a. befinden sich 10.000,–. Von diesem Sparbuch sollen innerhalb der nächsten zehn Jahre jeweils am Jahresende Beträge entnommen werden, die jährlich um 100,– steigen. Am Ende der letzten Entnahme soll das Sparbuch leer sein.

Welcher Betrag kann am Ende des ersten Jahres vom Sparbuch entnommen werden?

Lösung:

$$\bar{C} = 10.000 \cdot \frac{0,1 \cdot 1,1^{10}}{1,1^{10} - 1} + \frac{100 \cdot 10}{1,1^{10} - 1} - \frac{100}{0,1} = 1.254,91.$$

Wird die sich arithmetisch verändernde Rente ewig gezahlt, kann man einen Rentenbarwert K_0^∞ dann berechnen, wenn der Kalkulationszinssatz i positiv ist. In Unterabschnitt A.3.1 wurde der Grenzwert für den Rentenbarwertfaktor bereits gebildet. Unter Anwendung dieses Ergebnisses erhält man

$$K_0^\infty = \frac{\bar{C}}{i} + \frac{d}{i^2}$$

und

$$\bar{C} = i \cdot K_0^\infty - \frac{d}{i}.$$

Der Unterschied zwischen den Rentenend– bzw. –barwerten vorschüssiger Renten zu denen nachschüssiger Renten liegt einzig darin, daß erstere Renten um eine Periode mehr aufgezinst werden.

Dies bedeutet, daß die Formeln für den Fall nachschüssiger Renten mit dem Faktor $(1 + i)$ multipliziert werden müssen. Nach einigen Umformungen erhält man

$$K_T^{\text{vor}} = \left(\bar{C} + \frac{d}{i} \right) \cdot REF_{T,i}^{\text{vor}} - \frac{d \cdot T \cdot (1 + i)}{i}$$

$$K_0^{\text{vor}} = \left(\bar{C} + \frac{d}{i} \right) \cdot RBF_{T,i}^{\text{vor}} - \frac{d \cdot T}{i \cdot (1 + i)^{T-1}}$$

$$\bar{C}^{\text{vor}} = K_0^{\text{vor}} \cdot AF_{T,i}^{\text{vor}} + \frac{d \cdot T}{(1 + i)^T - 1} - \frac{d}{i}$$

$$K_0^{\text{vor},\infty} = \frac{1 + i}{i} \cdot \left(\bar{C} + \frac{d}{i} \right)$$

$$\bar{C}^{\text{vor}} = \frac{i}{1 + i} \cdot K_0^{\text{vor},\infty} - \frac{d}{i}.$$

Beispiel A.16:

Auf ein festverzinsliches Sparbuch mit einer Verzinsung von 10 % p.a. werden zehn Jahre lang jeweils am Jahresanfang Beträge einbezahlt, die jährlich um 100,– erhöht werden. Die erste Einzahlung beträgt 1.000,–.

Wie groß ist der Sparbetrag am Ende des zehnten Jahres?

Lösung:

$$K_{10} = \left(1.000 + \frac{100}{0,1} \right) \cdot \frac{1,1 \cdot (1,1^{10} - 1)}{0,1} - \frac{100 \cdot 10 \cdot 1,1}{0,1} = 24.062,33.$$

Beispiel A.17:

Auf einem festverzinslichen Sparbuch mit einer Verzinsung von 10 % p.a. befinden sich 10.000,–. Von diesem Sparbuch sollen innerhalb der nächsten zehn Jahre jeweils am Jahresanfang Beträge entnommen werden, die jährlich um 100,– steigen. Am Ende der letzten Entnahme soll das Sparbuch leer sein.

Welcher Betrag kann zu Beginn des ersten Jahres vom Sparbuch entnommen werden?

Lösung:

$$\bar{C} = 10.000 \cdot \frac{0,1 \cdot 1,1^9}{1,1^{10} - 1} + \frac{100 \cdot 10}{1,1^{10} - 1} - \frac{100}{0,1} = 1.106,96.$$

A.3.3.2   Geometrisch veränderliche Renten

Die Zahlungen einer geometrisch veränderliche Rente bilden eine geometrische Reihe. Sie ändern sich von Periode zu Periode um einen fixen Faktor g. Die t-te Rentenzahlung beträgt somit

$$C_t = \bar{C} \cdot g^{t-1}.$$

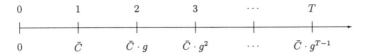

Für den Rentenendwert einer nachschüssigen Rente, die zum Kalkulationszinsfuß i angelegt wird, erhält man

$$
\begin{aligned}
K_T &= \bar{C} \cdot (1+i)^{T-1} + \bar{C} \cdot g \cdot (1+i)^{T-2} + \cdots + \bar{C} \cdot g^{T-2} \cdot (1+i) + \bar{C} \cdot g^{T-1} \\
&= \bar{C} \cdot (1+i)^{T-1} \cdot \left[1 + \frac{g}{1+i} + \left(\frac{g}{1+i}\right)^2 + \cdots + \left(\frac{g}{1+i}\right)^{T-1} \right] \\
&= \bar{C} \cdot (1+i)^{T-1} \cdot \sum_{t=0}^{T-1} \left(\frac{g}{1+i}\right)^t \\
&= \bar{C} \cdot (1+i)^{T-1} \cdot \frac{\left(\frac{g}{1+i}\right)^T - 1}{\frac{g}{1+i} - 1} \\
&= \bar{C} \cdot (1+i)^{T-1} \cdot \frac{\frac{(1+i)^T - g^T}{(1+i)^T}}{\frac{1+i-g}{1+i}} \\
&= \bar{C} \cdot (1+i)^{T-1} \cdot \frac{\left[(1+i)^T - g^T\right] \cdot (1+i)}{(1+i)^T \cdot (1+i-g)} \\
&= \bar{C} \cdot \frac{(1+i)^T - g^T}{1+i-g} \\
&= \bar{C} \cdot g^T \cdot \frac{\left(\frac{1+i}{g}\right)^T - 1}{1+i-g} \quad \text{für } g \neq 1+i.
\end{aligned}
$$

Wie man während des Rechenvorgangs sieht, gilt obige Formel nicht für den Fall, daß der Rentenänderungsfaktor $(g-1)$ und der Kalkulationszinsfuß i gleich sind, weil sonst durch 0 dividiert werden würde. Setzt man nun $g = 1+i$, so vereinfacht sich die Berechnung des Rentenendwerts:

$$
\begin{aligned}
K_T &= \bar{C} \cdot (1+i)^{T-1} + \bar{C} \cdot (1+i) \cdot (1+i)^{T-2} + \cdots + \bar{C} \cdot (1+i)^{T-2} \cdot (1+i) + \bar{C} \cdot (1+i)^{T-1} \\
&= T \cdot \bar{C} \cdot (1+i)^{T-1} \quad \text{für } g = 1+i.
\end{aligned}
$$

Insgesamt erhält man somit

$$
K_T = \begin{cases} \bar{C} \cdot g^T \cdot \frac{\left(\frac{1+i}{g}\right)^T - 1}{1+i-g} & \text{für } g \neq 1+i \\ T \cdot \bar{C} \cdot (1+i)^{T-1} & \text{für } g = 1+i. \end{cases}
$$

Dieselbe Fallunterscheidung muß für den Rentenbarwert K_0 getroffen werden. Ihn erhält man durch Abzinsen des Rentenendwerts mit $(1+i)^T$. Nach einigen Umformungen kann der nachschüssige Rentenbarwert mit

$$K_0 = \begin{cases} \bar{C} \cdot \dfrac{\left(\frac{1+i}{g}\right)^T - 1}{(1+i-g) \cdot \left(\frac{1+i}{g}\right)^T} & \text{für } g \neq 1+i \\[3mm] T \cdot \dfrac{\bar{C}}{1+i} & \text{für } g = 1+i \end{cases}$$

ausgedrückt werden.

Ist der nachschüssige Rentenbarwert gegeben und möchte man einen geometrisch steigenden Geldbetrag aus diesem Kapital entnehmen, so erhält man die Höhe der ersten Rentenzahlung durch:

$$\bar{C} = \begin{cases} K_0 \cdot \dfrac{(1+i-g) \cdot \left(\frac{1+i}{g}\right)^T}{\left(\frac{1+i}{g}\right)^T - 1} & \text{für } g \neq 1+i \\[3mm] K_0 \cdot \dfrac{1+i}{T} & \text{für } g = 1+i. \end{cases}$$

Beispiel A.18:

Auf ein festverzinsliches Sparbuch mit einer Verzinsung von 10 % p.a. werden zehn Jahre lang jeweils am Jahresende Beträge einbezahlt, die jährlich um 5 % erhöht werden. Die erste Einzahlung beträgt 1.000,-.

Wie groß ist der Sparbetrag am Ende des zehnten Jahres?

Lösung:

$$K_{10} = 1.000 \cdot 1{,}05^{10} \cdot \frac{\left(\frac{1{,}1}{1{,}05}\right)^{10} - 1}{1 + 0{,}1 - 1{,}05} = 19.296{,}96.$$

Beispiel A.19:

Auf einem festverzinsliches Sparbuch mit einer Verzinsung von 10 % p.a. befinden sich 10.000,-. Von diesem Sparbuch sollen innerhalb der nächsten zehn Jahre jeweils am Jahresende Beträge entnommen werden, die jährlich um 5 % steigen. Am Ende der letzten Entnahme soll das Sparbuch leer sein.

Welcher Betrag kann am Ende des ersten Jahres entnommen werden?

Lösung:

$$\bar{C} = 10.000 \cdot \frac{(1 + 0{,}1 - 1{,}05) \cdot \left(\frac{1{,}1}{1{,}05}\right)^{10}}{\left(\frac{1{,}1}{1{,}05}\right)^{10} - 1} = 1.344{,}12.$$

Für ewige Rentenzahlungen kann ein Rentenbarwert nur für den Fall berechnet werden, wenn $g < 1+i$ ist, weil nur dann ein endlicher Grenzwert für $T \to \infty$ existiert:

$$\lim_{T \to \infty} \left(\frac{g}{1+i}\right)^T = \begin{cases} \infty & \text{für } g > 1+i \\ 1 & \text{für } g = 1+i \\ 0 & \text{für } g < 1+i \end{cases}$$

Somit kann man den nachschüssigen ewigen Rentenbarwert einer sich geometrisch ändernden Rente mit

$$K_0^\infty = \begin{cases} \dfrac{\bar{C}}{1+i-g} & \text{für } g < 1+i \\[2mm] +\infty & \text{für } g \geq 1+i \end{cases}$$

berechnen.

Die erste Rentenzahlung beträgt in diesem Fall für $g < 1 + i$

$$\bar{C} = K_0^\infty \cdot (1 + i - g).$$

Sollten die Renten bereits zu Beginn der Periode anfallen, also vorschüssig sein, müssen alle Rentenzahlungen um eine Periode abgezinst werden:

$$K_T^{\text{vor}} = K_T \cdot (1 + i)$$
$$K_0^{\text{vor}} = K_0 \cdot (1 + i)$$

Mit Fallunterscheidung sehen die Formeln für den vorschüssigen Rentenend– und –barwert und für die erste Rentenzahlung wie folgt aus:

$$K_T^{\text{vor}} = \begin{cases} \bar{C} \cdot (1 + i) \cdot g^T \cdot \frac{\left(\frac{1+i}{g}\right)^T - 1}{1+i-g} & \text{für } g \neq 1 + i \\ T \cdot \bar{C} \cdot (1 + i)^T & \text{für } g = 1 + i \end{cases}$$

$$K_0^{\text{vor}} = \begin{cases} \bar{C} \cdot (1 + i) \cdot \frac{\left(\frac{1+i}{g}\right)^T - 1}{(1+i-g)\cdot\left(\frac{1+i}{g}\right)^T} & \text{für } g \neq 1 + i \\ T \cdot \bar{C} & \text{für } g = 1 + i \end{cases}$$

$$\bar{C}^{\text{vor}} = \begin{cases} \frac{K_0^{\text{vor}}}{1+i} \cdot \frac{(1+i-g)\cdot\left(\frac{1+i}{g}\right)^T}{\left(\frac{1+i}{g}\right)^T - 1} & \text{für } g \neq 1 + i \\ \frac{K_0^{\text{vor}}}{T} & \text{für } g = 1 + i \end{cases}$$

Beispiel A.20:

Auf ein festverzinsliches Sparbuch mit einer Verzinsung von 10 % p.a. werden zehn Jahre lang jeweils am Jahresanfang Beträge einbezahlt, die jährlich um 5 % erhöht werden. Die erste Einzahlung beträgt 1.000,–.

Wie groß ist der Sparbetrag am Ende des zehnten Jahres?

Lösung:

$$K_{10} = 1.000 \cdot 1,1 \cdot (1,05)^{10} \cdot \frac{\left(\frac{1,1}{1,05}\right)^{10} - 1}{1 + 0,1 - 1,05} = 21.226,65.$$

Beispiel A.21:

Auf einem festverzinslichen Sparbuch mit einer Verzinsung von 10 % p.a. befinden sich 10.000,–. Von diesem Sparbuch sollen innerhalb der nächsten zehn Jahre jeweils am Jahresanfang Beträge entnommen werden, die jährlich um 5 % steigen. Am Ende der letzten Entnahme soll das Sparbuch leer sein.

Welcher Betrag kann zu Beginn des ersten Jahres vom Sparbuch entnommen werden?

Lösung:

$$\bar{C}^{\mathrm{vor}} = \frac{10.000}{1,1} \cdot \frac{(1,1 - 1,05) \cdot \left(\frac{1,1}{1,05}\right)^{10}}{\left(\frac{1,1}{1,05}\right)^{10} - 1} = 1.221,93.$$

Ein Rentenbarwert für eine vorschüssige ewige Rente läßt sich ebenfalls nur für den Fall $g < 1+i$ berechnen:

$$K_0^{\infty,\mathrm{vor}} = \begin{cases} \bar{C} \cdot \frac{1+i}{1+i-g} & \text{für } g < 1+i \\ \infty & \text{für } g \geq 1+i \end{cases}$$

Die dazugehörige erste Rentenzahlung beträgt

$$\bar{C}^{\mathrm{vor}} = K_0^{\infty,\mathrm{vor}} \cdot \frac{1+i-g}{1+i}.$$

Beispiel A.22:

Auf ein festverzinsliches Sparbuch mit einer Verzinsung von 10 % p.a. werden zehn Jahre lang jeweils

(a) am Monatsende

(b) am Monatsanfang

Beträge einbezahlt, die monatlich um

(c) 10,–

(d) 0,5 %

erhöht werden. Die erste Einzahlung beträgt 100,–.

Wie groß ist der Sparbetrag am Ende des zehnten Jahres?

Lösung:

Monatliche Verzinsung bei Zinseszinsrechnung: $1,1^{1/12} - 1 = 0,7974$ % p.m.

Anzahl der Einzahlungen: $M = 12 \cdot 10 = 120$.

(ac) Nachschüssige arithmetische Rente:

$$K_{10} = \left(100 + \frac{10}{0,007974}\right) \cdot \frac{1,007974^{120} - 1}{0,007974} - \frac{10 \cdot 120}{0,007974} = 120.139,95.$$

(ad) Nachschüssige geometrische Rente:

$$K_{10} = 100 \cdot 1,005^{120} \cdot \frac{\left(\frac{1,007974}{1,005}\right)^{120} - 1}{1,007974 - 1,005} = 26.035,95.$$

(bc) *Vorschüssige arithmetische Rente:*

$$K_{10}^{\mathrm{vor}} = \left(100 + \frac{10}{0,007974}\right) \cdot 1,007974 \cdot \frac{1,007974^{120} - 1}{0,007974} - \frac{10 \cdot 120 \cdot 1,007974}{0,007974} = 121.097,96.$$

(bd) *Vorschüssige geometrische Rente:*

$$K_{10}^{\mathrm{vor}} = 100 \cdot 1,007974 \cdot 1,005^{120} \cdot \frac{\left(\frac{1,007974}{1,005}\right)^{120} - 1}{1,007974 - 1,005} = 26.243,56.$$

Beispiel A.23:

Auf einem festverzinslichen Sparbuch mit einer Verzinsung von 10 % p.a. befinden sich 100.000,–. Von diesem Sparbuch sollen innerhalb der nächsten zehn Jahre jeweils

(a) am Monatsende

(b) am Monatsanfang

Beträge entnommen werden, die monatlich um

(c) 10,–

(d) 0,5 %

steigen. Am Ende der letzten Entnahme soll das Sparbuch leer sein.

Wie groß ist der erste Betrag, der vom Sparbuch entnommen werden kann?

Lösung:

(ac) *Nachschüssige arithmetische Rente:*

$$\bar{C} = 100.000 \cdot \frac{0,007974 \cdot 1,007974^{120}}{1,007974^{120} - 1} + \frac{10 \cdot 120}{1,007974^{120} - 1} - \frac{10}{0,007974} = 796,65.$$

(ad) *Nachschüssige geometrische Rente:*

$$\bar{C} = 100.000 \cdot \frac{(1,007974 - 1,005) \cdot \left(\frac{1,007974}{1,005}\right)^{120}}{\left(\frac{1,007974}{1,005}\right)^{120} - 1} = 996,22.$$

(bc) *Vorschüssige arithmetische Rente:*

$$\bar{C}^{\mathrm{vor}} = 100.000 \cdot \frac{0,007974 \cdot 1,007974^{119}}{1,007974^{120} - 1} + \frac{10 \cdot 120}{1,007974^{120} - 1} - \frac{10}{0,007974} = 786,38.$$

(bd) *Vorschüssige geometrische Rente:*

$$\bar{C}^{\mathrm{vor}} = \frac{100.000}{1,007974} \cdot \frac{(1,007974 - 1,005) \cdot \left(\frac{1,007974}{1,005}\right)^{120}}{\left(\frac{1,007974}{1,005}\right)^{120} - 1} = 988,33.$$

Beispiel A.24:

Ein Kredit mit einer nominellen Verzinsung von 10 % p.a. und einer Laufzeit von zehn Jahren soll durch

(a) nachschüssige

(b) vorschüssige

Monatszahlungen für Tilgung und Zinsen zurückbezahlt werden, wobei die Rückzahlungen monatlich

(c) um 10,–

(d) um 0,5 %

steigen. Die erste Rückzahlung beträgt 100,–.
Welcher Kreditbetrag erfolgt zu Beginn des ersten Monats zur Auszahlung und welcher Betrag wird insgesamt für den Kredit zurückbezahlt?

Lösung:

Monatlicher Zinssatz bei einfacher Zinsrechnung: $\frac{0,1}{12} = 0,8\dot{3}$ % *p.m.*
Dies entspricht einer konformen Jahresverzinsung von $1,008\dot{3}^{12} - 1 = 10,47$ % *p.a.*

(ac) Nachschüssige arithmetische Rente:

$$K_0 = \left(100 + \frac{10}{0,008\dot{3}}\right) \cdot \frac{1,008\dot{3}^{120} - 1}{0,008\dot{3} \cdot 1,008\dot{3}^{120}} - \frac{10 \cdot 120}{0,008\dot{3} \cdot 1,008\dot{3}^{120}} = 45.177,91.$$

(ad) Nachschüssige geometrische Rente:

$$K_0 = 100 \cdot \frac{\left(\frac{1,008\dot{3}}{1,005}\right)^{120} - 1}{(1,008\dot{3} - 1,005) \cdot \left(\frac{1,008\dot{3}}{1,005}\right)^{120}} = 9.837,06.$$

(bc) Vorschüssige arithmetische Rente:

$$K_0^{vor} = \left(100 + \frac{10}{0,008\dot{3}}\right) \cdot \frac{1,008\dot{3}^{120} - 1}{0,008\dot{3} \cdot 1,008\dot{3}^{119}} - \frac{10 \cdot 120}{0,008\dot{3} \cdot 1,008\dot{3}^{119}} = 45.554,39.$$

(bd) Vorschüssige geometrische Rente:

$$K_o^{vor} = 100 \cdot 1,008\dot{3} \cdot \frac{\left(\frac{1,008\dot{3}}{1,005}\right)^{120} - 1}{(1,008\dot{3} - 1,005) \cdot \left(\frac{1,008\dot{3}}{1,005}\right)^{120}} = 9.919,04.$$

Der gesamte Rückzahlungsbetrag ist

- *bei arithmetischen Zahlungen:*

$$100 + 110 + \cdots + (100 + 119 \cdot 10)$$
$$= \sum_{t=1}^{120} (100 + (t-1) \cdot 10)$$
$$= \frac{120}{2} \cdot (100 + 100 + 119 \cdot 10)$$
$$= 83.400,-$$

- *bei geometrischen Zahlungen:*

$$100 + 100,5 + \cdots + 1,005^{119} \cdot 100$$
$$= \sum_{t=1}^{120} 100 \cdot 1,005^{t-1}$$
$$= 100 \cdot \frac{1,005^{120} - 1}{1,005 - 1}$$
$$= 16.387,93.$$

Beispiel A.25:

Ein Kredit in der Höhe von 100.000,– mit einer nominellen Verzinsung von 10 % p.a. und mit einer Laufzeit von zehn Jahren soll durch

(a) *nachschüssige*

(b) *vorschüssige*

Monatszahlungen für Tilgung und Zinsen zurückbezahlt werden, wobei die Rückzahlungen monatlich

(c) *um 10,–*

(d) *um 0,5 %*

steigen.
Wie groß ist die erste Rückzahlung?

Lösung:

(ac) *Nachschüssige arithmetische Rente:*

$$\bar{C} = 100.000 \cdot \frac{0,008\dot{3} \cdot (1,008\dot{3})^{120}}{1,008\dot{3}^{120} - 1} + \frac{10 \cdot 120}{1,008\dot{3}^{120} - 1} - \frac{10}{0,008\dot{3}} = 824,48.$$

(ad) *Nachschüssige geometrische Rente:*

$$\bar{C} = 100.000 \cdot \frac{(1,008\dot{3} - 1,005) \cdot \left(\frac{1,008\dot{3}}{1,005}\right)^{120}}{\left(\frac{1,008\dot{3}}{1,005}\right)^{120} - 1} = 1.016,56.$$

(bc) *Vorschüssige arithmetische Rente:*

$$\bar{C}^{\text{vor}} = 100.000 \cdot \frac{0,008\dot{3} \cdot 1,008\dot{3}^{119}}{1,008\dot{3}^{120} - 1} + \frac{10 \cdot 120}{1,008\dot{3}^{120} - 1} - \frac{10}{0,008\dot{3}} = 813,56.$$

(bd) *Vorschüssige geometrische Rente:*

$$\bar{C}^{\text{vor}} = \frac{100.000}{1,008\dot{3}} \cdot \frac{(1,008\dot{3} - 1,005) \cdot \left(\frac{1,008\dot{3}}{1,005}\right)^{120}}{\left(\frac{1,008\dot{3}}{1,005}\right)^{120} - 1} = 1.008,16.$$

B Anhang: Aufgaben

Aufgabe 1:

Ein Industriebetrieb plant die Einführung eines neuen Produkts, für dessen Herstellung folgende Maschine benötigt wird:

Anschaffungsauszahlungen:	100.000,–
Geplante Nutzungsdauer:	3 Jahre
Restwert am Ende der Nutzung:	20.000,–

Die Marketingabteilung hält es für realistisch, daß von dem neuen Produkt jährlich 10.000 EH zu einem Nettoverkaufspreis von 14,– je Stück abgesetzt werden können. Jedoch gibt sie zu bedenken, daß es bei Einführung des neuen Produkts zu Umsatzeinbußen bei bereits vorhandenen, ähnlichen Produkten der Unternehmung mit entgehenden Einzahlungsüberschüssen in der Höhe von jährlich 20.000,– kommen könnte.

Die Kalkulationsabteilung ermittelt variable auszahlungswirksame Stückkosten für Roh-, Hilfs- und Betriebsstoffe und Löhne in der Höhe von 6,–, die Fertigungsabteilung rechnet mit folgenden Zahlungen für die Instandhaltung der Maschine

Jahr der Nutzung	1	2	3
Instandhaltung	10.000,–	22.000,–	33.000,–

Der Kalkulationszinsfuß beträgt 10 % p.a.

(a) Ermitteln Sie die relevanten Zahlungen zur Beurteilung des Investitionsprojekts.

(b) Beurteilen Sie dieses Investitionsprojekt nach allen Ihnen bekannten Kriterien.

Aufgabe 2:

Nach Bekanntwerden der Investitionsabsichten des Industriebetriebs aus Aufgabe 1 meldet sich eine Maschinenfabrik, die ein ähnliches Aggregat um 120.000,– anbietet. Diese etwas kapitalintensivere Maschine hat den Vorteil, daß die auf ihr hergestellten Produkte wegen der höheren Automatisation weniger manuelle Arbeit benötigen und daher insgesamt nur 4,– variable auszahlungswirksame Stückkosten verursachen.

(a) Welche Informationen muß die Unternehmung noch einholen, um diese Alternative beurteilen zu können?

Für die alternative Maschine sind folgende weitere Daten ermittelt worden:

Geplante Nutzungsdauer: 3 Jahre
Restwert am Ende der Nutzung: 20.000,–

Jahr der Nutzung	1	2	3
Fixe Auszahlungen	12.000,–	24.000,–	36.000,–

(b) Ermitteln Sie die relevanten Cash Flows für die alternative Maschine und vergleichen Sie die beiden alternativen Investitionsprojekte nach allen Ihnen bekannten Kriterien.

(c) Bestimmen Sie mit Hilfe der approximativen Annuität die Break–Even–Menge (Gewinnschwelle) für jede Maschine und die kritische Leistungsmenge.

(d) Welche vereinfachten Berechnungen können vorgenommen werden, falls die Unternehmungsleitung bzw. der Eigentümer auf jeden Fall die Einführung des neuen Produkts vorschreibt?

Aufgabe 3:

Für eine Erweiterungsinvestition stehen zwei alternative Aggregate zur Auswahl:

Projekt A:

Anschaffungsauszahlungen: 100.000,–
Geplante Nutzungsdauer: 3 Jahre
Restwert am Ende der Nutzung: 20.000,–
Laufende Cash Flows:

Jahr der Nutzung t	1	2	3
C_t	50.000,–	38.000,–	27.000,–

Projekt B:

Anschaffungsauszahlungen: 300.000,–
Geplante Nutzungsdauer: 6 Jahre
Restwert am Ende der Nutzung: 40.000,–
Laufende Cash Flows:

Jahr der Nutzung t	1	2	3	4	5	6
C_t	87.000,–	76.000,–	74.000,–	62.000,–	57.000,–	54.000,–

Der Kalkulationszinsfuß beträgt 10 % p.a.

Welche Investitionsentscheidungen sind nach dem

(a) Kapitalwertkriterium,

(b) Annuitätenkriterium,

(c) Kriterium mit dem internen Zinsfuß

zu treffen, falls

   – jedes Aggregat nur höchstens einmal durchgeführt werden soll?

   – die Produktion für sechs Jahre geplant ist?

   – die Produktion für zwölf Jahre geplant ist?

Unterstellen Sie bei den letzten beiden Fällen vereinfachend identische Reinvestition der Projekte.

Aufgabe 4:

Für eine Erweiterungsinvestition stehen zwei alternative Aggregate zur Auswahl:

	Projekt A	Projekt B
Anschaffungsauszahlungen:	100.000,–	120.000,–
Geplante Nutzungsdauer:	3 Jahre	4 Jahre
Restwert am Ende der Nutzung:	20.000,–	20.000,–
Konstante jährliche Cash Flows:	38.000,–	37.000,–

Der Kalkulationszinsfuß beträgt 10 % p.a.

Welche Investitionsentscheidungen sind nach der Kapitalwertmethode, nach der Annuitätenmethode und nach der Methode mit dem internen Zinsfuß zu treffen, falls

(a) das gewählte Investitionsprojekt nur einmal durchgeführt werden soll?

(b) das gewählte Investitionsprojekt unendlich oft identisch durchgeführt werden soll?

(c) das gewählte Investitionsprojekt und seine identischen Nachfolger der Unternehmung insgesamt 12 Jahre zur Verfügung stehen sollen?

Aufgabe 5:

Einer Unternehmung stehen zwei rein eigenfinanzierte, alternative Investitionsprojekte mit einjähriger Nutzungsdauer zur Auswahl:

	Projekt A	Projekt B
Anschaffungsauszahlungen:	200	100
Erwarteter gesamter Einzahlungs– überschuß am Ende der Nutzung:	260	140

Jedes Projekt kann nur höchstens einmal realisiert werden. Die Alternativrendite für die Eigenkapitalgeber beträgt 15 % p.a.

(a) Welche Investitionsentscheidung ist nach der Kapitalwertmethode zu treffen?

(b) Welche Investitionsentscheidung ist nach der Methode mit dem internen Zinsfuß zu treffen?

(c) Warum können diese beiden Beurteilungskriterien aus (a) und (b) zu unterschiedlichen Investitionsentscheidungen führen und welches Projekt soll dann letztendlich gewählt werden (mit Begründung anhand des Zahlenbeispiels)?

(d) Berechnen Sie den Kapitalwert und den internen Zinsfuß der Differenzinvestition und treffen Sie nach diesen Kriterien die Investitionsentscheidungen für eine

– Mußinvestition,

– Kanninvesition.

Aufgabe 6:

Für eine Erweiterungsinvestition stehen zwei alternative Investitionsprojekte zur Auswahl, wobei zu beachten ist, daß

- Projekt A sofort

und

- Projekt B erst in einem Jahr

realisiert werden könnte:

	Projekt A	Projekt B
Anschaffungsauszahlungen:	100.000,–	120.000,–
Geplante Nutzungsdauer:	3 Jahre	3 Jahre
Konstante jährliche Cash Flows:	40.000,–	48.000,–
Restwert am Ende der Nutzung:	20.000,–	21.000,–

Der Kalkulationszinsfuß beträgt 10 % p.a.
Welche Investitionsentscheidung ist nach der

(a) Kapitalwertmethode,

(b) Annuitätenmethode,

(c) Methode mit dem internen Zinsfuß

zu treffen?

Aufgabe 7:

Eine Studentin aus Graz möchte während ihres Studiums am BWZ in Wien–Floridsdorf eine Wohnung mieten. Das Immobilienbüro Mag. Hai bietet ihr zwei Zahlungsmodalitäten zur Auswahl an:

Variante I:

Monatliche Miete (zu zahlen am Monatsanfang): 4.000,–
Weder Ablöse noch Kaution.

Variante II:

Monatliche Miete (zu zahlen am Monatsanfang): 2.000,–

Fall 1: Ablösezahlung bei Vertragsabschluß.
Fall 2: Kaution bei Vertragsabschluß, die bei Auszug aus der Wohnung unverzinst zurückbezahlt wird.

Die voraussichtliche Studiendauer beträgt 5 Jahre, und die Studentin müßte zur Zahlung der Ablöse bzw. Kaution ihr Anleihendepot, das zur Zeit eine Rendite von 8 % p.a. nach Steuern erbringt, auflösen. Die laufende Miete könnte sie bei beiden Varianten aus eigenen Mitteln bezahlen. Die Studentin rechnet ferner mit einer jährlichen Mieterhöhung von 5 %.

(a) Bestimmen Sie jene kritische Höhe für die Ablöse bzw. Kaution, ab der die Variante I vorzuziehen ist, mit der

- Kapitalwertmethode,
- Methode der approximativen Annuität,
- approximativen Rendite der Differenzinvestition.

(b) Wie groß ist bei einer Mußinvestition die statische Amortisationsdauer der Differenzinvestition, falls

- die Ablöse 150.000,– bzw.
- die Kaution 350.000,–

beträgt?

Aufgabe 8:

Ein Floridsdorfer IBW–Student möchte sich zur Bereicherung seiner Freizeitvergnügungen eine größere Auswahl an Fernsehprogrammen zulegen. Zur Auswahl stehen

- Kabelanschluß
  Einmalige Gebühr: 4.000,–
  Monatliche Gebühr: 150,–

- Kauf einer Satelliten*schüssel*
  Preis für Schüssel, Montage und Inbetriebnahme: 10.000,–
  Keine laufenden Gebühren.

Ein TV-Fachhändler rät ihm zum Ankauf einer Satellitenschüssel, da sich diese bereits nach 3 Jahren und 4 Monaten rentiere. Der Student ist unschlüssig und möchte sich noch mit einigen KollegInnen beraten.

(a) Welche Berechnung hat der Händler vorgenommen und welche Annahmen liegen dieser zugrunde?

(b) Welche Überlegungen sollte Ihrer Meinung nach der Student anstellen?

- Hinweis:
  Denken Sie dabei an die Nutzungsdauer, Instandhaltung, Preisänderungen, den Kalkulationszinsfuß und nicht oder nur sehr schwer quantifizierbare Vor- und Nachteile der Alternativen.

Aufgabe 9:

Einer Unternehmung stehen zum Zeitpunkt $t = 0$ sechs Investitionsprojekte mit positiven Kapitalwerten zur Auswahl:

Investitionsprojekt j	1	2	3	4	5	6
Kapitalwert K_{0j}	10	12	6	12	14	2
Anschaffungsauszahlungen A_{0j}	100	200	200	300	400	200

Insgesamt stehen zum Zeitpunkt $t = 0$ für Investitionszwecke 500,– zur Verfügung.

(a) Bestimmen Sie das zu $t = 0$ zu realisierende Investitionsprogramm nach

- der Lorie–Savage–Methode
- der Methode mit den Kapitalwertraten.

(b) Formulieren Sie ein binäres lineares Programm mit der Zielsetzung: Kapitalwertmaximierung unter Berücksichtigung der Budgetrestriktion.

Aufgabe 10:

Einer Unternehmung stehen sechs Investitionsprojekte $IP_j, j = 1, ..., 6$, mit Anschaffungsauszahlungen A_{0j} und positiven Kapitalwerten K_{0j} zur Auswahl. Bei der Formulierung eines kapitalwertmaximierenden binären LP sind folgende Punkte zu beachten:

(a) Budgetrestriktion zu $t = 0$ in der Höhe von B_0 GE.

(b) Von den Projekten IP_1 bis IP_5 sind mindestens ein, aber höchstens drei Projekte zu realisieren.

(c) Falls Projekte IP_3 unternommen wird, dann muß auch IP_5 realisiert werden.

(d) Die Projekte IP_2 und IP_6 dürfen nicht gemeinsam durchgeführt werden.

(e) Von den Projekten IP_1 und IP_2 muß genau eines der beiden realisiert werden.

Aufgabe 11:

Einem Investor stehen fünf Investitionsprojekte mit unendlichen Nutzungsdauern und konstanten sicheren jährlichen Einzahlungsüberschüssen zur Auswahl:

Projekt j	Anschaffungsauszahlungen A_{0j}	Jährliche Einzahlungsüberschüsse $\overline{C}_j$
1	250	30
2	50	10
3	175	20
4	70	15
5	300	35

Die Projekte können zu den Zeitpunkten $t = 0$, $t = 1$ oder $t = 2$ realisiert werden. Insgesamt kann jedes Projekt höchstens einmal durchgeführt werden.

Zum Zeitpunkt $t = 0$ stehen 500,– zur Verfügung. Zu den anderen Zeitpunkten verfügt der Investor über die restlichen finanziellen Mitteln aus dem vorangegangenen Zeitpunkt (inklusive 5 % p.a. Zinsen) sowie über die Einzahlungsüberschüsse von den in der Vergangenheit bereits realisierten Projekten. Der Kalkulationszinsfuß beträgt 5 % p.a.

Erstellen Sie ein binäres LP mit der Zielsetzung: Kapitalwertmaximierung.

Aufgabe 12:

Einer Unternehmung stehen sieben Investitionsprojekte mit positiven Kapitalwerten zur Auswahl, die aufgrund von Budgetbeschränkungen zu Beginn der beiden folgenden Jahre in der Höhe von 450 (zu $t = 0$) und 420 (zu $t = 1$) GE nicht alle gemeinsam getätigt werden können. Die Situation der Unternehmung erfordert eine Reparatur oder Neuanschaffung der Montageanlage. Die Errichtung eines EDV–gestützten Kontrollsystems ist nur bei einer Neuanschaffung der Montageanlage möglich. Die Projekte 5 und 6 schließen einander aus.

Investitions-projekt	Beschreibung	Auszahlungen		Kapitalwert
		zu t = 0	zu t = 1	
1	Reparatur der vorhande-nen Montageanlage	300	0	100
2	Neuanschaffung einer Montageanlage	100	300	150
3	EDV-gestütztes Kontrollsystem für Neuanschaffung	0	200	35
4	Modernisierung der Reparaturwerkstätte	50	100	75
5	Eigenerstellung einer Rohmaterialverarbei-tungsanlage	50	300	125
6	Kauf einer gebrauchten Anlage für Roh-materialverarbeitung	200	0	60
7	Kauf neuer LKW	70	10	30

Formulieren Sie ein binäres LP mit der Zielsetzung: Maximierung des Kapitalwerts.

Aufgabe 13:

Für einen Kredit wurden folgende Konditionen vereinbart:

Nominale:	1 Mio
Laufzeit:	3 Jahre
Nomineller Zinssatz:	10 % p.a.
Zinszahlungen:	jährlich im nachhinein
Auszahlungsdisagio:	2 %
Rückzahlungsagio:	1 %

Erstellen Sie den Zins- und Tilgungsplan und berechnen Sie die Effektivverzinsung des Kredits vor Steuern in % p.a. für folgende Tilgungsvereinbarungen:

(a) gesamtfällige Tilgung,

(b) Ratentilgung ohne Freijahre,

(c) Ratentilgung mit 1 Freijahr,

(d) Annuitätentilgung.

Aufgabe 14:

Ein Floridsdorfer IBW-Student beschließt, einen Videorecorder auf Kredit zu kaufen. In einer Zeitung findet er folgendes Inserat einer bekannten Handelskette:

7.990,–

oder LÖWENKREDIT:
Anzahlung 1.690,–
monatliche Rate 12 x 572,–
monatliche Rate 24 x 301.–

Die Anzahlung könnte aus eigenen Mitteln aufgebracht werden. Für den Barkauf bietet ihm seine Bank einen Kredit mit gleichbleibenden monatlichen Rückzahlungen (am Monatsende) zu folgenden Konditionen an

Nomineller Zinssatz: 12 % p.a.
Disagio bei der Auszahlung: 1 %
Laufzeit: 1 oder 2 Jahre

(a) Berechnen Sie die Effektivverzinsungen (in % p.a.) der vier angebotenen Finanzierungsformen.

(b) Welchen Zins- und Tilgungsanteil enthält die monatliche Rate von 301,– im ersten und im letzten Monat der Rückzahlung?

(c) Für welche Finanzierungsform soll sich der Student entscheiden?

Aufgabe 15:

Ein alleinerziehender Vater möchte seinem Kind zum Geburtstag um 980,– zwei Spiele für den heißgeliebten Game–Boy kaufen. Da er zur Zeit knapp bei Kasse ist, beabsichtigt der Hausmann, seinen Verlobungsring gegen einen Pfandkredit in der Höhe von 1.000,– im Dorotheum zu versetzen und mit der nächsten Unterhaltszahlung in einem Monat einzulösen.

Das Dorotheum verrechnet folgende Kosten:

$$
\begin{array}{llr}
 & \text{Pfandkredit} & 1.000,- \\
- & \text{Kosten für Pfandschein} & -\ 20,- \\
\hline
= & \text{Auszahlungsbetrag} & 980,- \\
\end{array}
$$

Darlehenszinsen: 0,375 % vom Pfandkreditbetrag
Manipulationsgebühr: 0,825 % vom Auszahlungsbetrag

Zinsen und Manipulationsgebühr werden je Halbmonat verrechnet und sind inklusive Zinseszinsen bei Einlösung des Pfands zu bezahlen.

Berechnen Sie

(a) den Rückzahlungsbetrag für die Einlösung des Pfandes nach einem Monat,

(b) die Effektivverzinsung für diesen Pfandkredit in % p.a.

Aufgabe 16:

Kurz nach ihrem Studium möchte sich eine Floridsdorfer BWZ-Absolventin ein Auto kaufen. Der Autohändler H. Varie bietet ihr für einen ins Auge gefaßten Wagen mit einem Listenpreis von 300.000,– folgende Finanzierungskonditionen an:

Keine Anzahlung
Nomineller Zinssatz: 6 % p.a. (vom Listenpreis)
Annuitätentilgung bei monatl. Zahlungen
Laufzeit: 36 Monate

Von einem ehemaligen Studienkollegen erfährt die BWZ-Absolventin, daß der Autohändler bei Barzahlung eines Wagens 10 % Rabatt gewährt.

(a) Berechnen Sie den monatlichen Zahlungsbetrag.

(b) Spalten Sie den Zahlungsbetrag des ersten und des letzten Monats in den Zins- und Tilgungsteil auf.

(c) Wie hoch ist die Effektivverzinsung in % p.a.?

Aufgabe 17:

Bestimmen Sie aus der Sicht eines privaten Leasingnehmers die approximative und die exakte Effektivverzinsung in % p.a. für folgendes Leasing–Angebot:

„Toyota Corolla **Netto-Leasing** ... schon davon gehört?"

Zum Beispiel: Toyota Corolla 1,4 XLi Hatchback, 3 Türen, 5 Gänge. Laufzeit 36 Monate. Listenpreis: öS 180.402,–, Netto-Leasing monatlich: öS 1.804,– (das sind nur ca. öS 60,– pro Tag). Anzahlung: öS 45.100,–, Restwert: öS 80.865,–. (Alle Beträge inkl. NoVA und MWSt.).

Das läßt sich leasen ...

Unterstellen Sie hierfür, daß Barzahler

(a) den Listenpreis bezahlen müssen,

(b) 10 % Rabatt vom Listenpreis erhalten.

Aufgabe 18:

Zur Finanzierung eines Sportwagens hat Florida Floridsdorfer am 1.1.1993 folgenden festverzinslichen Kredit aufgenommen:

Nominale:	500.000,–
Laufzeit:	4 Jahre
Nomineller Zinssatz:	10 % p.a.
Auszahlungsdisagio:	Keines
Rückzahlungsagio:	Keines
Tilgungsform:	Annuitätentilgung ohne Freijahre zahlbar jährlich im nachhinein

Aufgrund finanzieller Schwierigkeiten überlegt Florida am 1.1.1995, den restlichen Kredit bei gleichbleibendem nominellen Zinssatz durch neuerliche Verhandlungen umzuschulden:

(a) Wie groß wäre die neue Restlaufzeit des Kredits, falls Florida eine Halbierung der Annuität anstrebt?

(b) Wie groß wäre die neue Annuität, falls Florida eine Verdopplung der Restlaufzeit anstrebt?

Unterstellen Sie, daß die Bank für die Umschuldung keinerlei Spesen verrechnet.

Aufgabe 19:

Zur Finanzierung seiner neuen Einbauküche hat Floridus Floridsdorfer am 1.1.1993 folgenden vom Schuldner kündbaren, festverzinslichen Kredit aufgenommen:

Nominale:	100.000,–
Maximale Laufzeit:	4 Jahre
Tilgungsform:	Ratentilgung ohne Freijahre jeden 31. Dezember
Nomineller Zinssatz:	10 % p.a.
Zinszahlungen:	Jährlich im nachhinein
Auszahlungsdisagio:	2 %
Rückzahlungsagio:	Keines
Kündigungsprämie:	5 % vom ausstehenden Nominale

Am 1.1.1995 überlegt Floridus, ob er mit Hilfe des folgenden neuen, vom Schuldner kündbaren, festverzinslichen Kredits aus dem obigen Kredit aussteigen soll.

Maximale Laufzeit:	2 Jahre
Tilgungsform:	Annuitätentilgung ohne Freijahre jeden 31. Dezember
Nomineller Zinssatz:	8 % p.a.
Zinszahlungen:	Jährlich im nachhinein
Auszahlungsdisagio:	0,5 %
Rückzahlungsagio:	1 %
Kündigungsprämie:	5 % vom ausstehenden Nominale

(a) Wie soll sich Floridus verhalten (mit Begründung)?

(b) Wie ist zu entscheiden, falls es sich bei den Krediten aus (a) um keine Privatkredite, sondern um Betriebskredite einer Unternehmung mit einem Steuersatz mit 40 % handelt?

<u>Anmerkung:</u>
Steuerlich ist die Kündigungsprämie im Jahr der Zahlung voll absetzbar.

Aufgabe 20:

Zur teilweisen Fremdfinanzierung eines Investitionsprojekts möchte der Finanzleiter eines Industriebetriebs einen Kredit mit einer Laufzeit von 10 Jahren und konstanten monatlichen Rückzahlungen für Tilgung und Zinsen aufnehmen. Zur Auswahl stehen folgende Angebote der Banken A und B:

Konditionen	Bank A	Bank B
Nominale:	100.000,–	100.000,–
Nomineller Zinssatz in % p.a.:	11,5	12
Bearbeitungsgebühr in % vom Nominale:	3	0
Monatliche Rate:	1405,95	1434,71

Die Bearbeitungsgebühr ist bei der Auszahlung des Kredits zu entrichten.

(a) Überprüfen Sie die Berechnung der monatlichen Raten bei beiden Kreditangeboten.

Der Kreditsachbearbeiter der Unternehmung nimmt folgende Vergleichsrechnung vor:

Gesamtbelastung bei

Kredit A: $120 \cdot 1405{,}95 + 3.000{,}- = 171.714{,}53$
Kredit B: $120 \cdot 1434{,}71 = 172.165{,}20$

und entscheidet sich für den Kredit der Bank A.

(b) Wie beurteilen Sie die Berechnung des Sachbearbeiters?

(c) Für welchen Kredit würden Sie sich entscheiden und warum?

(d) Warum kommt der Sachbearbeiter zu einer Fehlentscheidung und welche bessere Faustregel können Sie ihm vorschlagen?

Aufgabe 21:

Einem Investor stehen drei Investitionsprojekte mit einjährigen Nutzungsdauern und gleichen Anschaffungsauszahlungen in der Höhe von 1.000,– zur Auswahl, von denen er höchstens eines durchführen kann. Die Projekte unterscheiden sich durch unterschiedliche Unsicherheiten bei den Rückzahlungen am Ende der Veranlagungsdauer:

Projekt A:
$$\text{Sichere Rückzahlung } R_1 = 1.200{,}-$$

Projekt B:

$$R_1 = \begin{cases} 1.100{,}- & \text{mit Wahrscheinlichkeit von } 0{,}5 \\ 1.700{,}- & \text{mit Wahrscheinlichkeit von } 0{,}5 \end{cases}$$

Projekt C:

$$R_1 = \begin{cases} 700{,}- & \text{mit Wahrscheinlichkeit von } 0{,}5 \\ 2.500{,}- & \text{mit Wahrscheinlichkeit von } 0{,}5 \end{cases}$$

Der risikolose Zinssatz beträgt 10 % p.a. Aufgrund der unterschiedlichen Risiken bei den drei Projekten nimmt der Investor folgende Risikokorrekturen vor:

(a) Risikoprämien beim Kalkulationszinsfuß

Projekte	A	B	C
Risikoprämie p.a.	0	2 %	6 %

(b) Risikoabschläge von den erwarteten Rückflüssen:

Projekte	A	B	C
Risikoabschlag	0	25,–	83,–

Welche Investition soll der Investor durchführen?

Aufgabe 22:

Für ein Investitionsprojekt sind folgende Daten ermittelt worden (vgl. auch Aufgabe 1):

Anschaffungsauszahlungen: 100.000,–
Geplante Nutzungsdauer: 3 Jahre

Erwartete zusätzliche nominelle Cash Flows vor Zinsen und Steuern:

Jahr der Nutzung	1	2	3
Cash Flow	50.000,-	38.000,-	27.000,-

Erwarteter nomineller Restwert vor Steuern: 20.000,–
Gewinnsteuersatz: 40 %
Steuerliche Abschreibung: Linear über 3 Jahre
Kapitalkostensatz für das Eigenkapital nach Steuern: 13 % p.a.

Es ist geplant, nach Beendigung des Investitionsprojekts keine Nachfolgeinvestitionen durchzuführen.

Berechnen Sie die Kapitalwerte mit expliziter und mit impliziter Berücksichtigung der Steuern sowie die entsprechenden internen Zinsfüße für folgende Fälle:

Fall I:
Dem Projekt kann ein Kredit nicht direkt zugerechnet werden.   Die Unternehmungsleitung ist bestrebt, den jetzigen Verschuldungsgrad der Unternehmung in der Höhe von 60 % auch in Zukunft beizubehalten. Die Effektivverzinsung des Fremdkapitals beträgt 8 % p.a. vor Steuern.

Fall II:
Für das Projekt wird bei Durchführung folgender Kredit aufgenommen:

Nominale: 60.000,–
Laufzeit: 3 Jahre
Nomineller Zinssatz: 8 % p.a.
Ratentilgung: Über 3 Jahre
Kein Auszahlungsdisagio
Kein Rückzahlungsagio
Zinszahlungen: Einmal jährlich am Jahresende

Aufgabe 23:

Berechnen Sie für das Investitionsprojekt aus Aufgabe 22 Fall II den Kapitalwert nach der Nettomethode bei expliziter Berücksichtigung der Steuern sowie die Effektivverzinsung des Fremdkapitals vor Steuern unter folgenden modifizierten Angaben:

Steuerliche Abschreibung: linear über 4 Jahre

Kredit mit Annuitätentilgung über 3 Jahre, sowie 2 % Auszahlungsdisagio und 1 % Rückzahlungsagio.

- Hinweis:
  Steuerlich seien neben den Zinszahlungen auch das Auszahlungsdisagio und das Rückzahlungsagio (jeweils gleichverteilt über die Laufzeit) abzusetzen.

Aufgabe 24:

Für ein Investitionsprojekt sind folgende Daten ermittelt worden:

Anschaffungsauszahlungen: 100.000,–
Geplante Nutzungsdauer: 2 Jahre
Realer Restwert am Ende der Nutzung: 10.000,–

Geplante Produktions– und Absatzmengen:

Jahr der Nutzung	1	2
Stück	500	900

Die auf Preisbasis zu $t = 0$ geplanten laufenden Ein– und Auszahlungen betragen

Jahr der Nutzung	1	2
Geplanter realer Preis je Stück	250,–	250,–
Geplante reale variable Auszahlungen je Stück	100,–	100,–
Geplante reale fixe Auszahlungen	40.000,–	40.000,–

Die nominelle Alternativrendite für das Eigenkapital beträgt 6,6 % p.a. nach Steuern und die nominelle Effektivverzinsung für das Fremdkapital beträgt 6 % p.a. vor Steuern. Das Management der Unternehmung ist bestrebt, den augenblicklichen Verschuldungsgrad der Unternehmung in der Höhe von 60 % auch in Zukunft beizubehalten.

Die jährliche Inflationsrate ist 5 %. Es wird damit gerechnet, daß die Preissteigerungen bei gebrauchten Aggregaten und bei den laufenden Auszahlungen der Inflationsrate entsprechen. Die Unternehmung plant, den Verkaufspreis des Produkts jährlich an die Inflationsrate anzupassen.

Die Unternehmung verfügt über genügend anderweitige Gewinne. Der Gewinnsteuersatz ist 40 %. Die bilanzielle Abschreibung erfolgt linear über die geplante Nutzungsdauer.

Bestimmen Sie mit impliziter und expliziter Berücksichtigung der Steuern den Kapitalwert und den internen Zinsfuß des Investitionsprojekts nach der Bruttomethode unter Verwendung

(a) nomineller Werte,

(b) realer Werte.

Aufgabe 25:

Für ein Investitionsprojekt mit einer geplanter Nutzungsdauer von drei Jahren sind, ohne Berücksichtigung von Preissteigerungen (also auf Basis der Preise zu $t = 0$), folgende Daten ermittelt worden:

Anschaffungsauszahlungen: 100.000,–
Realer Restwert am Ende der Nutzung: 20.000,–

Laufende Einzahlungsüberschüsse:			
Jahr der Nutzung	1	2	3
Reale Cash Flows	50.000,–	38.000,–	27.000,–

Die Preissteigerungen bei den Anschaffungsauszahlungen und bei den Restwerten betragen jährlich 4 %. Die Preissteigerungen bei den laufenden Ein- und Auszahlungen werden auf jährlich 3 % geschätzt. Der nominelle Kalkulationszinsfuß vor Steuern beträgt 15 % p.a.

Berechnen Sie den Kapitalwert des Investitionsprojekts, falls es

(a) einmal

(b) dreimal (aufeinanderfolgend)

(c) unendlich oft (aufeinanderfolgend)

durchgeführt werden soll.

Aufgabe 26:

Zur Erweiterung ihrer Produktpalette plant die FUN–GmbH die Herstellung von Frisbees, von denen ein jährlicher Absatz von 1000 Stück erwartet werden kann. Zur Fertigung des neuen Produkts müßte folgende Maschine angeschafft werden:

Anschaffungspreis:	130.000,–
Geplante Nutzungsdauer:	3 Jahre
Erwarteter realer Restwert am Ende der Nutzung:	10.000,–

Es ist geplant, nach drei Jahren die Produktion von Frisbees wieder einzustellen.

Es wird damit gerechnet, daß sowohl der Anschaffungspreis als auch der Restwert der Maschine jährlich mit der Inflationsrate steigen wird.

Für das erste Jahr wird ein Verkaufspreis in der Höhe von 120,– je Stück festgelegt, und es ist geplant, den Verkaufspreis jährlich an die Inflationsrate anzupassen. Für das erste Jahr wurden variable Auszahlungen je Stück in der Höhe von 50,– sowie fixe Auszahlungen in der Höhe von 10.000,– ermittelt. Es wird damit gerechnet, daß beide Auszahlungsarten jährlich mit der Inflationsrate steigen werden.

Die bilanzielle Abschreibung erfolgt linear über die geplante Nutzungsdauer und der Gewinnsteuersatz beträgt 40 %. Der geplante Verschuldungsgrad beträgt 60 % und die nominellen Kapitalkostensätze sind für das Fremdkapital 10 % p.a. vor Steuern und für das Eigenkapital 20 % p.a. nach Steuern. Es wird mit einer jährlichen Inflationsrate in der Höhe von 3 % gerechnet.

Bestimmen Sie die Kapitalwerte und die internen Zinsfüße für das Projekt nach der Bruttomethode für folgende Varianten:

(a) Nominelle Werte und

   (aa) explizite
   (ab) implizite

   Berücksichtigung von Steuern.

(b) Reale Werte und

   (ba) explizite
   (bb) implizite

   Berücksichtigung von Steuern.

Aufgabe 27:

Die Industrie–AG plant für 1994 die Einführung eines neuen Produkts, für das mit folgenden Absatzmengen gerechnet werden kann:

Jahr	1994	1995	ab 1996
Stück	600	800	jährlich 1.000

Die Unternehmensleitung beabsichtigt, das neue Produkt für immer im Produktionsprogramm der Unternehmung zu behalten.

Der erzielbare Verkaufspreis im ersten Jahr beträgt 120,–, und es ist geplant, in den darauffolgenden Jahren den Verkaufspreis um die Inflationsrate von 5 % p.a. anzupassen.

Die auf Preisbasis $t = 0$ (Beginn 1994) ermittelten variablen Auszahlungen je Stück betragen 60,–, und es wird mit fixen Auszahlungen im ersten Jahr in der Höhe von 10.000,– gerechnet. Sowohl die fixen Auszahlungen als auch die variablen Auszahlungen je Stück werden pro Jahr voraussichtlich um 3 % steigen.

Zur Herstellung des Produkts ist folgende Maschine notwendig:

Anschaffungsauszahlungen zu $t = 0$:	100.000,–
Restwert:	0
Geplante Nutzungsdauer:	4 Jahre
Steuerliche Abschreibung:	Linear über 4 Jahre

Der nominelle Kaufpreis der Maschine wird jährlich um 4 % steigen.

Die Unternehmung ist zu 70 % verschuldet, und die nominellen Kapitalkostensätze betragen

für das Eigenkapital	20 % nach Steuern
für das Fremdkapital	10 % vor Steuern.

Der Gewinnsteuersatz ist 40 %.

Unterstellen Sie unendliche aufeinanderfolgende Reinvestitionen der Maschine und ermitteln Sie den Kettenkapitalwert mit

- impliziter
- expliziter

Berücksichtigung der Steuern.

Aufgabe 28:

Die Industrie–AG plant für 1996 die Einführung eines neuen Produkts, für das mit folgenden Absatzmengen gerechnet werden kann:

Jahr	1996	1997	ab 1998
Stück	600	800	jährlich 1.000

Der erzielbare nominelle Verkaufspreis im ersten Jahr beträgt 120,– und es ist geplant, in den darauffolgenden Jahren den Verkaufspreis um die Inflationsrate von 5 % p.a. anzupassen.

Die auf Preisbasis zu $t = 0$ (Beginn 1996) ermittelten variablen Auszahlungen je Stück betragen 60,– und es wird mit fixen nominellen Auszahlungen im ersten Jahr in der Höhe von 10.000,– gerechnet. Sowohl die fixen Auszahlungen als auch die variablen Auszahlungen je Stück werden nominell pro Jahr voraussichtlich um 5 % steigen.

Zur Herstellung des Produkts ist folgende neue Maschine notwendig:

Anschaffungsauszahlungen zu $t = 0$:	100.000,–
Restwert:	0
Geplante Nutzungsdauer:	4 Jahre
Steuerliche Abschreibung:	Linear über 4 Jahre

Der nominelle Kaufpreis der Maschine wird jährlich um 5 % steigen.

Die Unternehmung ist zu 70 % verschuldet, und das Management beabsichtigt, diesen Verschuldungsgrad auch in Zukunft beizubehalten. Der Gewinnsteuersatz ist 40 %. Die nominellen Kapitalkostensätze betragen

für das Eigenkapital	20 % nach Steuern
für das Fremdkapital	10 % vor Steuern.

Ermitteln Sie den Kapitalwert mit

- impliziter
- expliziter

Berücksichtigung der Steuern für reale Werte, falls die Unternehmensleitung beabsichtigt,

(a) das neue Produkt nach vier Jahren wieder einzustellen,

(b) das neue Produkt für immer im Produktionsprogramm zu behalten.

Aufgabe 29:

(a) Die Unternehmungsleitung aus Aufgabe 22 Fall I plant das Investitionsprojekt mit einer Nutzungsdauer von drei Jahren einmalig zu realisieren. Führen Sie unter der ceteris–paribus–Annahme eine Sensitivitätsanalyse für das Projekt bzgl. folgender Parameter durch:

  - Produktions– und Absatzmenge,
  - Verkaufspreis,
  - Umsatzeinbußen,
  - variable Auszahlungen je Periode,
  - Restwert am Ende der Nutzung,
  - Kalkulationszinsfuß,
  - Effektivverzinsung des Fremdkapitals vor Steuern,
  - Umsatzerlöse.

(b) Noch vor Abschluß des Kaufvertrags wird bekannt, daß eine andere Unternehmung ein ähnliches Aggregat um 120.000,– anbietet, das variable Stückkosten von nur 4,– aufweist. Die geplante Nutzungsdauer wäre ebenfalls 3 Jahre und der Restwert am Ende des dritten Jahres 20.000,–. Mit folgenden Instandhaltungszahlungen ist zu rechnen:

Jahr der Nutzung	1	2	3
Instandhaltungsauszahlungen	12.000,–	24.000,–	36.000,–.

Führen Sie eine Sensitivitätsanalyse bezüglich der Ihnen interessant erscheinenden Parameter durch. Welche Werte müssen die von Ihnen ausgewählten Parameter annehmen, damit man sich für Aggregat A bzw. für Aggregat B entscheidet, je nachdem, ob es sich um eine Muß– oder Kanninvestition handelt?

Aufgabe 30:

Für ein Investitionsprojekt sind folgende Daten ermittelt worden:

Anschaffungsauszahlungen:	386.900,–
Geplante Nutzungsdauer:	5 Jahre
Restwert:	25.000,–
Laufende Einzahlungsüberschüsse:	

Jahr der Nutzung	1	2	3	4	5
Nomineller Cash Flow vor Zinsen und Steuern	120.000,–	0,–	150.000,–	120.000,–	130.000,–

Gewinnsteuersatz:	40 %
Steuerliche Abschreibung:	Linear über 2 Jahre
Kapitalkostensatz für das Eigenkapital nach Steuern:	10 % p.a.

Für das Projekt wird bei Durchführung folgender Kredit aufgenommen:

Nominale:	100.000,–
Laufzeit:	5 Jahre
Nomineller Zinssatz:	10 % p.a.
Annuitätentilgung	
Kein Auszahlungsdisagio	
Kein Rückzahlungsagio	

Berechnen Sie für das Investitionsprojekt den Kapitalwert nach der <u>Nettomethode</u>

(a) mit impliziter Berücksichtigung der Steuern,

(b) mit expliziter Berücksichtigung der Steuern, falls

  (b1) die Unternehmung in den sonstigen Geschäftsbereichen über genügend anderweitige Gewinne verfügt (sofortiger Verlustausgleich),

  (b2) die Unternehmung in den sonstigen Geschäftsbereichen hinreichende hohe Verluste aufweist,

  (b3) die GuV–Situation der Unternehmung ohne Durchführung des Investitionsprojekts folgendes Aussehen hat (Verlustvortrag):

Jahr:	1	2	3	4	5
Gewinn vor Zinsen und Steuern	70.000,–	180.000,–	10.000,–	–50.000,–	100.000,–
Zinsaufwand	7.000,–	20.000,–	1.500,–	6.000,–	10.000,–

Aufgabe 31:

Nehmen Sie für die Aufgabe 30 an, daß dem Investitionsprojekt ein Kredit <u>nicht</u> direkt zugerechnet werden kann. Die Unternehmensleitung ist bestrebt, den jetzigen Verschuldungsgrad der Unternehmung in der Höhe von 70 % auch in Zukunft beizubehalten. Die durchschnittliche Effektivverzinsung des Fremdkapitals betrage 10 % p.a. vor Steuern.

Lösen Sie die Aufgaben (a) bis (b3) aus Aufgabe 30 für die <u>Bruttomethode</u>.

Aufgabe 32:

Berechnen Sie für das Investitionsprojekt aus Aufgabe 30, Fall (b1) den Kapitalwert mit Berücksichtigung folgender (steuerrechtlicher) Investitionsbegünstigungen:

(a) Investitionsfreibetrag nach § 10 EStG in der Höhe von 20 %.

(b) Übertragung stiller Reserven nach § 12 EStG:
In $t = 0$ könnte eine Rücklage gem. § 12 EStG im Ausmaß von 36.900,– gebildet werden. Unterscheiden Sie bei der Übertragung dieser stillen Reserve die folgenden Fälle:

  (b1) Eine Übertragung auf das Aggregat ist möglich (vgl. § 12 (2) EStG).
  (b2) Wie ändert sich das Ergebnis, wenn die Rücklage bereits in $t = -1$ gebildet geworden wäre?

(c) Investitionsrücklage nach § 9 EStG (in Österreich bis 1993 zulässig):

  (c1) Es soll jährlich eine Investitionsrücklage gebildet werden.
  (c2) Unterstellen Sie, daß in $t = 0^-$ eine Investitionsrücklage im Ausmaß von 76.760,– gebildet worden ist und für das Aggregat ein Investitionsfreibetrag im Ausmaß von 20 % in Anspruch genommen wird.

(d) Vorzeitige Abschreibung in der Höhe von 40 % (in Österreich bis 1988 zulässig).

(e) Lösen Sie die Aufgaben (a) bis (d) für den Fall (b1) der Aufgabe 31.

Aufgabe 33:

Berechnen Sie für das Investitionsprojekt aus Aufgabe 30, Fall (b1) den Kapitalwert, falls die folgenden Finanzierungsförderung berücksichtigt werden sollen:

(a) Unterstellen Sie, daß das Aggregat als Ausstattung zum Zwecke der Lehrstellenbeschaffung diene und die Arbeitsmarktverwaltung im Jahr der Anschaffung eine nicht rückzahlbare Zulage in Höhe von 50.000,– gewährt.

(b) Für das Projekt wird eine Investitionsprämie (in Österreich bis 1987 zulässig) in Anspruch genommen (8 % von den Anschaffungsauszahlungen).

(c) Lösen Sie die Aufgaben (a) und (b) für den Fall (b1) der Aufgabe 31.

Aufgabe 34:

Nehmen Sie an, die Investition aus Aufgabe 30, Fall (b1) diene der Sicherung der steirischen Nahversorgung. Unterstellen Sie ferner, daß ein Antrag bezüglich der steiermärkischen Mittelstandsförderung vom Amt der steiermärkischen Landesregierung positiv erledigt worden ist und einen nicht rückzahlbaren Zuschuß in Höhe von 50.000,– im Anschaffungsjahr beansprucht werden kann. Beurteilen Sie das Investitionsprojekt unter Berücksichtigung dieser Investitionsförderung, falls die Beihilfe

(a) erfolgswirksam,

(b) erfolgsneutral

behandelt wird.

(c) Lösen Sie die Aufgaben (a) und (b) für den Fall (b1) der Aufgabe 31.

Aufgabe 35:

Berechnen Sie für die Aufgabe 30 Fall (b1) den Kapitalwert des Investitionsprojekts, falls das Amt der steiermärkischen Landesregierung

(a) ein Darlehen in Höhe von 30.000,– mit einer Verzinsung von 4 % p.a. und einer Laufzeit von fünf Jahren zusagt, wobei die Tilgung über eine Annuität erfolgen muß.

(b) während der Laufzeit des Kredits einen Zinsenzuschuß im Ausmaß von 40 % der Zinsen gewährt.

(c) während der Laufzeit des Kredits einen Annuitätenzuschuß im Ausmaß von 10 % gewährt.

(d) Lösen Sie die Aufgaben (a) und (b) für den Fall (b1) der Aufgabe 31.

Aufgabe 36:

Berechnen Sie für den Fall (b1) der

(a) Aufgabe 30

(b) Aufgabe 31

den Kapitalwert des Investitionsprojekts, falls die Unternehmung aufgrund einer Ausfallsbürgschaft der Stadt Wien Fremdkapital zu einer Effektivverzinsung vor Steuern von 9 % p.a. erhält.

Welchen Wert hat diese Ausfallsbürgschaft bezüglich des Investitionsprojekts?

Aufgabe 37:

Zur Errichtung einer Betriebsstätte in Österreich verspricht die Bundesregierung dem Vorstand eines ausländischen Konzerns eine Förderung in der Höhe von 100 Mio öS. Desweiteren erhält die Unternehmung die Option, die Förderung als Zulage oder als erfolgsneutralen Zuschuß oder als erfolgswirksamen Zuschuß zu betrachten.

Für welche Förderungsform wird sich die Unternehmung entscheiden?

Aufgabe 38:

Eine Unternehmung steht vor der Wahl, für ein Projekt entweder einen Freibetrag in der Höhe von 10 % oder eine vorzeitige Abschreibung in der Höhe von 40 % in Anspruch zu nehmen.

Welche Faktoren werden die Entscheidung der Unternehmung beeinflussen?

Aufgabe 39:

Zur teilweisen Finanzierung ihres Studiums hat eine Floridsdorfer IBW–Studentin eine Einzelunternehmung gegründet, die sich ausschließlich der Herstellung und dem Vertrieb von Badehosen widmet. Dabei handelt es sich um ein Saisonprodukt, das nur im III. Quartal an eine Handelskette geliefert wird. Der Verkauf der Badehosen erfolgt auf Ziel und die Handelskette begleicht die Rechnung im IV. Quartal. Um mit dem Produkt dem jeweiligen Modetrend zu entsprechen, erfolgt die Produktion im II. Quartal. Hiezu vergibt die Jungunternehmerin die Zuschneide– und Nähtätigkeiten in Heimarbeit an eine WG, wobei sie das Material und die Nähmaschine zur Verfügung stellt. Die Bezahlung der Heimarbeit erfolgt in bar am Ende des II. Quartals. Das Material wird im I. Quartal auf Ziel von einem Textilunternehmen gekauft, das den Stoff nach eigenen Entwürfen der Studentin anfertigt. Die Zahlung des Materials erfolgt im II. Quartal. Zur Vermeidung von Ladenhütern hat es sich die Unternehmerin zum Grundsatz gemacht, über die tote Saison (Herbst und Winter) keinerlei Bestände an Vorräten und Fertigfabrikaten zu halten.

Zu Jahresbeginn 199X ist die Unternehmung rein eigenfinanziert und das Vermögen besteht aus einem Kassabestand von 50 GE und einer gebrauchten Nähmaschine mit einem Buchwert von 100 GE. Für 199X ist geplant, die alte Maschine für 200 GE in bar im I. Quartal zu veräußern. Als Ersatzinvestition soll gegen Ende des I. Quartals eine neue Nähmaschine gegen Barzahlung von 1.000 GE angeschafft werden. Die geplante Nutzungsdauer beträgt 10 Jahre und entspricht damit der steuerlich zulässigen Abschreibungsdauer (lineare AfA). Die Finanzierung erfolgt zum Teil durch Aufnahme eines langfristigen Bankkredits in der Höhe von 400 GE mit folgenden Konditionen: 10 Jahre Laufzeit, Zinsen 10 % p.a. jährlich im nachhinein, Tilgung in 10 gleichen Jahresraten, Auszahlung zum Nominale, keine Transaktionskosten. Der restliche Kapitalbedarf für die Investition wird durch den Veräußerungserlös der alten Maschine und durch externe Eigenfinanzierung in der Höhe von 400 GE gedeckt.

Die geplante Produktions– und Absatzmenge für 199X beträgt 100 Stück. Die Plankosten je Stück sind 24 GE und setzen sich aus Materialkosten (10 GE), Arbeitskosten (10 GE), kalkulatorischen Abschreibungen (1 GE), kalkulatorischen Zinsen (2 GE) und einem kalkulatorischen Unternehmerlohn (1 GE) zusammen. Hierbei sind die kalkulatorischen Kosten als fix anzusehen. Der geplante Verkaufspreis beträgt 33 GE.

Eine Kapitalentnahme von 1.000 GE ist gegen Ende des IV. Quartals vorgesehen. Der für das Jahresende gewünschte Kassabestand beträgt 150 GE. Der zwischenzeitliche Kassabestand darf eine Höhe von 50 GE nicht unterschreiten. Eventuelle überschüssige Mittel am Jahresende sollen in Bundesanleihen investiert werden. Ein eventueller zusätzlicher Kapitalbedarf kann durch einen kurzfristigen Bankkredit mit einem Zinssatz von 10 % p.a. gedeckt werden. Die Zinszahlung erfolgt dabei am Ende der Kreditinanspruchnahme.

(a) Erstellen Sie den Kapitalbedarfs– und Kapitaldeckungsplan für 199X.

(b) Erstellen Sie den Finanzplan der Unternehmung für das Jahr 199X und für alle Quartale. Gehen Sie dabei davon aus, daß sämtliche Zahlungen stets zu Quartalsende erfolgen.

(c) Berechnen Sie den geplanten Deckungsbeitrag und das geplante Nettobetriebsergebnis für 199X.

(d) Erstellen Sie die Buchungssätze und T–Konten sowie die Planbilanz und die Plan–GuV für 199X. Gehen Sie dabei von der vereinfachenden Annahme aus, daß sämtliche Geschäftsvorfälle stets zu Quartalsende erfolgen.

(e) Erstellen Sie die Planbilanzen und die Plan–GuVs der Unternehmung für das Jahr 199X und für alle Quartale. Die bilanzielle Bewertung der Fertigfabrikate erfolgt zu variablen Herstellungskosten.

- Anmerkung:
  Zur Vereinfachung brauchen Steuern nicht berücksichtigt werden.

Aufgabe 40:

Zur teilweisen Finanzierung seines Studiums hat der BWZ-Student Sigi Froid eine Einzelunternehmung gegründet, die sich ausschließlich der Herstellung und dem Vertrieb von Zipfelmützen widmet. Zu Beginn des Jahres 199X hat die Bilanz der Unternehmung folgendes Aussehen:

Anfangsbilanz 1. 1. 199X			
Lagerbestand	5.000,–	Eigenkapital	10.000,–
Kassa	5.000,–		
	10.000,–		10.000,–

Der Lagerbestand setzt sich aus 100 Zipfelmützen, bewertet zu den variablen Herstellungskosten von 50,– je Stück, zusammen. Der für das Jahresende gewünschte Kassabestand beträgt 2.000,–. Der geplante zwischenzeitliche Kassabestand soll die Höhe von 5.000,– nicht unterschreiten.

Um die Originellität seines Produkts zu erhöhen, hat der Jungunternehmer die innovative Idee, die Zipfelmützen in Aludosen zu verkaufen. Er plant daher, am Ende des I. Quartals 199X folgende solarbetriebene Aludosenverpackungsmaschine durch Barzahlung anzuschaffen:

Anschaffungsauszahlungen:	20.000,–
Geplante Nutzungsdauer:	5 Jahre
Erwarteter Restwert am Ende der geplanten Nutzung:	1.000,–
Steuerliche Abschreibung:	Linear über 5 Jahre

Die Maschine soll je zur Hälfte durch selbst erwirtschaftete Cash Flows und durch folgenden Kredit finanziert werden:

Nominale:	10.000,–
Laufzeit:	5 Jahre
Nomineller Zinssatz:	8 % p.a.
Zinszahlungen:	Nach jedem Jahr der Inanspruchnahme
Tilgung:	In 5 gleichen Jahresraten
Kein Auszahlungsdisagio	
Kein Rückzahlungsagio	

Die Herstellung der Zipfelmützen erfolgt im Seniorenheim „Happy End" mit folgenden Planmengen für 199X

Quartal	I	II	III	IV
Menge	100	100	80	120

Die geplanten Personalkosten sind 30,– je Stück und werden im Quartal der Herstellung bezahlt. Die geplanten Materialkosten (Wolle) betragen 20,– je Zipfelmütze. Die Wolle wird jeweils zu Quartalsbeginn für die entsprechende Quartalsproduktion bezogen und die Bezahlung erfolgt 199X je zur Hälfte am Ende des Bezugsquartals und am Ende des darauffolgenden Quartals.

Die Zipfelmützen in Aludosen werden in einer Innenstadtboutique verkauft. Mit der Boutiqueinhaberin Faye Zen hat der BWZ-Student für 199X folgende Liefermengen zu Quartalsende vereinbart:

Quartal	I	II	III	IV
Menge	180	0	50	150

Der vereinbarte Preis beträgt 100,– je Stück und die Bezahlung erfolgt in bar bei Lieferung.

Die Verpackung der Zipfelmützen in Aludosen erfolgt vom Jungunternehmer unmittelbar vor der Auslieferung selbst. Die dafür benötigten Aludosen werden kurz vor ihrer Verwendung angeliefert und der Preis von 5,– je Dose wird je zur Hälfte am Ende des Lieferquartals und am Ende des darauffolgenden Quartals bezahlt.

Zur Anschaffung von Skripten für sein Studium plant der BWZ-Student eine Entnahme in der Höhe von 1.000,– am Ende des III. Quartals.

Ein eventueller zusätzlicher Kapitalbedarf kann durch kurzfristige Bankkredite mit einem Zinssatz von 8 % p.a. gedeckt werden. Die Zinszahlung erfolgt dabei am Ende der Kreditinanspruchnahme. Eventuelle überschüssige Mittel am Jahresende sollen in 6 %-ige Bundesanleihen investiert werden. Eventuelle überschüssige Mittel während des Jahres werden der Kassa zugeführt.

Die Bewertung von eventuellen Lagerbeständen am Jahresende erfolgt weiterhin zu den variablen Herstellungskosten.

Für 199X hat der BWZ-Student folgende geplante Stückkosten zu Vollkosten ermittelt:

Material:	20,–
Personal:	30,–
Dose:	5,–
Kalkulatorische Abschreibungen:	9,50
Kalkulatorische Zinsen:	3,10
Kalkulatorischer Unternehmerlohn:	13,40
Geplante Stückkosten zu Vollkosten:	81,–

Gehen Sie bei der Behandlung der folgenden Aufgabenstellungen davon aus, daß sämtliche Ein- und Auszahlungen stets zu Quartalsende erfolgen.

(a) Bestimmen Sie den Cash Flow aus dem Leistungsbereich für 199X.

(b) Berechnen Sie das geplante Nettobetriebsergebnis für 199X.

(c) Erstellen Sie

  – den Finanzplan für das Jahr 199X und für alle Quartale,

  – die Planbilanz für das Ende von 199X und die Plan–GuV für 199X.

- Anmerkung:
  Zur Vereinfachung brauchen Steuern nicht berücksichtigt werden.

Aufgabe 41:

Zum Erwerb einer Beteiligung an einem ihrer Lieferanten hat die Hauptversammlung der Industrie–AG beschlossen, eine ordentliche Kapitalerhöhung mit einem Emissionsvolumen von 100 Mio S durchführen. Vor dieser Kapitalerhöhung beträgt das Nominale Grundkapital der Industrie–AG 1 Mrd. S und das Nominale je Aktie 1.000,–. Das Nominale der zu emittierenden jungen Aktien soll ebenfalls 1.000,– betragen. Für die nächste Dividende je Altaktie sind 60,– vorgeschlagen und die jungen Aktien werden im laufenden Geschäftsjahr zu 30 % dividendenberechtigt sein. Die Altaktie notiert unmittelbar vor der Kapitalerhöhung mit 3.000,–.

(a) Innerhalb welchen Rahmens kann der Bezugskurs der jungen Aktien festgelegt werden?

Der Bezugskurs für eine junge Aktie sei 2.000,–.

(b) Wie groß ist das Nominale Grundkapital der Industrie–AG nach der ordentlichen Kapitalerhöhung?

(c) Wie wird in der Bilanz der Industrie–AG der restliche Teil des Emissionsvolumens ausgewiesen?

(d) Berechnen Sie das nominelle und das stückmäßige Bezugsverhältnis.

(e) Bestimmen Sie den rechnerischen Wert des Bezugsrechts.

(f) Bestimmen Sie die rechnerischen Kurse für die Altaktien und für die jungen Aktien am Ex–Bezugsrechtstag. Ab welchem Zeitpunkt notieren beide Aktienarten wieder einheitlich?

(g) Ein Investor besitzt 100 Aktien und möchte deren Bezugsrechte

   – ausüben,

   – verkaufen.

   Bestimmen Sie für beide Fälle den Wert des Vermögens des Investors vor und nach der Kapitalerhöhung.

(h) Eine Investorin besitzt 10.000 Altaktien der Industrie–AG und möchte damit soviel junge Aktien wie möglich beziehen. Dabei sollen jedoch die zu bezahlenden Bezugskurse zur Gänze aus dem Verkauf eines Teils der Bezugsrechte aufgebracht werden (*Opération Blanche*).
   Wieviele Bezugsrechte muß die Investorin veräußern und wieviele junge Aktien kann sie beziehen, falls das Bezugsrecht zu seinem rechnerischen Wert notiert?

Aufgabe 42:

Das Grundkapital der FIWI–AG besteht aus 10.000 Aktien mit einem Nominale je Aktie in der Höhe von 500,–. Durch eine ordentliche Kapitalerhöhung sollen 2,000.000,– aufgebracht werden. Vor der Kapitalerhöhung notiert die Aktie mit 1.000, und es wird mit einer Dividende von 50,– je Aktie gerechnet. Die jungen Aktien sind im laufenden Geschäftsjahr nur zu 25 % dividendenberechtigt und sollen zu einem Bezugskurs von 800,– emittiert werden. Das Nominale der jungen Aktien beträgt ebenfalls 500,– je Stück.

(a) Wie hoch ist der rechnerische Wert eines Bezugsrechts?

(b) Wie hoch werden bei sonst unveränderten Gegebenheiten die Kurse der Aktien nach der ordentlichen Kapitalerhöhung sein? Vergleichen Sie die Differenz der Aktienkurse vor und nach der Kapitalerhöhung mit dem Ergebnis aus (a).

(c) Die Aktionäre F.I., W.I. und A.G. besitzen jeweils 20 Aktien und verhalten sich wie folgt:

- F.I. nutzt seine Bezugsrechte voll aus,

- W.I. verkauft alle Bezugsrechte,

- A.G. verkauft genau so viele Bezugsrechte, daß er aus dem Erlös soviel wie möglich der restlichen Bezugsrechte ohne weiteren Bargeldeinsatz ausnutzen kann (*Opération Blanche*).

Zeigen Sie jeweils, wie sich das Barvermögen, Aktienvermögen und Gesamtvermögen der drei Aktionäre gegenüber der Ausgangssituation verändert.

Aufgabe 43:

Ein Maturant möchte am 1. 10. 1996 ein IBW–Studium beginnen, das er mit Ende Juni 2002 abschließen möchte. Zur Finanzierung dieses Studiums sucht er sich eine Arbeit, die er, nach Absolvierung des Bundesheeres/Zivildienstes, am 1. 8. 1995 antreten und bis inklusive September 1996 ausüben möchte. Der Maturant möchte seine gesamten Arbeitseinkünfte (er erhält weder Urlaubs– noch Weihnachtsgeld) jeweils am Ende des Monats auf ein mit 6 % p.a. festverzinstes Sparbuch legen.

(a) Der Maturant verdient monatlich 12.000,– netto. Welches Kapital hat er am 1. 10. 1996 auf seinem Sparbuch?

(b) Welchen möglichst hohen gleichbleibenden Betrag kann der nunmehrige Student vom im Punkt a) angesparten Kapital während seines gesamten Studiums jeweils am Monatsanfang entnehmen?

(c) Wie hoch muß das bis zum 1. 10. 1996 angesparte Kapital mindestens sein, damit der Student einen Betrag von 3.500,– (voraussichtliche Wohnungskosten) während seines gesamten Studiums jeweils am Monatsanfang entnehmen kann?

(d) Wieviel Geld muß der Student netto pro Monat verdienen, damit das am 1. 10. 1996 angesparte Kapital den erforderlichen Wert von Punkt c) erreicht?

(e) Wie lange muß der Student für 12.000,– netto pro Monat arbeiten, damit das am 1. 10. 1996 angesparte Kapital den erforderlichen Wert von Punkt c) erreicht?

(f) Der Student erwartet, daß seine ursprüngliche Miete von 3.500,– monatlich um 0,3 % steigen wird. Welchen Betrag müßte er in diesem Fall zu Studienbeginn auf seinem Sparbuch haben?

(g) Der Student erwartet, daß seine ursprüngliche Miete von 3.500,– jedes Monat um 20,– steigen wird. Welchen Betrag müßte er in diesem Fall zu Studienbeginn auf seinem Sparbuch haben?

(h) Der Student kann seinen Arbeitgeber zu einer monatlichen Erhöhung seines Nettogehalts von 1 % überreden. Welches Kapital kann er dann bis Studienbeginn ansparen, falls er im ersten Monat 12.000,– netto verdient?

C Anhang: Formelsammlung für Allgemeine Betriebwirtschaftslehre: Finanzwirtschaft

A. Kapitalwerte

- <u>Mit expliziter Berücksichtigung von Steuern:</u>

  - <u>Bruttomethode:</u>

    * Mit nominellen Werten:

    $$K_0 = -A_0 + \sum_{t=1}^{T} \frac{OCF_t^{\text{nom}}}{\left(1 + k_G^{\text{nom,nachSt}}\right)^t} + \frac{R_T^{\text{nom}} - s \cdot (R_T^{\text{nom}} - BW_T)}{\left(1 + k_G^{\text{nom,nachSt}}\right)^T}$$

    mit

    $$OCF_t^{\text{nom}} = C_t^{\text{nom}} - s \cdot (C_t^{\text{nom}} - AfA_t)$$

    * Mit realen Werten:

    $$K_0 = -A_0 + \sum_{t=1}^{T} \frac{OCF_t^{\text{real}}}{\left(1 + k_G^{\text{real,nachSt}}\right)^t} + \frac{R_T^{\text{real}} - s \cdot \left[R_T^{\text{real}} - \frac{BW_T}{(1+\pi)^T}\right]}{\left(1 + k_G^{\text{real,nachSt}}\right)^T}$$

    mit

    $$OCF_t^{\text{real}} = C_t^{\text{real}} - s \cdot \left[C_t^{\text{real}} - \frac{AfA_t}{(1+\pi)^t}\right]$$

  - <u>Nettomethode:</u>

    * Mit nominellen Werten:

    $$K_0 = -A_0 + Y_0 + \sum_{t=1}^{T} \frac{NCF_t^{\text{nom}} - Y_t}{\left(1 + k_E^{\text{nom,nachSt}}\right)^t} + \frac{R_T^{\text{nom}} - s \cdot (R_T^{\text{nom}} - BW_T)}{\left(1 + k_E^{\text{nom,nachSt}}\right)^T}$$

    mit

    $$NCF_t^{\text{nom}} = C_t^{\text{nom}} - Z_t - s \cdot (C_t^{\text{nom}} - AfA_t - Z_t')$$

    * Mit realen Werten:
    Weder in der Literatur noch in der Praxis üblich.

- Mit impliziter Berücksichtigung von Steuern:

  - Bruttomethode:

    * Mit nominellen Werten:

$$K_0 \;=\; -A_0 + \sum_{t=1}^{T} \frac{C_t^{\text{nom}}}{\left(1 + k_G^{\text{nom,vorSt}}\right)^t} + \frac{R_T^{\text{nom}}}{\left(1 + k_G^{\text{nom,vorSt}}\right)^T}$$

    * Mit realen Werten:

$$K_0 \;=\; -A_0 + \sum_{t=1}^{T} \frac{C_t^{\text{real}}}{\left(1 + k_G^{\text{real,vorSt}}\right)^t} + \frac{R_T^{\text{real}}}{\left(1 + k_G^{\text{real,vorSt}}\right)^T}$$

  - Nettomethode:

    * Mit nominellen Werten:

$$K_0 \;=\; -A_0 + Y_0 + \sum_{t=1}^{T} \frac{C_t^{\text{nom}} - Z_t - Y_t}{\left(1 + k_E^{\text{nom,vorSt}}\right)^t} + \frac{R_T^{\text{nom}}}{\left(1 + k_E^{\text{nom,vorSt}}\right)^T}$$

    * Mit realen Werten:
      Weder in der Literatur noch in der Praxis üblich.

B. Kettenkapitalwert

$$KK_0 \;=\; \begin{cases} K_0 \cdot \dfrac{(1+k)^{(m+1)\cdot T}-1}{(1+k)^{m\cdot T}\cdot\left((1+k)^T-1\right)} & \text{Bei } m\text{--maliger identischer Reinvestition} \\[3ex] K_0 \cdot \dfrac{1}{1-\left(\frac{1}{1+k}\right)^T} & \text{Bei unendlicher identischer Reinvestition} \end{cases}$$

C. Kapitalwert bei laufenden Zahlungen mit konstanter Wachstumsrate π

Für $C_t \;=\; C_1 \cdot (1 + \pi)^{t-1}$ für $t = 1, \dots, T$
mit
$C_1 \dots$ Nomineller laufender Cash Flow am Ende der ersten Periode

$$K_0 = \begin{cases} -A_0 + C_1 \cdot \dfrac{\left(\frac{1+k}{1+\pi}\right)^T - 1}{(k-\pi)\left(\frac{1+k}{1+\pi}\right)^T} + \dfrac{R_T}{(1+k)^T} & \text{für endliche Laufzeit und } k \neq \pi \\[3ex] -A_0 + C_1 \cdot \dfrac{1}{k-\pi} & \text{für } T \to \infty \text{ und } k > \pi \end{cases}$$

D. Zinssätze

- Gegeben: $k_E^{\text{nom,nachSt}}$, $i^{\text{nom,vorSt}}$

  Gesucht:

$$k_G^{\text{nom,nachSt}} = (1 - v_0) \cdot k_E^{\text{nom,nachSt}} + v_0 \cdot (1 - s) \cdot i^{\text{nom,vorSt}}$$

$$k_G^{\text{nom,vorSt}} \approx \frac{k_G^{\text{nom,nachSt}}}{1 - s}$$

$$k_G^{\text{real,nachSt}} = \frac{1 + k_G^{\text{nom,nachSt}}}{1 + \pi} - 1$$

$$k_G^{\text{real,vorSt}} = \frac{1 + k_G^{\text{nom,vorSt}}}{1 + \pi} - 1$$

$$k_E^{\text{nom,vorSt}} \approx \frac{k_E^{\text{nom,nachSt}}}{1 - s}$$

$$k_E^{\text{real,nachSt}} = \frac{1 + k_E^{\text{nom,nachSt}}}{1 + \pi} - 1$$

$$k_E^{\text{real,vorSt}} = \frac{1 + k_E^{\text{nom,vorSt}}}{1 + \pi} - 1$$

- Realer Zinssatz vor und nach Steuern:

$$k^{\text{real,vorSt}} \approx \frac{k^{\text{real,nachSt}}}{1 - s} + \frac{s \cdot \pi}{(1 - s) \cdot (1 + \pi)}$$

- Approximative Effektivverzinsung (vor Steuern):

$$i_{\text{proxy}} = \frac{i_{\text{nom}} + \frac{a + d}{\text{MLZ}}}{1 - d}$$

mit

$$MLZ = \frac{TJ + 1}{2} + FJ$$

- Konformer Zinssatz:

$$k^* = (1 + k_m)^m - 1$$

mit dem relativen Zinssatz

$$k_m = \frac{k}{m}$$

- Vorschüssiger und nachschüssiger Zinssatz:

$$k_{\text{vorschüssig}} = \frac{k_{\text{nachschüssig}}}{1 + k_{\text{nachschüssig}}}$$

E. Rentenrechnung

- Konstante Renten ($C_t = C_{t-1}$)

	vorschüssig	nachschüssig
K_T	$C \cdot (1+i) \cdot \frac{(1+i)^T - 1}{i}$	$C \cdot \frac{(1+i)^T - 1}{i}$
K_0	$C \cdot (1+i) \cdot \frac{(1+i)^T - 1}{i \cdot (1+i)^T}$	$C \cdot \underbrace{\frac{(1+i)^T - 1}{i \cdot (1+i)^T}}_{=RBF_{T,i}}$
C	$K_0 \cdot \frac{i \cdot (1+i)^{T-1}}{(1+i)^T - 1}$	$K_0 \cdot \underbrace{\frac{i \cdot (1+i)^T}{(1+i)^T - 1}}_{=AF_{T,i}}$

$$RBF_{T,i} = \frac{1}{i} \quad \text{für } T \to \infty$$

- Arithmetisch wachsende Renten ($C_t = C_{t-1} + d$)

	vorschüssig	nachschüssig
K_T	$\left(C + \frac{d}{i}\right) \cdot (1+i) \cdot \frac{(1+i)^T - 1}{i} - \frac{d \cdot T \cdot (1+i)}{i}$	$\left(C + \frac{d}{i}\right) \cdot \frac{(1+i)^T - 1}{i} - \frac{d \cdot T}{i}$
K_0	$\left(C + \frac{d}{i}\right) \cdot \left(\frac{(1+i)^T - 1}{i \cdot (1+i)^{T-1}}\right) - \frac{d \cdot T}{i \cdot (1+i)^{T-1}}$	$\left(C + \frac{d}{i}\right) \cdot \left(\frac{(1+i)^T - 1}{i \cdot (1+i)^T}\right) - \frac{d \cdot T}{i \cdot (1+i)^T}$
C	$K_0 \cdot \frac{i \cdot (1+i)^{T-1}}{(1+i)^T - 1} + \frac{d \cdot T}{(1+i)^T - 1} - \frac{d}{i}$	$K_0 \cdot \frac{i \cdot (1+i)^T}{(1+i)^T - 1} + \frac{d \cdot T}{(1+i)^T - 1} - \frac{d}{i}$

- Geometrisch veränderliche Renten ($C_t = g \cdot C_{t-1}$)

	vorschüssig	nachschüssig
K_T	$C \cdot (1+i) \cdot g^T \cdot \frac{\left(\frac{1+i}{g}\right)^T - 1}{1+i-g}$ für $g \neq 1+i$ $C \cdot T \cdot (1+i)^T$ für $g = 1+i$	$C \cdot g^T \cdot \frac{\left(\frac{1+i}{g}\right)^T - 1}{1+i-g}$ für $g \neq 1+i$ $C \cdot T \cdot (1+i)^{T-1}$ für $g = 1+i$
K_0	$C \cdot (1+i) \cdot \frac{\left(\frac{1+i}{g}\right)^T - 1}{(1+i-g) \cdot \left(\frac{1+i}{g}\right)^T}$ für $g \neq 1+i$ $C \cdot T$ für $g = 1+i$	$C \cdot \frac{\left(\frac{1+i}{g}\right)^T - 1}{(1+i-g) \cdot \left(\frac{1+i}{g}\right)^T}$ für $g \neq 1+i$ $\left(\frac{C}{1+i}\right) \cdot T$ für $g = 1+i$
C	$\frac{K_0}{1+i} \cdot \frac{(1+i-g) \cdot \left(\frac{1+i}{g}\right)^T}{\left(\frac{1+i}{g}\right)^T - 1}$ für $g \neq 1+i$ $\frac{K_0}{T}$ für $g = 1+i$	$K_0 \cdot \frac{(1+i-g) \cdot \left(\frac{1+i}{g}\right)^T}{\left(\frac{1+i}{g}\right)^T - 1}$ für $g \neq 1+i$ $K_0 \cdot \frac{1+i}{T}$ für $g = 1+i$

F. Bezugsrechte

- Rechnerischer exB–Kurs der Altaktie:

$$S_0^{exB} = \frac{N \cdot S_0^{cumB} + n \cdot [X + (1 - s)\,Div]}{N + n}$$

- Rechnerischer Wert des Bezugsrechtes:

$$c_0 = \frac{S_0^{cumB} - [X + (1 - s)\,Div]}{\frac{N}{n} + 1}$$

G. Reihen

- Arithmetische Reihe:

$$\sum_{j=1}^{n} j = n \cdot \frac{n + 1}{2}$$

- Geometrische Reihe:

$$\sum_{t=0}^{T} q^t = \frac{q^{T+1} - 1}{q - 1}$$

$$\sum_{t=1}^{T} q^t = q \cdot \frac{q^T - 1}{q - 1}$$

Parameterliste:

a Rückzahlungsagio in %

A_0 Anschaffungsauszahlungen zu $t = 0$

AfA_t Steuerliche Abschreibung im t-ten Jahr der Nutzung

BW_T Buchwert am Ende der Nutzung

C Bei Rentenrechnung: Höhe der ersten Rentenzahlung

C_t Erwarteter zusätzlicher nomineller Cash Flow vor Zinsen und vor Steuern im t-ten Jahr der Nutzung

d Bei Krediten: Auszahlungsdisagio in %
Bei Renten: Änderung bei arithmetisch veränderlichen Renten

Div Dividendenzahlung je Altaktie

FJ Anzahl der Freijahre

g Wachstumsfaktor bei geometrisch veränderlichen Renten

i_{nom} Nomineller Zinssatz

i Effektivverzinsung (vor Steuern) des Kredits

i_{proxy} Approximative Effektivverzinsung (vor Steuern) eines Kredits mit Raten– oder gesamtfälliger Tilgung

k_E Kapitalkostensatz der Anteilseigner nach Steuern

k_E^{vorSt} Kapitalkostensatz der Anteilseigner vor Steuern

k_G Gewichteter durchschnittlicher Kapitalkostensatz nach Steuern

k_G^{vorSt} Gewichteter durchschnittlicher Kapitalkostensatz vor Steuern

K_0 Kapitalwert zu $t = 0$

KK_0 Kettenkapitalwert zu $t = 0$

MLZ Mittlere Laufzeit

m Zinsperioden pro Jahr

n Anzahl der jungen Aktien

N Anzahl der Altaktien

NCF_t Net Cash Flow im t-ten Jahr der Nutzung

OCF_t Operating Cash Flow im t-ten Jahr der Nutzung

S_0^{cumB} Kurs der Altaktie mit Bezugsrecht

s Bei Kapitalwert: Gewinnsteuersatz
Bei Bezugsrecht: prozentuelle Dividendenberechtigung der jungen Aktien im Emissionsjahr

t Zeitindex

T Bei Investitionsrechnung: Nutzungsdauer
    Bei Rentenrechnung: Anzahl der Perioden

TJ Anzahl der Tilgungsjahre

v_0 Verschuldungsgrad zu Marktwerten zum Zeitpunkt $t = 0$

X Bezugskurs

Y_0 Kreditauszahlungsbetrag zu $t = 0$

Y_t Tilgungszahlungen zu t für $t > 0$)

Z_t Zinszahlungen zu t

Z'_t Steuerlich absetzbare Kreditkosten
    (= Zinsen + Anteil am Auszahlungsdisagio und Rückzahlungsagio)

Literaturverzeichnis

Bierman, H., jr. und S. Smidt, *The Capital Budgeting Decision*, 8th ed., New York-London 1993.

Blohm, H. und K. Lüder, *Investition*, 8. Aufl., München 1995.

Brealey, R.A. und S.C. Myers, *Principles of Corporate Finance*, 6th ed., New York et al. 2000.

Büschgen, H.E., *Das kleine Börsen-Lexikon*, 22. Aufl., Düsseldorf 2001.

Busse von Colbe, W. und G. Laßmann, *Betriebswirtschaftstheorie*, Band 3: *Investitionstheorie*, 3. Aufl., Berlin et al. 1990.

Christians, F.W., (Hrsg.), *Finanzierungshandbuch*, 2. Aufl., Wiesbaden 1988.

Drukarczyk, J., *Finanzierung*, 8. Aufl., Stuttgart 1999.

Eick, J. (Hrsg.), *So nutzt man den Wirtschaftsteil einer Tageszeitung*, 13. Aufl., Frankfurt 1997.

Erlenbach, E. und F. Gotta, *So funktioniert die Börse*, 4. Aufl., Frankfurt 1999.

Fischer, E.O., *Internationales Finanzmanagement*, 2. Aufl., Manuskript Universität Wien 1994.

Fischer, E.O., *Optionen*, 3. Aufl., Manuskript Universität Wien 1995.

Fischer, E.O., *Finanzwirtschaft für Fortgeschrittene*, 2. Aufl., München–Wien 1996.

Fischer, E.O., *Kapitalmarktforschung und Investmentanalyse*, Manuskript Universität Wien 2001.

Fischer, E.O., „Kauf oder Miete einer Wohnung: Irrtümer in der Praxis", *Journal für Betriebswirtschaft*, 1999, S. 253-257.

Fischer, E.O., „Leasing oder Kreditkauf eines Pkw: Irrtümer in der Praxis", *Journal für Betriebswirtschaft*, 2001, S. 70-75.

Fischer, E.O., „Zur Auswahl zwischen festverzinslichen Krediten: Irrtümer in der Praxis", *Journal für Betriebswirtschaft*, 2001, S. 137-140.

Franke, G. und H. Hax, *Finanzwirtschaft des Unternehmens und Kapitalmarkt*, 4. Aufl., Berlin et al. 1999.

Grohmann–Steiger, C. und W. Schneider, *Einführung in die Buchhaltung im Selbststudium*, 8. Aufl., Wien 1992 und 13. Aufl., Wien 1999.

Hax, H., *Investitionstheorie*, 5. Aufl., Würzburg–Wien 1985.

Krumnow, J., *Gabler Bank-Lexikon*, 12. Aufl., Wiesbaden 2000.

Kruschwitz, L., *Finanzmathematik*, 3. Aufl., München 2001.

Logue, D.E., (ed.), *Handbook of Modern Finance*, 2nd ed., Boston-New York 1990.

Lorie, J. H. und L. J. Savage, „Three Problems in Rationing Capital", in: Solomon, E. (ed.), *The Management of Corporate Capital*, New York–London 1959, 56–66.

Lücke, W. (Hrsg.), *Investitionslexikon*, 2. Aufl., München 1991.

Newman, P., Milgate, M. und Eatwell, J. (eds.), *The New Palgrave Dictionary of Money and Finance*, Basingstoke 1992.

Obst, G. und O. Hintner, *Geld-, Bank- und Börsewesen*, hrsgg. v. N. Kloten und J.H. von Stein, 40. Aufl., Stuttgart 2000.

Perridon, L. und M. Steiner, *Finanzwirtschaft der Unternehmung*, 10. Aufl., München 1999.

Rao, R.K.S., *Financial Management: Concepts and Applications*, 3rd ed, New York–London 1995.

Ross, S.A., R.W. Westerfield und J.F. Jaffe, *Corporate Finance*, 5th ed., St. Louis 1999.

Shapiro, A.C. und S.D. Balbirer, *Modern Corporate Finance*, New York-London 1999.

Spremann, K., *Wirtschaft, Investition und Finanzierung*, 5. Aufl., München 1996.

Stepan, A. und E. O. Fischer, *Betriebswirtschaftliche Optimierung*, 7. Aufl., München–Wien 2001.

Süchting, J., *Finanzmanagement*, 5. Aufl., Wiesbaden 1989.

Swoboda, P., *Investition und Finanzierung*, 5. Aufl., Göttingen 1996.

ter Horst, K.W., *Investition*, Stuttgart et al. 2001.

Van Horne, J.C., *Financial Management and Policy*, 12th ed., Englewood Cliffs 2001.

Weston, J.F. und T.E. Copeland, *Managerial Finance*, 9th ed., Chicago 1992.

Wöhe G. und J. Bilstein, *Grundzüge der Unternehmensfinanzierung*, 8. Aufl., München 1998.

Index